社会工作管理丛书

社会工作策划管理

PLANNING MANAGEMENT OF SOCIAL WORK

谢俊贵 编著

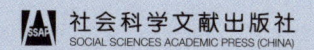

社会科学文献出版社
SOCIAL SCIENCES ACADEMIC PRESS (CHINA)

目录

第一章 绪 论 …………………………………………………… 1
第一节 社会工作策划管理的意涵 ………………………………… 1
第二节 社会工作策划管理的必要 ………………………………… 4
第三节 社会工作策划管理的可能 ………………………………… 9
第四节 社会工作策划管理的内容 ………………………………… 14

第二章 社会工作策划基本认知 …………………………… 20
第一节 古今策划概念的简要梳理 ………………………………… 20
第二节 社会工作策划的含义界定 ………………………………… 27
第三节 社会工作策划的类型划分 ………………………………… 36
第四节 社会工作策划的指导原则 ………………………………… 44

第三章 社会工作策划科学程序 …………………………… 51
第一节 社会工作策划的先遣阶段 ………………………………… 51
第二节 社会工作策划的核心阶段 ………………………………… 61
第三节 社会工作策划的后续阶段 ………………………………… 78

第四章 社会工作策划创意方法 …………………………… 85
第一节 社会工作策划的创意理路 ………………………………… 85
第二节 社会工作策划的个体创意 ………………………………… 97
第三节 社会工作策划的集体创意 ………………………………… 106
第四节 社会工作策划的创意训练 ………………………………… 112

· 1 ·

第五章　社会工作事业发展策划 …… 119
　　第一节　社会工作事业开拓策划 …… 119
　　第二节　社会工作队伍建设策划 …… 133
　　第三节　社会工作机构培育策划 …… 144
　　第四节　社会工作行业管理策划 …… 152

第六章　社会工作服务项目策划 …… 167
　　第一节　项目与项目制管理的意义 …… 167
　　第二节　社会工作服务项目的兴起 …… 177
　　第三节　社会工作服务项目的策划 …… 186

第七章　社会工作服务实施策划 …… 195
　　第一节　个案社会工作服务策划 …… 195
　　第二节　小组社会工作服务策划 …… 205
　　第三节　社区社会工作服务策划 …… 215
　　第四节　大众社会工作服务策划 …… 225

第八章　社会工作策划特色管理 …… 236
　　第一节　社会工作策划的人员管理 …… 236
　　第二节　社会工作策划的伦理管理 …… 245
　　第三节　社会工作策划的案例管理 …… 255

参考文献 …… 269

后　记 …… 274

第一章

绪 论

认真贯彻落实党的十六届六中全会精神,建设宏大的社会工作人才队伍的工作已历经十多年的时间。在党和政府的正确领导下,通过多方面的努力,我国无论是社会工作人才的培养还是社会工作服务的开展都取得了可喜的成绩,为人民群众提供了扎扎实实的社会工作服务。然而,从社会工作服务的水平看,我国的高级社工实务还有待研发;从社会工作管理的情况看,我国的社会工作管理能力还有待提高;从社会工作学术水平的提升来看,我国适合社会工作专业研究生层次阅读的著作、教材还颇显缺少。有鉴于此,我们尝试开发一套"社会工作管理丛书",其中规划了一册《社会工作策划管理》,目的是为培养社会工作高级实务、社会工作组织管理等研究方向的高级社会工作人才做出我们的些许贡献。

第一节 社会工作策划管理的意涵

人们或许听过"社会工作策划"和"社会工作管理",但不一定听过"社会工作策划管理"。从构词法的角度来看,社会工作策划管理乃是一个构词相对复杂的多重复合概念。这个多重复合概念至少是由三个相对独立的概念构成的,即"社会工作"、"策划"和"管理",这三个相对独立的概念之间肯定存在某种偏正现象。要求得对社会工作策划管理这一概念全面、清楚的理解,关键在于我们怎样认识和确定其中存在的偏正结构。从不同偏正结构来分析,重点可以对社会工作策划管理的意涵做三重理解:

一是社会工作的策划管理环节；二是社会工作管理的策划事务；三是社会工作策划的管理问题。

一　社会工作的策划管理环节

历史经验告诉我们，人类社会的发展在很大程度上是通过策划来推进的。在当代社会中，人类社会实践活动变得异常复杂，因而大凡有目的、有计划的人类实践活动，都有策划的必要，当然也有管理尤其是策划管理的必要。社会工作是一种以助人和自助为目的、有计划地为有需要的人们提供诸种社会服务的人类社会实践活动，它必然需要策划、需要管理，并且需要通过策划来进行有效的管理，以提升社会工作的水平与质量。这种通过策划来提升社会工作水平与质量的实践活动，也即我们所说的社会工作策划管理。

社会工作的策划问题一直为社会工作者所特别重视。在社会工作实务中，社会工作者较早便设置了一定的科学运作程序，这一科学运作程序通常包括四个相对独立的工作环节，即社会工作预估、社会工作策划、社会工作介入、社会工作评估。[①] 社会工作者建立社会工作科学程序，就是为了对社会工作进行一种科学管理。为此，社会工作策划管理，从一般的意义上来讲，其实也可以直接理解为社会工作策划，它是社会工作科学运作程序中的第二个环节；从社会工作科学管理的角度来讲，这也正是社会工作的策划管理环节。

将社会工作策划管理作为"社会工作的策划管理环节"加以理解，显然是以社会工作为中心的一种理解，是"社会工作中心观"的一种具体体现。对社会工作策划管理做出这样一种理解不仅具有明显的必要，而且具有充足的理由。具体的理由在于：第一，从理论上来讲，无论人们研究社会工作的哪一个领域、哪一个分支，都不能脱离社会工作这一核心概念，

[①] 有的社会工作著作或教材，也把社会工作实务的通用过程分为接案、预估、计划、介入、评估、结案六个阶段或步骤。其中，计划这一阶段或步骤，也就是一种策划。参见全国社会工作者职业水平考试教材编写组编写《社会工作实务（中级）》，北京：中国社会出版社，2010，第23~88页。

都必须将提高社会工作水平与质量作为其研究目标；第二，从实践上来讲，无论人们通过什么方式来提升社会工作水平和质量，都不能脱离社会工作的根本目的和本质要求。

二 社会工作管理的策划事务

人类自从出现有组织的社会实践活动就有了对管理的需要，事实上也就有了管理。正如人类诸多社会实践活动需要管理一样，社会工作也需要管理，而且需要科学地、艺术地管理。所谓社会工作管理，按照台湾暨南国际大学黄源协教授的意见，"可以说是一种社会工作的方法与过程，旨在将管理的知识运用于人群服务组织或机构，透过规划、组织、任用、领导与控制等职能，有效整合组织之各项人力与物力资源，并选择最有效的方式，以协助并增进机构的社工人员充分发挥其专业职能，进而达成服务人群或案主的最终目的或目标"。[①]

由上可知，社会工作管理既是一种方法也是一个过程。在社会工作管理过程中，策划（包括规划）是一个十分重要的环节，也是一项非常重要的职能。通过策划，社会工作管理才能具有明确的目的和目标，才能有效地整合社会工作机构的各项人力、物力、财力、信息和形象资源，才能选择最有效的管理方式与管理技巧，激发社会工作者的服务热情和服务潜能，指导社会工作者的服务方法与服务策略，提升社会工作服务机构的服务水平与服务质量，确保社会工作机构的社会服务功能得以充分发挥，从而全面提升社会工作服务的效益。

从某种意义上来说，社会工作策划管理也可以被视为社会工作管理的策划事务，或者说社会工作管理中的策划实务。在这种情况下，"策划管理"一词的准确含义便是"通过策划来管理"，"社会工作策划管理"的准确含义也就是"通过策划来开展社会工作管理"。事实上，在社会工作管理中，策划本身就是一种管理职能、一个管理过程和一连串的管理事务，同时也是社会工作管理必不可少的内容、方法和手段，对社会工作管

---

① 黄源协：《社会工作管理》，台北：扬智文化事业股份有限公司，1999，第58页。

理具有举足轻重的作用。讨论社会工作策划管理，绝不能少了这项内容，甚至不能对这项内容有任何的忽视。

三 社会工作策划的管理问题

乍看"社会工作策划管理"这一多重复合概念，虽然含义丰富，但在很多情况下，免不了使更多人望文生义，将"社会工作策划管理"这一概念拆分为"社会工作策划+管理"。这样，社会工作策划管理的含义就变成了"社会工作策划的管理"或"对社会工作策划的管理"。这样一种理解，应该说是对"社会工作策划管理"最为狭义和最有偏义的理解。之所以有如此之说，主要是因为这里的"社会工作策划管理"是一种管理活动，而且是对"社会工作策划"的管理，"社会工作策划"成了其管理对象。

尽管这是"社会工作策划管理"的一种最为偏狭的含义，但在本书中却同样是受到高度重视的面相。事实上，社会工作策划也需要管理。社会工作策划是需要由作为社会工作者的人去完成的，也需要人力、物力、财力、信息等资源的投入；社会工作策划活动需要重视各种功能的发挥，也需要讲究经济效益、社会效益和时间效益；社会工作策划的成果也需要科学评估。这些都是社会工作策划需要管理的理由。延伸一步来讲，没有对社会工作策划的管理，社会工作策划管理也是不完整的。

当然，对社会工作策划开展管理，并非单纯着眼于社会工作策划，而是着眼于整个社会工作实践或社会工作服务。社会工作策划的直接目的是保证社会工作策划活动的正常进行，促进社会工作策划水平的明显提高，但间接目的是要透过社会工作策划水平的提高，来促进整个社会工作能力、水平和效益的提高。社会工作策划管理的这重含义虽显得比较狭窄，但不能不受到社会工作者的足够重视。事实上，社会工作策划的管理问题并不是一个小问题，而是一个大问题，它关系到社会工作实践或社会工作服务能否把准方向并取得成功。

第二节 社会工作策划管理的必要

社会工作策划管理是否必要，这是在建构社会工作策划管理这一知识领域时必须优先讨论的一个基本的学理问题。这个基本学理问题不解决，就很难进入对社会工作策划管理其他问题的讨论。也就是说，如果社会工作策划管理不存在必要性，那么，其他的问题就只能免谈了。正如前述，大凡有目的、有计划的人类实践活动，都有着策划的必要，当然也有着管理的必要，尤其是有着策划管理的必要。社会工作策划管理的必要性乃是由社会工作系统内部和社会工作系统外部多个方面的因素决定的，其中有社会变迁态势的影响、社会工作本身的需要、社会管理效益的要求等。概而言之，主要涉及以下几个方面。

一 当代社会的复杂性使然

与自然界比较，社会本来就具有更大的复杂性，当代社会更是一个异常复杂的社会，这种异常复杂的社会，有学者称为"复杂性社会",① 即与传统社会相比，当代社会更为复杂、更具风险，充满了不确定性。使当代社会变得更为复杂的原因很多，国内外学术界对此做过很多有价值的分析，但主要原因有两个。一是人口的不断增多。人口不断增多造成了生存压力增大。二是科技的不断发展。由于科学技术的发展和生产力水平的提高，社会结构出现多重分化，社会空间出现多重分割,② 社会联系变得纵横交错，社会变迁速度日益加快。

在当代异常复杂的社会中，社会环境易变，社会不确定性增强，社会矛盾突出，社会风险增大，社会中的人群问题多样。面对这样一种复杂社会，要做好社会工作，为人们提供良好的社会服务，显然不是像开中药铺那样"甲乙丙丁"照单抓药，或是像承接工程的建筑公司那样"一五一十"照图施工。十个群体也许就有十个甚至更多不同的问题，百名个人也许就有百个甚至更多不同的麻烦。社会工作者根本没有办法用同样的"模板"去服务和帮助不同的群体和个人，只能根据具体情况开展社会工作策划，以针对性地服务不同的人。

孙膑云："解杂乱纠纷者不控拳。"遇事以策划为先是做好各项社会工

---

① 孙立平：《复杂性社会的积极管理》，《北京日报》2012年6月11日，第18版。
② 谢俊贵：《空间分割叠加与社会治理创新》，《广东社会科学》2014年第4期。

作，解决复杂性社会中杂乱纠纷的公共问题与个人麻烦的明智之举。如不开展策划就仓促上阵，急于求成，社会工作就可能陷入诸多麻烦之中，不仅可能枉费时光而效果不佳，而且可能弄得灰头土脸，甚至不好交差。曾经有心理咨询师到地震灾区开展心理咨询服务，本是好意，但由于调研不够深入，总觉得大灾后的灾民一定会有心理问题，见人直奔主题，结果受到部分灾民的坚决抵制，颇为尴尬。在社会工作服务领域，类似事件也不是个例。

二 社会工作的科学性使然

综观国内外有关社会工作的定义，几乎所有的学者都这样认为，社会工作是一门科学或一门学科，社会工作具有科学性。贝克尔（Barker）在对社会工作下定义时就这样认为："社会工作是一门应用科学，为求帮助人们达到有效程度的心理及社会功能，并借着实现社会改革以加强全体人民的福祉。"[①] 我国王思斌教授主编的《社会工作导论》开宗明义："社会工作是科学。"[②] 可见，学术界对社会工作的科学性已达成共识。尽管个别学者在某些方面的认识稍有不同，但他们也不否定，社会工作是很讲究科学性的社会实践领域。

社会工作讲究科学性，主要是从三个方面来体现的：一是坚持科学的态度；二是遵循科学的理论；三是采用科学的方法。然而，科学理论丰富多彩，如各个流派的社会学理论、心理学理论、教育学理论。科学方法也是多种多样的，如个案工作方法、小组工作方法、社区工作方法、大众工作方法等。到底根据何种理论、运用何种方法来开展具体社会工作，还需要经过一个科学的选择对比过程。这一科学的选择对比过程，正是社会工作策划及其管理之必要所在。没有精心的策划，社会工作的科学性也难以体现。

基于社会工作的科学性，社会工作策划管理往往需要做好以下的策划

---

① R. L. Barker, *The Social Work Dictionary*, Washington DC: National Association of Social Workers, 1995, p.357.
② 王思斌主编《社会工作导论》，北京：北京大学出版社，1998，第1页。

工作：一是对社会工作服务对象所遇到问题的科学分析，这就是我们通常所说的要深入开展调查研究，对社会工作服务对象做出客观评价，这有助于为社会工作服务打下科学的基础；二是从诸种社会工作相关学科的理论中选择合适的科学理论，用以指导社会工作服务的科学行动；三是根据科学理论的指导选择适当的科学方法，以有效地为社会工作服务对象解决具体问题。从某种意义上说，社会工作策划管理的过程，事实上是对社会工作运作过程的科学设计。

三 社会工作的艺术性使然

社会工作具有艺术性。王思斌认为："如果认为社会工作只是严格按照既定的规则和方法去对待问题和解决问题，那是不全面的。由于社会工作面对的任务是十分复杂的，每一个问题的解决都需要社会工作者审时度势、娴熟地运用各种方法和技巧，给以有效的解决，因此社会工作过程又充满了创造，它是一种艺术。"[1] 国外学者芬克（Fink）、斯基摩尔（Skidmore）等认为，社会工作是一种艺术和科学，或许艺术性多于科学性。[2] 法利（Farley）、史密斯（Smith）、波义耳（Boyle）则认为"社会工作可以定义为一种艺术、一种科学以及一种助人的专业"。[3]

社会工作的艺术性导源于社会工作对象的特殊性和社会工作方法的针对性。社会工作对象的特殊性是指作为社会工作对象的每一个人所遇到的问题和所需要的帮助都并非一模一样的，这就要求社会工作者不能千篇一律地对待服务对象，而应该细致地分析服务对象的特殊问题与特殊需求，从而为其提供真正属于他们需要的社会工作服务。社会工作方法的针对性表明，任何一种社会工作方法，在用于特定服务对象的时候，都不可能原样照搬，只能根据服务对象的自身情况和需要，灵活地、巧妙地加以运用，以为他们提供有针对性的服务。

---

[1] 王思斌主编《社会工作导论》，北京：北京大学出版社，1998，第3页。
[2] H. England, *Social Work as Art*, London: Allen & Unwin, 1986, p. 1.
[3] 参见李培林、王春光主编《当代中国社会工作总论》，北京：社会科学文献出版社，2014，第20页。

由上可知，社会工作策划管理实际上也是社会工作的艺术性使然。在社会工作中，不仅要重视和保证社会工作的科学性，而且要讲究和体现社会工作的艺术性。而要讲究和体现社会工作的艺术性，便有必要高度重视社会工作策划管理。通过社会工作策划管理，以实现广泛深入地了解服务对象，精雕细刻地设计行动方案，匠心独具地安排每次活动，机智灵活地应对每一个问题。也可以这样说，社会工作的艺术性，就是要求社会工作者根据服务对象所遇到的公共问题和个人麻烦，对症下药，合理配伍，创造性地帮助服务对象有效地解决问题。

四　高效活动的谋划性使然

人类一直都在谋求高效率、高效益的活动。然而，社会实践的历史表明，绝大多数的高效活动并非依靠硬顶硬拼出来的，而是借由智力劳动的加入创造性地获得的。没有瓦特对蒸汽机的改良，就没有机器带来的高效生产；没有泰勒创立的科学管理模式，就没有工业社会的高效劳动；没有高速交通工具的研制，就没有"朝游北海暮苍梧"的高效旅行；没有互联网的研发，就没有"弹指之间"的高效通信；没有改革开放的总设计，就没有当今中国的高速发展；没有对中国式现代化的总擘画，要在21世纪中叶建成社会主义强国也是有难度的。

总体来讲，高效活动往往与运筹谋划紧紧地联系在一起。高效活动依赖于运筹谋划，它是观念与智慧的结晶，它是理想与现实的协调，它是计划与执行的统一，具有明显的谋划性。在当今社会各个领域，为了谋求社会实践活动的高效化，为了取得应对危机局面的高效化，都应当重视运筹谋划这一思维过程。运筹谋划这一思维过程实际上也即所谓的策划管理，它可以应用于人类社会的各个领域，能使人类社会的各种活动获得良好的效益。人类社会的各个领域、各种组织，甚至各项工作，只要希望得到高效运行，就应当引入策划管理的方法。

社会工作领域也是需要高效运行的社会实践活动领域。尤其是我国，不仅幅员辽阔、人口众多，不同人群有不同的需求，而且目前正处于社会转型时期，社会矛盾突出，社会问题多发，社会风险倍增。受此影响，当前我国具有社会工作服务需求的个人和群体不可谓小众,从而给社会工作带来颇大的压力。再加上我国仍然处于社会经济发展过程之中,虽然取得了快速发展,但人均GDP并不很高,国家并未达到十分富裕的程度,真正能投入社会工作中的资源有限,因此,要使社会工作得以高效运行,更加需要运筹谋划,需要实行策划管理。

第三节　社会工作策划管理的可能

必要与可能是判断各种社会事物和实践活动能否得以兴起并实现自身长足发展,同时也得到社会广泛认可的两个基本维度。在这两个基本维度中,没有必要显然不行,即使有必要,没有可能也同样不行,必须二者俱备。由上述讨论可知,社会工作策划管理的必要显而易见。但社会工作策划管理是否具有可能性呢?这是我们在构建社会工作策划管理这一知识领域的过程中必须给以回答的一个重要问题。我们认为,社会工作策划管理具有可能性。社会工作策划管理的可能性,通常来讲,乃是由作为社会工作策划管理的许多因素来支撑的,这些因素主要包括人员、组织、制度、方法、经验等。在此,着重从以下四个方面加以认识。

一　人的潜能的坚实基础

人是智慧的动物,也是理性的动物,人与普通动物的根本区别在于人有智慧,在于人有理性,在于人能够通过自己的智慧来科学合理地处理面临的各种事务甚至谋划未来的事务。人是具有潜能的动物,具有潜能素质。一是指人体内蕴藏有亿万年生命演化形成的极为丰富的肉体和精神力量,二是指人类千万年的社会实践和文化成果在人的身心结构中历史积淀和结晶。这既是自然进步的结晶,又是社会文化的积淀,马克思称之为人"自身的自然中沉睡着的潜力"。[①]

人是具有很大潜能的。人可以创造历史,人可以改变现状,人可以预

---

① 马克思:《资本论》(第1卷),北京:人民出版社,1975,第202页。

知未来，人也可以规划未来。历史是人创造的，创造历史的不仅包括那些体力劳动者，也包括脑力劳动者。当然，人的潜能的发挥方式是有所不同的。一般来说，体力劳动者通常通过他们的辛勤劳作，在体力劳动中发挥自己的潜能，展现自己的力量；脑力劳动者则主要通过运用自己的智慧和理性，在脑力劳动层面充分发挥自己的潜能，展现自己的才华。

潜能是人的能力的一种特性，它与显能密不可分。照此说来，人的潜能不过是人在自身生存时所积累的经验与在不断探索中所积蓄的能量，在最需要的时候得以充分发挥出来而已。策划人也不例外，使他们智慧潜能超群、科学知识丰富、掌握社会规律、对社会发展具有前瞻性、对社会需求具有预见性、对社会实践具有掌控性的，还在于他们的知识经验积累。这样才使他们做到"运筹帷幄之中，决胜千里之外"。

在社会工作中同样有策划人，也就是社会工作策划人，他们同样智慧潜能超群，社会工作知识丰富，掌握社会工作规律，对社会工作发展具有前瞻性，对社会服务需求具有预见性，对社会工作实践具有掌控性。当然，社会工作策划人通常并不出自社会工作者之外，而是出自社会工作者本身。他们能否成为社会工作策划人，关键取决于他们能否通过学习和实践，有效地开发自己的智慧潜能。社会工作者的智慧潜能是使社会工作策划管理成为可能的坚实基础。

二　集体智慧的有力保证

按照社会工作运行的制度设计，当今的社会工作并不是个别社会工作者单打独斗的工作。在现代社会中，社会工作的组织化、机构化已经成为现实，社会工作的组织制度、社会工作的督导制度、社会工作的沟通制度业已建立起来。这些都为社会工作策划管理的可能提供有力保证。它能使社会工作策划管理在很大程度上成为一种集体行动，而非一种单兵独将的行动；它能通过集体组织的作用，集中某些社工的聪明才智，并使之能够相互激荡，产生新的智慧。即使面对社会中非常复杂的社会问题，也能通过集体的智慧，开展有效的策划。

首先，集体智慧的制度化来源于社会工作的组织化或机构化。现代社会工作发端于英国工业化迅猛发展时期，社会组织化是该时期一个显著特征。社会组织化带动了社会工作的组织化。1869年，在索里牧师倡导下，英国建立了首个慈善组织会社，目的是将慈善事业组织起来，发挥最合理的作用。同时，睦邻组织运动迅速兴起，1884年巴尼特牧师建立了汤因比馆。① 尔后，社会工作的组织化、机构化成为一种世界模式，为社会工作策划管理提供了有力保证。

其次，集体智慧的制度化来源于社会工作督导制度的建立。按照徐明心的看法，社会工作督导的渊源可追溯到1878年在美国水牛城（Buffalo）开始的慈善组织会社运动（COS）。社会工作督导具有公认的三个主要功能：管理、教育和支持。② 社会工作督导历经100多年发展而成为一种社会工作制度，即社会工作督导制度。督导制度的建立，保证了社会工作策划管理的社工人员与社工督导的共同参与，为社会工作策划管理提供了集体智慧的又一重要支持。

最后，集体智慧的制度化来源于社会工作沟通制度的建立。社会工作特别重视沟通，与服务对象沟通，与政府部门沟通，与相关单位沟通，与基层社区沟通，与专家学者沟通，与社会公众沟通。当前，社会工作沟通也已成为社会工作的一种重要制度。透过沟通，社会工作策划管理成了一种汇多人才智、集众人之长的有效途径，它使社会工作策划方案针对性更强、实施可行性更大、工作技巧性更优，从而有力地保证社会工作功能得以充分发挥、效益得以全面提高。

三 创造方法的科学指导

创造也可以称为创新，是指创造或创新主体根据新的思维模式提出有别于常规思路或常人思路的见解，以此为导向，利用现有的知识资源和物质资源，在特定的环境中，本着理想化需要或为满足社会实际需求，而改进或创造新的事物、方法、元素、路径、环境等，并能获得一定有益效果的行为。创造是人类特有的能力，是人类社会发展进步的动力。毛泽东同

---

① 汪大海等主编《社区管理》，北京：中国人民大学出版社，2005，第92页。
② 徐明心：《社会工作督导的渊源：历史检示》，邹学银译，《中国社会工作》1998年第5期。

志高度重视人类的创造活动，指出："人类总得不断地总结经验，有所发现，有所发明，有所创造，有所前进。停止的论点，悲观的论点，无所作为和骄傲自满的论点，都是错误的。"①

社会工作策划管理也是一种创造活动。这种创造活动存在于社会工作领域，通过社会工作者尤其是其中的策划人借由创造性思维而得以实施和实现。借由社会工作策划管理这一创造性的活动，可以针对社会工作服务对象的不同情况、不同特点、不同需求，创新社会工作的服务目标、服务思路、服务方式、服务方法，更好地满足服务对象的需求，解决服务对象遇到的各种经济的、文化的和社会的问题，从而充分发挥社会工作的功能，提升社会工作的效益。

社会工作策划管理作为一种创造性活动，与那种按部就班的社会工作实务活动有所区别，显著的一点是社会工作策划管理需要创造方法或创新方法的指导。没有创造方法或创新方法的指导，尽管在按部就班的社会工作实务活动中也能实现某些创造或创新，但那种创造或创新是相当缓慢的。社会工作策划管理中的创新活动，应是一种适应高速流变的社会变迁的创新活动，应是一种适应服务对象急切需要的创新活动，因而必须在创造方法的指导下积极推进。

可喜的是，一门研究人类创造活动的学科——创造学得以发展起来。创造学是研究创造发明和创新的心理、方法和规律的科学，20 世纪 30 年代在美国兴起，20 世纪 80 年代由许立言从日本引入中国。② 在创造学领域，人们总结发明了大量的创造方法，这些创造方法不仅可以应用于科技领域的创造发明，而且能够应用于社会领域的策划活动。目前，创造方法已被引入社会工作领域。有了创造方法指导，社会工作策划管理不仅成为可能，而且路子越走越宽。

四　他人经验的吸收借鉴

习近平总书记 2013 年 3 月 1 日在中央党校建校 80 周年庆祝大会暨

---

① 《毛泽东著作选读》（下册），北京：人民出版社，1986，第 845 页。
② 通常认为，1980 年前后，上海交通大学的许立言教授首先从日本引入了创造学理论，并开设创造学课程。

2013年春季学期开学典礼上的讲话中指出："我们的学习应该是全面的、系统的、富有探索精神的,既要抓住学习重点,也要注意拓展学习领域;既要向书本学习,也要向实践学习;既要向人民群众学习,向专家学者学习,也要向国外有益经验学习。"[①] 经验是人们在同客观事物直接接触的过程中通过感觉器官获得的关于客观事物的现象和外部联系的认识,善于吸收和借鉴他人的有益经验,包括国内和国外的有益经验,可以说是社会工作者做好策划管理工作的一种本领。

事实上,在社会工作领域,或者是在更大范围的社会实践领域,策划管理已经不是一个特别新鲜的话题,更不是一种特别新鲜的实践。在中国历史上,策划管理在春秋战国时期就已出现,兵家、纵横家都十分重视策划管理,并留存了许多重要的策划管理方面的文献。在西方,策划管理在20世纪50年代以前就已经成为一门综合科学。[②] 西方社会工作的策划管理事实上也已有了100多年的历史。吸收借鉴中西方策划管理领域的经验,有助于社会工作策划管理的开展。

吸收借鉴他人的经验,从近的方面来讲,可以优先借鉴本国经验。中国是自古以来就重视"策划"的国家,也是古代策划成果及文献享誉世界的国家。《孙子兵法》中的策划思想、策划理论、策划方法和策划成果,令世人佩服不已。在当今社会中,我国经济、政治、文化、社会等各个领域,也出现了很多的策划人,产生了很多有重要影响的策划成果。近年来,在社会工作领域,也出现了一些颇有价值的策划案例,这些都值得我们认真地学习、研讨和吸收借鉴。

吸收借鉴他人的经验,从远的方面来讲,则要重点借鉴西方经验。社会工作发端于西方且已有100多年的历史。西方在策划管理方面已经积累了丰富的理论、有效的方法和许多成功的案例,这是人类社会工作领域的一批宝贵财富,我们同样需要吸收借鉴。我们不能妄自菲薄,所以要"古为今用";我们要看到自己存在的差距,所以要"洋为中用"。同时,对于

---

① 习近平:《在中央党校建校80周年庆祝大会暨2013年春季学期开学典礼上的讲话》,2013-03-01,人民网,http://politics.people.com.cn/n/2013/0303/c1024-20655810.html。

② 苏珊:《现代策划学》,北京:中共中央党校出版社,2002,第8~11页。

当代社会工作策划管理的经验，还需要"他为我用"。按此，我国社会工作策划管理将可长足发展。

第四节 社会工作策划管理的内容

社会工作策划管理因其具有多重含义而具有更多值得探讨的问题，当然也就有着更为丰富的知识内容。这些知识内容有理论的也有实务的，有原则的也有方法的，有科学的也有人文的，有经验的也有案例的。同时，社会工作策划管理还涉及社会工作不同对象群体、不同生活领域的策划与管理问题，这使其知识内容更加丰富、更加多彩。为了保证社会工作策划管理理论、方法和实务内容的完整性，也照顾本书的学术性，按照当今社会工作实践发展的要求和社会工作知识积累的需要，特构建以下内容框架并有重点地展开讨论。

一 社会工作策划基本理路

社会工作策划基本理路实质上是社会工作策划的基本知识体系，可以说，它是社会工作策划的开道之学，也是社会工作策划学最关键的基础研究内容，社会工作者要成为一名社会工作策划人员进而成为一位社会工作策划大师，必从此问途，方能得其门而入。本书主要从三个不同角度讨论社会工作策划的基本理路：一是理论性理路，即社会工作策划一般理论；二是程序性理路，即社会工作策划的科学程序；三是方法性理路，即社会工作策划的创意方法。

1. 社会工作策划一般理论

理论又可称为学说，是指人类对自然现象和社会现象，按照已有的实证知识、经验、事实、法则、认知以及经过验证的假说，经由一般化与演绎推理的处理，所得到的合乎逻辑的推论性总结。理论是社会实践与科学思维的结晶，也是社会实践与科学劳动的指南，应当受到实践领域的高度重视。社会工作策划管理需要从社会工作策划一般理论的探讨开始，构建社会工作策划的基本理论体系。社会工作策划的一般理论内容有社会工作策划基本概念、社会工作策划基本原理、社会工作策划内容体系、社会工作策划实施原则等。

2. 社会工作策划科学程序

任何科学劳动都需要有科学的运作程序加以规范，都需要以科学的运作程序加以管理。社会工作策划也是一种科学劳动，为了提高社会工作策划的水平、质量和效益，社会工作策划也需要构建一个科学运作程序。这个科学运作程序虽不像自然科学过程那样严格，但它也是社会工作策划实践活动的结晶，是社会工作者对社会工作策划实践活动过程的科学概括和精心设置，能使社会工作策划走向科学化。社会工作策划的科学运作程序包括三个阶段，即社会工作策划的先遣阶段、社会工作策划的核心阶段、社会工作策划的后续阶段。

3. 社会工作策划创意方法

方法是指保证人类社会实践活动朝着预定的方向进行，达到人类社会实践活动目的的途径、方式、手段、工具的总和。方法具有中介性，就如人们"过河"的"桥"和"船"，"没有桥或没有船就不能过"。[1] 方法具有方向性，英国哲学家培根曾指出："跛足而不迷路的人能赶过虽健步如飞但误入歧途的人。"[2] 掌握科学的方法不仅对科学劳动至关重要，而且对所有人类社会实践活动至关重要。社会工作策划的方法内容非常丰富，包括社会工作策划的方法理论、社会工作策划的基本方式和社会工作策划的多种创意方法。

二 社会工作策划重要实务

社会工作策划实务也就是社会工作策划实践，它是将社会工作策划的一般理论、科学程序、创意方法等应用于各种社会工作具体事务之中，对各种社会工作具体事务进行具有明确工作目标、明确工作对象、明确工作内容、明确工作方法等的策划。社会工作策划实务内容可谓异常丰富，本书具体概括为社会工作事业发展策划、社会工作服务项目策划和社会工作服务活动策划。

---

[1] 《毛泽东选集》（第1卷），北京：人民出版社，1991，第139页。
[2] 转引自W. I. B. 贝弗里奇《科学研究的艺术》，北京：科学出版社，1984，第1页。

1. 社会工作事业发展策划

社会工作策划管理从眼界上来讲，并非只关注具体的社会工作服务，它还需要开阔眼界，把目光投向有利于更好地为人们提供各种社会服务的社会工作事业发展的层面上，进行意义作用更大、影响更加深远的社会工作事业发展策划。社会工作事业发展策划通常属于党政机构和社会工作管理部门的重要工作，具有明显的社会工作行政管理特性和社会工作规划管理特性。一般来讲，社会工作事业发展策划的内容主要涉及以下重要方面：社会工作事业开拓策划、社会工作队伍建设策划、社会工作机构培育策划、社会工作行业管理策划等。

2. 社会工作服务项目策划

当今时代的社会工作服务，除组织化特点之外还有一个重要特点是项目化。所谓项目化，从社会工作服务管理的角度来讲，其基本的意思是，将特定的社会工作服务内容打包成具有明确目标且受到相应约束条件制约的社会工作服务项目，并由特定的组织机构立项，再由专门的社会工作机构实施完成的社会工作服务管理方式。在社会工作服务项目化管理中，一项重要的工作内容是社会工作服务项目策划，它是实现社会工作项目化管理的关键。通常来讲，社会工作服务项目策划可以分为招标型项目策划、投标型项目策划和申洽型项目策划。

3. 社会工作服务活动策划

社会工作是一种协助人们预防和解决社会问题、恢复并增强其社会生活功能的一种制度化的工作方法，也是一种社会服务活动，是实现社会福利的有效途径和积极措施。从社会服务的角度上讲，在任何社会中，社会工作服务活动都是社会工作的核心内容和关键事项，社会工作的基本目的在于为有需要的人们开展可行的社会工作服务活动，实施有效的社会工作贴心服务。社会工作服务活动策划也可称为社会工作服务实施策划，是社会工作策划管理的基本内容和重要领域，主要策划内容有个案社会工作策划、小组社会工作策划、社区社会工作策划和大众社会工作策划。

三　社会工作策划特色管理

尽管社会工作策划本身就是一种管理活动或管理职能，但它本身也需要在更高层面上的管理。这种更高层面上的管理，就是社会工作策划科学管理或社会工作策划管理。社会工作策划科学管理的基本对象就是社会工作策划者及其社会工作策划活动。社会工作策划科学管理涉及许多方面，最基本的有社会工作策划人员管理、社会工作策划伦理管理、社会工作策划过程管理、社会工作策划效应管理、社会工作策划案例管理等。本书着重讨论社会工作策划中特别需要开展且有一定特色的三类管理。

1. 社会工作策划人员管理

社会工作策划人员也称社会工作策划者，是从事社会工作策划活动的个人或团队的总称。社会工作策划人员是社会工作策划的主体，是社会工作策划活动中的承担者，是社会工作机构开展社会工作服务的指导者，是社会工作机构中最重要的业务骨干力量之一。他们的策划能力、策划水平和策划质量如何，直接影响社会工作机构的社会工作服务水平、服务质量和服务效益。为此，加强社会工作策划人员的管理，切实提高社会工作策划人员的能力水平，充分调动社会工作策划人员的积极性，是整个社会工作策划管理中的一项重要内容。

2. 社会工作策划伦理管理

虽然社会工作非常讲究伦理，但当前对社会工作是否遵循伦理却缺乏可操作的评价办法，切实加强社会工作伦理管理显得非常必要。所谓社会工作伦理管理，是指从硬化和强化社会工作伦理规范的指标出发，对社会工作服务机构和社会工作服务人员的社会工作行为的正当性、合理性进行科学、实用、可操作化的审查、评议、核实等的管理活动。由于社会工作策划在社会工作服务中的先遣性和主导性特点，在社会工作伦理管理中，社会工作策划的伦理管理可谓最为重要的社会工作伦理管理环节，是社会工作伦理管理的首道关隘。

3. 社会工作策划案例管理

社会工作非常讲究案例教学、案例研究，这是一件非常好的事情。但是，人们却没有注意到一个问题，现在的社会工作案例，大都属于普通的工作案例、服务案例，更多描述的是为人们做了哪些方面的工作，提供了哪些服务，取得了怎样的效果，而记述社会工作运筹谋划的创意和创新活动的、能给人们更多启发的社会工作策划案例却非常少见。因此，社会工作机构抑或整个社会工作领域应高度重视社会工作策划案例的管理,将社会工作策划案例资料收集起来,通过整理加工、存储检索,为需要者提供服务,以实现有效利用。

四 社会工作策划前沿论题

"前沿"的最初意思是指前部的边沿。在科学领域,前沿是指处于领先地位的学术或学术问题。在有关社会工作策划的研究中,事实上也有一些前沿论题。这些前沿论题目前并没有答案,甚至还没有知识积累,往往只是通过对现象的观察提出的一些由感兴趣的社会工作同人,包括实务工作者和研究者去探讨的问题。在此,不妨先行提出三个这样的论题,以供有兴趣的读者思考。

1. 社会工作策划的岗位化论题

现在很多的社会工作机构甚至所有的社会工作机构都没有设立社会工作策划的专门岗位,更不应说设置社会工作策划的职能部门,社会工作策划的相应工作往往都分散在社会工作机构的各个专业部门中。那么,未来要不要设立社会工作策划的专门岗位,甚或社会工作策划的职能部门呢?或者说,随着我国社会工作的进一步发展,社会工作机构越做越大,社会工作项目越来越多,社会工作策划事务也必然增多并且策划难度越来越大,这是否意味着未来社会工作策划必将走向岗位化或者部门化呢?这是第一个值得探讨的前沿论题。

2. 社会工作策划的智库化论题

社会工作策划的智库化主要是针对政府机构、群团组织、慈善总会、基金会等而提出来的一个问题。这些机构都要进行社会工作策划,重点是社会工作事业发展策划和社会工作服务项目策划,尤其是社会工作项目开发策划和社会工作项目招标策划。现在这些机构或组织的社会工作服务已经实现了社会化,主要由民办非企业性质的社会工作机构承担。那么,未来这些机构或组织的社会工作策划是否将逐步地走向社会化或智库化,或者更明确地说这些机构或组织的社会工作策划也会由社会智库来承担呢?这是第二个值得探讨的前沿论题。

3. 社会工作策划的智能化论题

几乎所有的策划工作都得由具有策划能力的人来承担，策划是人的事情，不是机器的事情，社会工作策划尤其如此，这是人们的一般经验。可是，智能机器人，如 ChatGPT 等，已让人们看到，既有经验开始受到智能机器人的挑战，智能机器人可以做很多事情，除了工业、商业等领域的一些事情外，甚至司法领域的写诉状等也能胜任。那么，未来的机器人是否也会对社会工作策划者提出挑战，一些规律性比较强或相对简单的社会工作策划是否也可由智能机器人来承担，从而不断推进社会工作策划的智能化呢？这是第三个值得探讨的前沿论题。

第二章

社会工作策划基本认知

在社会工作领域，社会工作策划是社会工作与策划活动合璧的产物。社会工作与策划活动合璧的结果是，直接催生了社会工作策划这一人类社会新的实践活动。于是，在某些人眼里，社会工作策划只是一种实践活动，他们强调更多关注策划实践或策划实务。然而，社会工作策划并非单纯的经验性活动，它需要科学理论的支持，同时它也形成了自己的一套理论体系。理论来源于实践，但往往高于实践，理论是对实践的一种高级认知活动，可以成为实践的指南。因此，要开展社会工作策划，有必要先从理论上对社会工作策划有所认知。

第一节 古今策划概念的简要梳理

社会工作策划作为社会工作与策划活动合璧的产物，从概念的基本范畴来分析，即使初次见识的人也会知道，它首先是属于策划活动这个大类，其次才是属于社会工作范畴的一种专业性策划活动。要正确理解社会工作策划的含义，站在社会工作者的求知角度，有必要对古今策划概念做一个简要梳理。

一 策划的古代表述

中国有着五千年的文明史，古人曾创造了灿烂的文化，积淀下许多实用而又深邃的智慧。策划思想在中国古已有之，策划活动同样源远流长，有许许多多流传千古的策划案例。当然,"策划"概念记于文献却晚于古人的策划思想和策划实践,至今不过 1600 年。就已知的情况而论,"策划"一词最早见于范晔所撰的《后汉书·隗嚣传》,其中有"夫智者睹危思变,贤者泥而不滓,是以功名终申,策划复得"的记载。在较早的时候,"策划"多是一个军事政治活动中使用的概念,人们对它并未做出明确的界定或详细的释义。

在古汉语中,策划是由"策"和"划"构成的复合词。"策"分名词和动词两种词性。作名词讲,策通册,是古代的一种文字载体,即将简编连而成的书册。《左传》孔颖达疏有云:"单执一札谓之为简,连编诸简乃名为册。"由于策有书册之意,故后来又演变成一种文体,一般指古代应考者就国家兴邦建业的有关问题而作的一种具有创意性的答卷。由此而进一步引申,策又指计谋、谋略、策略等。《礼记·仲尼燕居》有云:"若无礼,……田猎戎事失其策,军旅武功失其制。"这里的策,即计谋、谋略之意。作动词讲,策有谋划、测度之意。《孙子·虚实篇》有"策之而知得失之计"。这里的策,即揣测、预测、测度的意思。

"划"字有两种读音,一读划(huá),有开辟、分割、摩擦、拨水等许多意义,引申之则有分析、划算的意思;又读划(huà),有划分、筹划、谋划、计划、拟订做事的办法和程序等意义。《广韵·入声》云:"划,作事。"这里的"作事"有处事、治理事务、施政等意思,侧重于强调做事的过程和方法。《左传·襄公三十一年》云:"君子在位可畏,施舍可爱,进退可度,周旋可则,容止可观,作事可法。"综合上述意思,"划"即筹谋、筹划、谋划、计划的意思。策与划组合为策划,在古代,其大意即运筹、谋划、划算等。

古代的策划也通擘画、策画,这些概念基本上都有运筹、谋划、划算、筹谋、计谋甚至筹划、规划、计划之意。在我国典籍文献中,将策划写成擘画、策画的情况可以说屡见不鲜。《淮南鸿烈·要略》中有"擘画人事之终始者也"的要句。唐元稹有"将军遥策画,师氏密讦谟"的诗句。① 宋司马光在《乞去新法之病民伤国者疏》中写道:"人之常情,谁不

---

① 讦谟(读 xū mó)。讦,大的意思;谟,谋的意思。讦谟就是宏伟的谋划。

爱富贵而畏刑祸，于是缙绅大夫望风承流，竞献策画，务为奇巧，舍是取非，兴害除利。名为爱民，其实病民；名为益国，其实伤国。"清魏源《再上陆制府论下河水利书》："前此种种策画，皆题目过大，旷日无成，均可束之高阁。"

我国古代的策划概念还有其他的词来代替，如谋、谟、虑、算、庙算、心战、运筹、前定、预谋等。春秋末期的《孙子·计篇》有"多算胜少算"。汉贾谊《新书·过秦论上》有"深谋远虑，行军用兵之道，非及曩（nǎng）时之士也"。《汉书·高帝纪》有"运筹帷幄之中，决胜千里之外"。《三国志·蜀志·马谡传》有"用兵之道，攻心为上，攻城为下；心战为上，兵战为下"。《晋书·文帝纪》有"公躬擐甲胄，龚行天罚，玄谋庙算，遵养时晦。奇兵震击，而朱异摧破；神变应机，而全琮稽服；取乱攻昧，而高墉不守"。①宋辛弃疾《议练民兵守淮疏》有"事不前定不可以应猝，兵不预谋不可以制胜"。

二 策划的现代意义

古人对策划便已给予特别重视，而现代以来，策划更显示出极强的生命力和广泛的适应性。在人类社会实践活动的主要领域或显在领域，如社会生产、社会生活、社会活动、社会传播、社会服务、社会工作、社会管理、社会治理等领域，都有着丰富多彩、效果显著的重要策划活动，都流传着内容各异的重要策划案例。尤其是现代管理科学的出现，使策划成为经济管理、社会管理等众多管理科学领域中的常用词语，其使用频率近似于调查、决策等词语。当然，现代意义上的策划，其词形虽然趋于统一，但其界定却仍有明显的差异。

在介绍国外文献时，《策划实务全书》将国外策划定义分为"事前行为说""管理行为说""选择决定说""思维程序说""其他说法"五类，简要列举了十多种策划定义。②事实上，国外关于策划的定义也是仁者见

---

① 躬擐甲胄（读 gōng huàn jiǎ zhòu），成语，指亲自穿上铠甲和头盔，言长官坐镇军中亲自指挥。龚行天罚（也作龚行在罚），成语，即奉天之命进行惩罚。
② 刘保孚等主编《策划实务全书》，北京：经济日报出版社，1995，第 8~10 页。

仁，智者见智，各吹各的号，各唱各的调。比较得体的是哈佛管理丛书编纂委员会的策划定义：策划是一种程序，在本质上是一种运用脑力的理性行为。基本上所有的策划都是关于未来的事物，也就是说，策划是找出事物因果关系、衡度未来可采取之途径、做出目前决策之依据。亦可说策划是预先决定做什么，何时做，如何做，谁来做。策划如同一座桥，它连接着我们目前所在之地与未来我们要经过之地。①

就国内情况来讲，不少学者倾向于接受哈佛管理丛书编纂委员会对策划的解释。但有的人士并不完全同意这种意见。甚至有的人比较简单地认为，策划就是计划，策划就是点子，策划就是决策，等等。当然，也有学者对策划概念有着深入的思考，他们在研究了多种策划定义后做出了自己的界定。也正因为如此，在当代中国社会中，关于策划的界定或释义，基本上众说纷纭。

张龙祥主编的《中国公共关系大辞典》认为："所谓策划，其科学的内涵是指人类社会活动中，人们为了谋取达到某种目标或某项事业的成功而先发的设想及其创造思维过程，也是确保实现决策、计划而进行的有科学程序的谋划、构思和设计过程。简言之，策划是指人们为了达成某种特定目标，借助一定的科学方法和艺术，为决策、计划而构思设计、制作策划方案的过程。"② 从这一解释可以看出，这里更关注的是策划作为决策、计划的先遣性业务。

刘保孚等则认为："策划就是策略，谋划，是为了达到一定的目标，在调查、分析有关材料的基础上，遵循一定的程序，对未来某项工作或事件事先进行系统、全面的构思、谋划，制定和选择合理可行的执行方案，并根据目标要求和环境变化对方案进行修改、调整的一种创造性的社会活动过程。"③ 这一定义与上述定义比较有明显的不同，前者认为策划是为决策、计划而开展的先遣性工作，本定义则将策划视为一种相对独立的创造性的社会活动过程。

---

① 参见刘保孚等主编《策划实务全书》，北京：经济日报出版社，1995，第10页。
② 张龙祥主编《中国公共关系大辞典》，北京：中国广播电视出版社，1993，第403页。
③ 刘保孚等主编《策划实务全书》，北京：经济日报出版社，1995，第11页。

沈鸿新等人在"社区策划学"的研究中论及策划概念，他们认为，"所谓策划，就是人们在行动前的筹谋。筹谋是人所特有的自觉能动性，是自觉运用脑力的一种理性行为。它是对自己所要做什么事、为什么要做、想达到什么目的、怎样来达到目的等一系列有关的事，进行考虑，提出一套办法"。① 这一定义相对来讲比较容易理解，当然也比较适用。尤其是对于基层社区，这种下定义的方法通俗易懂，有利于基层社区管理人员理解，且具有可操作性。

在我国台湾地区，较多时候是将策划称为规划。黄源协对规划（策划）进行了解释，他认为，"规划（Planning）是一种分析与选择的过程，它系针对未来所要完成的工作。配合其对未来环境的评估，设定工作目标"，并拟定与择定用来达成其目标的可能方案。"'规划与计划'之意涵不同，前者为一种事前分析与选择程序，其对象为某种未来行动，而后者则是其所选择行为实际行动依循的方案"。② 这一解释突出重视社会工作策划目标的设定和目标达成方式的决定，对于人们从事社会工作策划管理具有重要的启发和借鉴作用。

三　本书的基本认识

"策划"一词作为对人类社会策划活动的一种概括，至今已成为一种科学的概念，并已为人类社会实践活动的许多领域所接受。在管理领域有了管理策划及经营策划；在市场营销领域有了市场策划和营销策划；在传播领域有了传播策划及传媒策划；在公共关系领域有了公共关系策划和组织形象策划；在社会工作领域，目前也有了社会工作策划。但是，对于策划这一概念的界定或解释，至今并非十分统一。策划概念的不统一，恐怕与以下几个因素不无关系。

首先，策划活动是一种历史悠久的活动。从人类文明诞生时起，早期社会实践的策划活动就已产生。较早的《盘庚》三篇记载了殷王盘庚迁都的策划，以后的典籍中则有大量军事、政治等策划的记载。透过这种历史

---

① 沈鸿新等：《社区策划学》，上海：上海远东出版社，2006，第34页。
② 黄源协：《社会工作管理》，台北：扬智文化事业股份有限公司，1999，第91页。

悠久的策划活动，可以断言，策划活动自产生至今，业已经历了一个由简单到复杂、由零散到完整、由稚嫩到成熟、由低级到高级的发展历程。要将这一发展历程中的各种策划活动都概括起来，并做出明确定义，当然不是一件容易的事情。

其次，策划活动是一种用途广泛的活动。策划涉及人类社会实践活动的各个领域，包括政治领域、军事领域、经济领域、社会领域、文化领域、艺术领域等，只要是有目的、有计划、有管理、有决策的人类社会实践活动，就少不了开展策划活动。但是，各种不同社会实践活动领域的策划活动是有着不同内容甚至不同形式的，要将这些不同社会实践活动领域的内容各异、形式不一的策划活动都概括起来，做出一个统一的界定，显然不是一件简单的事情。

最后，影响策划这一概念界定的还有个人因素问题。它不仅涉及下定义者的知识基础、实践经验，同时还涉及下定义者的思想意识、价值取向、认知方法、需求偏好，以及个人所处的社会环境和学术氛围等。这些方面的差异，都有可能导致下定义者对策划这一概念做出不同的界定。正因为如此，当前我们了解到的学术界关于策划这一概念的界定，无论是国外学者的界定还是国内学者的界定，总会存在一定程度的差别，明显有着莫衷一是的感觉。

笔者认为，要对策划这一历史悠久、复杂多样的人类社会活动进行界定，不仅应更多地进入策划活动的实践领域，多观察、多实践，而且应按科学规律办事，多思考、多讨论。这样，才能在丰富的社会实践基础上和深入的讨论研究中，真正地反映这种活动的实质，合理体现这种活动的基本功能，具体确立这种活动的出发点，深刻揭示这种活动的核心内容，并使之与相近的人类社会活动比较明晰地区别开来，在这样的基础上，方能对其做出较为合理的定义。

基于多方面的考察，并吸收国内外学者对策划概念做出的定义或解释，经过综合与调和，笔者对策划这一概念做出定义：简单地说，策划就是运筹、谋划和设计。具体说来，策划是指策划者为使某种人类社会活动的功能得以充分发挥，效益得以全面提高，在充分掌握和利用有关信息的基础上，运用理性的思维方法和科学的创作技法，对未来某种人类社会活动的行动方案进行的先发的、有科学程序的运筹、谋划和设计，是一种特殊的人类社会实践活动。

从上面这一表述可知，这个定义综合概括了策划的一些基本问题，并对策划的各个方面做出了比较严格的规定。

第一，策划的实质是一种特殊的人类社会实践活动。策划是一种人类社会实践活动，但又不能脱离某种具体人类社会实践活动而独立存在，如市场营销策划不能脱离市场营销活动，信息传播策划不能脱离信息传播活动，文化艺术策划不能脱离文化艺术活动，社会工作策划不能脱离社会工作活动。如果脱离某种具体人类社会实践活动来谈策划，策划就没有对象，无所挂搭，无法取得策划成果和效益。这时的策划也许只是一种"异想天开""痴人说梦"了。

第二，策划是为某种具体人类社会实践活动服务的工作。策划可以提出某种人类社会实践活动的目标、路径、方式、策略，为某种具体人类社会实践活动提供切实的指导和可能的服务，从而使某种人类社会实践活动按照策划确立的目标、路径、方式、策略等进行科学的和艺术的推进，但它本身不能代替某种人类社会实践的决策，更不能代替某种具体人类社会实践活动。策划是为某种具体人类社会实践活动服务的，绝不能因为有了策划而削弱了实践。

第三，策划的基本目的在于使某种人类社会实践活动的功能得以充分发挥，效益得以全面提高。策划的益处在于可以避免人类社会实践活动的"盲动性"，而增强人类社会实践活动的"能动性"。它将策划活动嵌入人类社会实践活动之中，从而明确人类社会实践活动的基本目标和进取目标，辨识人类社会实践活动可能的机遇和挑战，规避人类社会实践活动可能的风险和危机，进而使某种人类社会实践活动的功能得以充分发挥，效益得以全面提高。

第四，策划活动的核心内容是运筹、谋划和设计。策划活动不是"按部就班"的活动，而是一种高智力活动、创造性工作。古今中外的各类策划活动，始终都是围绕对具体人类社会实践活动的运筹、谋划和设计而展开的，运筹、谋划和设计是策划活动的核心内容之所在。策划过程中的其他有关工作内容，如信息搜集与加工、方案写作和修订等，都应服从于这些核心内容；思维方法的选择、科学程序的规范、创造技法的运用，也都应服从于这些核心内容。

第五，策划活动的基本依据是信息。尽管策划是一种高智力活动和创造性工作，但策划活动绝不能靠凭空的想象来进行，而应当以各种基础信息作为其重要根基和先决条件。这些基础信息包括实践活动主体的信息、实践活动客体的信息、实践活动媒体的信息、实践活动环境的信息等。任何没有充要信息为依据的想法都不能称为策划，而只能属于脱离实际的主观臆断。光靠拍脑袋无法开展策划，尤其是光靠拍一个空空如也的脑袋更无法开展策划。

第二节 社会工作策划的含义界定

什么是社会工作策划？对于"社会工作策划"这个基本概念，目前社会工作界并未做出必要的解释。这恐怕与我国当前的社会工作领域多讲究操作性实务、少讲求科学性理论有关。人们可以在百度上查找到题名含有"社会工作策划""社会工作项目策划""社会工作策划方案"的案例性文献，却找不到一篇讨论社会工作策划的论说性文章。在中国知识资源总库（CNKI）中，显然也找不到一篇题名含有"社会工作策划"的论文，有的只是在有关论文的正文中涉及社会工作策划这一术语。例如，学生应"掌握社会工作策划、服务、管理等方面的知识与技巧"，[1] "学生在专业导师和实训导师的指导下，至少进行一次完整的个案服务、小组服务和社区社会工作策划"，[2] 项目部具体承担专业社会工作的策划、设计、实施与评估，[3] "政府可以通过让各社会工作专业机构竞标的形式来征集比较全面、合理的社会工作策划方案和生态福利提供服务的模式"[4]，等等。可见，有

---

[1] 张凯：《社会工作教育中的学生学业评价》，《社会工作》（下半月 理论）2009 年第 3 期下。
[2] 张青：《整合的社会工作专业实践模式的构建》，《沈阳工程学院学报》（社会科学版）2013 年第 4 期。
[3] 张江：《东城区、西城区：开启社会工作服务新模式》，《前线》2010 年第 S2 期。
[4] 武扬帆：《社会工作视角下的生态福利社会化》，《社会工作》2012 年第 2 期。

关社会工作策划的研讨，目前得从社会工作策划最基础的讨论开始。

一　社会工作策划的基本含义

正如前述，什么是社会工作策划，目前我国学术界并没有对此进行具体的讨论，或者说这一问题尚未引起学术界较高程度的关心。展开来说，关于社会工作策划，在目前国内设有社会工作专业的大学里，大都没开设这样一门课程；在国内的教材体系中，也还根本没见过同名的教材；就是在社会工作的研究中，人们也还未在正式的学术刊物上发表过相应的学术论文。为此，对社会工作策划这一概念，只能以本书为起点，初步拿出一个策划学角度的界定。

笔者认为，从以上对策划概念的界定和解释出发，可以尝试对社会工作策划做出这样一个界定：简单地说，社会工作策划是对将要开展的社会工作的运筹、谋划和设计。具体说来，社会工作策划是社会工作者为使社会工作的功能得以充分发挥、效益得以全面提高，在充分掌握和利用相关社会工作信息的基础上，运用理性的思维方法和科学的创造艺术，对未来社会工作的方案进行的先发的、有科学程序的、有新的创意的运筹、谋划和设计的一种特殊智力活动。

对社会工作策划做这样一个界定，具体反映了社会工作质的规定性，主要包括以下几点：第一，社会工作策划是一般策划活动向社会工作领域的延伸；第二，社会工作策划是一般社会工作实务向策划层面的提升；第三，社会工作策划是为社会工作的功能充分发挥、效益全面提高服务的活动；第四，社会工作策划是一种特殊的智力活动；第五，社会工作策划的基本依据是相关的社会工作信息；第六，社会工作策划的过程是一种系统有序的创造性思维活动过程。

二　社会工作策划涉及的层面

对社会工作策划做出上述定义，解决了社会工作策划的质的规定性的问题，但难以具体说明社会工作在各种具体情况下需要开展何种策划的问题。为了更好地理解社会工作策划的含义，这里透过社会工作策划涉及的层面展开适当分析,以对社会工作策划的具体含义做出分层解释、系统理解。

1. 社会工作实务的重要步骤

从科学活动的过程论来讲,社会工作实务有个分步推进的问题。尽管目前社会工作领域对社会工作实务的分步不够统一,但整合国内外关于社会工作实务的步骤划分,大致可将社会工作实务的过程分为四个步骤,即社会工作调研分析、社会工作计划管理、社会工作介入实施、社会工作检测评估。从策划学的角度来讲,社会工作计划管理的步骤,实际上就是社会工作策划的过程。尽管有的学者认为,社会工作计划管理不完全等同于社会工作策划,社会工作策划只是社会工作计划管理的一部分,然而,社会工作策划事实上也包括策划方案的"计划化"这一转化过程。由此,我们至少可以这样认为,社会工作策划是社会工作实务的一个重要步骤,它是社会工作介入实施之前的一个重要步骤。

2. 社会工作项目的筹划阶段

在我国,适应政府购买社会服务的要求,社会工作通常被分为一个一个的项目向社会招标。例如,在社会工作推进和发展较快的广州,政府部门就是将社会工作策划为一个一个的项目来进行招标,委托相应的社会工作机构来实施完成的。针对这样一些项目,社会工作机构的项目运营过程大致上也包括四个步骤,即社会工作项目调研、社会工作项目筹划、社会工作项目实施、社会工作项目评估。在这四个步骤之中,社会工作项目筹划实际上就是社会工作项目策划,它所担负的任务,就是在某一社会工作项目实施之前对项目整体所进行的先发的、有科学程序、有新的创意的运筹、谋划和设计。通常来讲,这种社会工作项目策划的结果,人们一般称为"项目运营书"。

3. 社会工作活动的设计过程

许多社会工作项目都要通过一系列的社会工作活动来得以具体实施。这些社会工作活动可以从不同的角度进行划分。例如,从服务对象类别的角度划分,有老人活动、妇女活动、青年活动、儿童活动、亲子活动、助残活动等;从组织实施方法的角度进行划分,有社会活动、社区活动、组织活动、小组活动、个案辅导活动等。任何一项社会工作活动的开展都必须进行周密的策划,或者说都要进行周密的设计。社会工作活动的精心设计是各项专业活动既讲究科学,也讲究艺术,并有效发挥其社会工作功能、取得社会工作效益的保证。例如,若要开展一次亲子活动,社会工作者必须根据服务对象的需要和客观允许的条件认真地设计这一活动,而不是将家长与孩子叫到一块活动就算大功告成。

4. 社会工作发展的整体谋划

社会工作策划不仅涉及具体社会工作项目层面或具体社会工作活动层面的策划,也包括组织层面、社区层面甚至城市(地区)层面的社会工作发展的策划。一个社会组织的社会工作开拓,一个社区的社会工作开展,一个城市(地区)的社会工作推进,都需要社会工作者或社会工作管理者进行周密的策划。这种策划一般是战略性的策划,许多情况下又称为社会工作发展整体谋划。其主要的工作内容包括:在深入调研的基础上,确立社会工作发展的总体目标,提出社会工作发展的战略重点,分析社会工作发展的制约因素,拿出社会工作发展的战略措施。最终要形成的则是社会工作发展的战略规划。近年来,我国各城市(各地区)都在认真地策划和编制社会工作发展的整体规划。

三 社会工作策划的主要特征

社会工作策划的特征,实质上是指社会工作策划活动的整体特征,即人类社会中所有社会工作策划活动所体现出的总括的、共同的特征,也即现实社会生活中各种类型、各种层次、各种范围的社会工作策划活动所具有的共同特征,它反映社会工作策划的一般性质,说明社会工作策划的一般情形,体现社会工作策划的一般规律,是认识和从事社会工作策划的重要理论支点。

1. 目的性特征

目的通常是指行为主体根据自身的需要,借助意识、观念的中介作用,而预先设想的行为目标和结果。任何社会工作策划都有着特定的目的。社会工作策划的目的是社会工作策划之所以必要的依据。没有目的的社会工作策划是毫无意义和价值的,事实上也是不存在的;目的不明或混淆了不同的目的，也必然会造成社会工作策划的紊乱。社会工作策划的过程实际上是一个负熵过程。熵是一个用于表示事物无序、模糊和不确定性的物理量，负熵则是一个用于表示事物有序、清晰和确定程度的物理量度。负熵过程即增强事物的有序化和清晰化、消除事物的不确定性和降低事物的紊乱程度的过程。社会工作策划的出发点在于促进社会工作从无序到有序，从模糊到清晰，从不确定到确定，因而，它确实是一个负熵过程。在社会领域，任何负熵过程都必须是以明确的目的为基础的，没有明确的目的，负熵过程就不可能实现。社会工作策划作为一个负熵过程，当然是以明确的目的为基础的，它的目的就是充分发挥社会工作的功能，有效提高社会工作的效益。所以，从科学的道理上而言，社会工作策划的目的性特征显而易见。

2. 超前性特征

社会工作策划的另一个显而易见的特征是超前性特征。社会工作策划的超前性特征是指社会工作策划作为对社会工作的行动方案进行的先发的运筹、谋划和设计，乃是一种计在事先的超前行动，总是先于相应的社会工作的具体活动过程，并用以指导相应的社会工作的活动实施。在实际的社会工作策划工作中，社会工作事业发展策划如此，社会工作服务项目策划如此，社会工作服务实施策划如此，即使是社会工作调查活动的策划、社会工作危机处理的策划也如此，策划是先于具体的调查过程或处理过程的。社会工作策划的超前性特征是由以下两方面的因素决定的。其一，人类思维的超前素质。马克思高度评价过人类的超前性思维，他认为，"蜜蜂建筑蜂房的本领使许多建筑师相形见绌。但是，最蹩脚的建筑师从一开始就比最灵巧的蜜蜂高明的地方，是他在蜂箱里建筑蜂房以前，已经在自己的头脑中把它建成了"。[①] 其二，社会工作策划的基本目的。社会工作策划的基本目的在于指导和推进社会工作，使社会工作能够取得良好的社会效益，因而它必然需要策划者的超前意识和超前行动，以做到未雨绸缪、计在事先。

---

① 《马克思恩格斯全集》（第43卷），北京：人民出版社，2016，第180页。

3. 程序性特征

社会工作策划与一般的出点子不同，它是一种有科学程序的社会工作运筹、谋划和设计活动，有着明显的程序性特征。程序即指事物运动变化的先后次序。在社会工作策划中，策划程序就是指按时间先后依次安排的策划步骤，它是社会工作策划过程的阶段性和完整性的反映。社会工作策划的程序性是社会工作策划顺利进行的基础。没有一定的科学程序，策划者的思维过程就会出现间断，思绪就会出现混乱，因而很难策划出系统完整的社会工作方案。具有一定的科学程序，不仅能使策划者的思维活动有章可循，使思维结果系统有序，而且有利于策划过程的层层推进，使社会工作策划步步逼近目标。从原理上讲，社会工作策划的程序性既是社会工作策划作为一种负熵过程的要求，也是一种减小策划过程的熵值的手段。社会工作策划的科学程序越严密，越明晰，越有序，熵值就越小，策划也就越容易取得成功。反之，策划也就越容易出现失误。当然，必须指出，社会工作策划的程序性并不排斥策划者主观能动性的发挥和跳跃式点子的作用。相反，在严密的科学程序中，这些都是受到特别重视的。

4. 创新性特征

社会工作策划是一种创造性行为，它具有创新性特征。社会工作策划的创新性特征，是指社会工作策划过程中反映出的追求其所策划的社会工作在基本内容、行为模式、运行策略、运作技法上的新颖别致和与众不同的特性。社会工作策划的创新性主要出自以下两点。第一，社会工作策划的艺术特性。社会工作策划既是一门科学，也是一种艺术。作为一种艺术，社会工作策划的实质和价值都在于创新。只有创新的东西才能称为艺术，创新可以说是艺术的生命源泉，艺术离开了创新就降低或失去了价值和魅力。因此，一切呆板守旧、机械模仿的照本宣科，都不能称为策划。第二，社会工作策划的创新思维。社会工作策划是一个创造思维或创新思维过程，其目的是创新，其特点是创新，其功能还是创新。所以，社会工作策划实际上是一种依仗策划者的创造性素质和创造性技法，形成新颖别致的社会工作创意，并产生别具一格的社会工作方案的创新活动。社会工作策划的创新性是社会工作策划的重要特征，它使社会工作实践新招迭出、新意常显，对服务对象形成某些吸引力，以获得良好的社会工作效果。

5. 风险性特征

社会工作策划还有一个易为人们忽视的特征，这就是社会工作策划的风险性特征。社会工作策划的风险性，是指社会工作策划得出的社会工作方案在未来实施中可能遭遇风险或发生危险的特征。社会工作策划的风险性是社会工作策划的超前性和社会工作调查评估的"测不准效应"① 导致的，主要表现如下。第一，由于社会工作策划的超前性和社会工作调查评估的"测不准效应"，社会工作策划得出的社会工作方案具有很大的局限性和不确定性，因而可能导致社会工作方案在未来实施中发生危险或遭遇风险。第二，由于社会工作策划的超前性和社会工作调查评估的"测不准效应"，社会工作方案总是在对社会环境的某种"虚拟"状态之中策划出来的，而又不能在"虚拟"的社会环境中实施，只能在未来"实际"的社会环境中实施。"虚拟的"与"实际的"之间总会存在一定的差别，这种差别极有可能导致社会工作方案在未来的实施中遭遇风险或出现问题。社会工作策划的风险性是一种客观的存在，只不过程度有高低之分罢了，任何社会工作策划者都不能忽视这一特征。

6. 动态性特征

社会工作策划是一种策略性的创新行为，它不是机械的、静止的、一成不变的，而是弹性的、灵活的、机动的，这就是社会工作策划的动态性特征。社会工作策划的动态性包括两层含义。一是动态地适应。社会工作策划总得符合社会工作运行的客观规律，总得适应社会工作运行及其影响因素的变化情况，以求不断地策划出切实可行、行之有效的社会工作方案。二是动态地调控。社会工作策划是可以调控的，也是应该调控的。任何一项社会工作方案策划出台后，如不适应，就可以而且应当予以调整，即使是在实施过程中也应该如此。动态调控的依据是社会工作运行系统中

---

① 在量子力学中，要测量原子的状态，必须发射探测粒子（光子或电子）。然而，这些探测粒子的发射又改变了原子的自然状态。结果，对原子的真实状态的测定变为不可能的事情。物理学家称此为物理学中的"测不准效应"。参见袁方主编《社会调查原理与方法》，北京：高等教育出版社，1990，第296页。

影响社会工作诸因素的变化，如社会工作服务主体诸因素的变化、社会工作对象诸因素的变化、社会福利政策诸因素的变化、社会文化环境诸因素的变化等。在这些因素发生变化时，如觉得原先策划出的社会工作方案不够适应或不能适用，就要进行相应的调整，以求达到适应。即使是可以适应的方案，在具体的实施过程中，也还得不断地进行即时控制和反馈控制，以提高社会工作策划的适应性，减少社会工作中的各种风险。

四 社会工作策划的相关概念

上述对社会工作策划的认识，乃是对社会工作策划"是什么"这样一个问题的回答。这种认识取向是一种肯定取向。事实上，尽管当今的书刊文献都较少谈到社会工作策划的概念和理论问题，但网络文献中则有不少关于社会工作策划的文本或社会工作策划书样式。另外，还有其他一些与社会工作策划相关的概念出现在书刊文献或网络文献中，如有的人谈到了社会工作计划、社会工作决策、社会工作点子等。为了深入理解社会工作策划的含义，在此有必要将诸如此类的社会工作策划相关概念收集起来，将其与社会工作策划进行一定的比较，以进一步说明社会工作策划"不是什么"的问题，对这一概念加以反面论证。

1. 社会工作计划

社会工作计划是对社会工作整体运行或实施过程的一种具体安排，是社会工作的具体行动方案。通常来讲，具体社会工作的开展，都是依据事先制定的社会工作计划来进行的。社会工作策划与社会工作计划有着密切的关系，但也有着严格的区别。说它有联系是因为，在社会工作中，按照社会工作的要求，任何社会工作策划都必须"计划化"，即最终都要落实为一个计划或多个计划来实施，甚至有的社会工作计划也就是社会工作策划的内容。然而，更多的情况是，社会工作策划是一种事前分析与选择程序，其对象为某种社会工作的未来行动，而社会工作计划是经选择确定的作为实际行动必须依循的具体方案。

我国台湾学者沙依仁、江亮演对"计划"有个详细解释："一个组织的目标和政策，必须作综合性、持续性研究与安排，并作好有效规划与资源运用规划。"① 所以在计划内容与范围上必须考虑几点：(1) 事先决定行动的主题；(2) 根据目标与政策订定方案与服务设施与项目；(3) 分层计划，包括整体、各部门、各工作人员等各层次的计划，而且各层次计划必须连贯；(4) 计划有期限，分为近程、中程、远程三种计划；(5) 预算的编订与分配；(6) 对计划之执行须考虑特殊（意外）事故的发生而具有弹性。由此可知，好的计划必须有好的策划活动。② 一般的计划，往往属于常规性工作内容，并不具有策划的性质。

2. 社会工作决策

社会工作决策也称为社会工作行政决策，是指社会工作主管部门或机构领导人根据实际情况，运用一定的理论与方法，对所要开展的社会工作或所要解决的具体问题做出决定。应当肯定，社会工作策划不是社会工作决策。社会工作决策是社会工作的一种领导行为，"凡属管理者均有决策的职责"。③ 社会工作决策的特点是重在优选方案，以抉择为重点，以聚合思维为主，一般由领导者或负责人担任决策者。社会工作策划则是社会工作的一种参谋行为，社会组织中的专业人士都可承担策划职责。社会工作策划的特点是重在设想方案，以创意为重点，以发散思维为主，一般由专业社工、社工督导、社工专家等担任策划者。

当然，社会工作策划与社会工作决策也有相互联系，社会工作策划是社会工作决策的基础，社会工作决策是社会工作策划的选择与决断过程。不过，很值得我们重视的一个问题是，在当下，大量的社会工作决策并不具备社会工作策划这一前期工作。有的社会工作机构领导人更关注自身的地位和影响力，自命不凡，搞"一言堂"，自己说了算，不设"智库"，不设"高参"，靠"拍脑袋"做出有关社会工作的决策。还有的社会工作机构领导人把社会工作策划与社会工作决策相混淆，对社会工作策划人员要求苛刻，自己不做决断，让社会工作策划人员"担担子"，这也不利于社会工作创新发展。

---

① 沙依仁、江亮演：《社会工作管理》，台北：五南图书出版股份有限公司，2004，第 7 页。
② 黄源协：《社会工作管理》，台北：扬智文化事业股份有限公司，1999，第 91 页。
③ 黄源协：《社会工作管理》，台北：扬智文化事业股份有限公司，1999，第 201 页。

3. 社会工作点子

讲到社会工作策划，人们不禁要问：社会工作策划是否就是为社会工作出点子？这话既对也不对。社会工作策划与社会工作点子是有着严格区别的一组概念。社会工作策划是一种系统有序的创造思维过程，是一个完整的科学程序，最终要体现为可以操作的行动方案。而一般的社会工作点子，根据有关策划专家的说法，它只是瞬间产生的某种思想火花，一般不具有系统化和规范化的特征，甚至在许多情况下，宛如流星闪光，转瞬即逝。因此，在社会工作中想出的个别的、离散的点子，绝不能代替科学的社会工作策划。反过来也可以说，社会工作策划也不能以一般的"出点子"来代替整个策划的过程。

当然，社会工作策划与社会工作点子并不是没有一点关系的。社会工作策划需要点子，策划者有了好的点子，就能为社会工作策划打下良好基础。[①] 缺乏"出点子"能力的社会工作者，定然难以当好一个社会工作策划者。社会工作策划并不否定社会工作中各种好的"点子"的价值和作用，但也绝不止步于对"点子"的获得和利用，它还有很多的具体工作要做。客观地讲，如果说社会工作点子与社会工作策划有密切联系的话，那也只能这样说，社会工作策划需要善出社会工作点子，社会工作策划方案则是由众多社会工作点子构成的创意系统，是诸多社会工作点子的连续化、系统化、综合化和可操作化的集合。

第三节 社会工作策划的类型划分

社会工作策划绝非千人一面、千篇一律的。在实践中，社会工作策划类型各异、特点不一。随着现代社会工作领域的不断拓宽和社会工作方法的不断创新，社会工作策划也会不断分化出各种各样的类型。这些不同的社会工作策划类型，都有着各自不同的特点、作用和适用范围，可以满足

[①] 《促行业发展 深圳社工贡献"金点子"》，2017-05-18，搜狐网，https://www.sohu.com/a/141602452_119778；王敏、吴嫣：《安徽铜陵：社会工作人才队伍建设有新点子》，《中国社会工作》2019年第25期。

不同情况下社会工作实务活动的不同需要。科学区分并具体分析社会工作策划不同类型及其含义、特点和适用范围，对于不同情况下社会工作策划方法的选用具有重要指导意义。

一 基于社会工作变量的分类

社会工作策划是一个典型的合成词。从社会工作专业角度分析这一合成词的结构，它应该是"社会工作"与"策划行为"的交集。社会工作策划有两个变量，一个是"社会工作"，另一个是"策划行为"。基于社会工作变量的分类就是指固定"策划行为"变量，而以"社会工作"变量的变化作为分类标志或划分依据的社会工作策划分类。按照这种标准，其具体的分类方法如下。

1. 按社会工作的层次特性分类

社会工作有层次之分，如宏观层面的社会工作、中观层面的社会工作、微观层面的社会工作等。按社会工作的层次特性分类，可将社会工作策划分为战略型社会工作策划、战役型社会工作策划和战术型社会工作策划。

战略型社会工作策划也称为长期性社会工作策划或社会工作发展战略策划，属于宏观层面的社会工作策划。具体来讲，它是指围绕一个国家、地区、社区或社会组织社会工作的开展，以未来为主导，对社会工作的未来发展的整体推进行动和具有全局性、长期性特征的社会工作进行的战略规划和重大安排。正因为如此，它有时也称为社会工作发展战略规划，是社会工作策划的最高策划层次，对实现一个国家、地区、社区或社会组织社会工作的长远战略目标具有保证作用，并指导和制约着战役型和战术型社会工作策划的进行。《社会工作专业人才队伍建设中长期规划（2011—2020年）》[①] 就属于此类策划成果。

战役型社会工作策划也称为阶段性社会工作策划，它是指根据战略型社会工作策划做出的长期性战略规划和重大安排，而对一定时期、一定阶段应当发展的社会工作事业和应当完成的社会工作任务进行的总体性策

---

① 《关于印发〈社会工作专业人才队伍建设中长期规划（2011—2020年）〉的通知》，2013 - 1 - 29，中国共产党新闻网，http://cpc.people.com.cn/n/2013/0129/c244819 - 20363481.html。

划。这种策划的时间跨度相对较小，一般在1~3年左右，涉及范围比较广泛，但在发展目标确定、具体项目选择、活动计划组织、支撑资源安排等方面，比战略型社会工作策划显得具体一些。作为一种过渡类型，它是在一个较短的时期内一个国家、地区、社区或社会组织开展社会工作的依据，并指导着战术型社会工作策划的进行。如开展一个三年期社会工作专业服务推进策划就属于这种类型。

战术型社会工作策划又称为具体性社会工作策划，它是指为实现战略型社会工作策划确定的战略目标和战役型社会工作策划规定的计划指标，根据本地区、本部门的实际情况而进行的一个一个的独立项目或一个一个的服务活动的策划。这种策划以具体社会工作的独立项目或服务活动为单位，以特定目标公众为对象，确立社会工作的服务目标，谋划社会工作的推进方案，编制社会工作的运行图形，采取社会工作的实施对策，具有很强的务实性和可操作性。它是长期性和阶段性的社会工作计划方案得以具体落实的有效保证。例如，广东省2012年"岭南社会工作宣传周"的策划[1]无疑属于这种类型的策划。

2. 按社会工作的功能特性分类

社会工作具有多种功能，可以对其进行功能区分。按社会工作的功能特性分类，可将社会工作策划分为增能型社会工作策划、维系型社会工作策划、防御型社会工作策划、补救型社会工作策划、矫正型社会工作策划。

增能型社会工作策划又称为功能型社会工作策划或发展型社会工作策划，是指以服务对象社会功能的增加或开发为目标，旨在提升服务对象的社会适应能力、拓展服务对象的社会关系网络，使其能主动适应社会生活、社会环境、社会规范、社会发展的社会工作策划。这种社会工作策划既要注重帮助服务对象提升解决问题能力——"增能"，[2] 又要注重拓展服

---

[1] 《"岭南社工宣传周"活动启动》，《南方日报》2012年3月21日，第DC02版。
[2] 目前，我国社会工作实务界对"增能"的理解比较狭窄，认为"增能"基本上就是增强一个人的知识和技能。实际上，"增能"是一个含义广泛的概念，不仅包括增强一个人的知识和技能，而且包括增强一个人的反思能力、辨别真善美与假恶丑的能力、克制自己的不良嗜好与不良行为的自控能力，等等。

务对象的社会关系网络——"织网"。具体的策划主题很多，如教育培训、资源链接、提供支持等。

维系型社会工作策划是旨在帮助服务对象紧紧维系业已结成的良好社会关系网络和切实维持业已形成的可靠社会资源渠道的社会工作策划。这种策划一般用于服务对象的社会支持网络已经建立起来、社会资源渠道和社会关系网络处于状态良好的时期。这种策划的目标是帮助服务对象加强社会联系、进行情感联络、巩固社会支持网络等。策划主题则可以是亲朋好友聚会、社区联谊活动、支持性小组活动，以及其他有利于维系社会关系的联络沟通活动。

防御型社会工作策划是旨在预防服务对象社会行为失当、社会关系失调等风险的社会工作策划。这种策划一般用于服务对象的人生转折时期，其策划目标是指导服务对象正确认识社会和人生，防控其社会功能失调、社会行为失当、社会关系断裂、社会资源枯竭、社会压力增大、社会风险升级，以免其陷入社会生存危机和社会生活窘态。策划主题可以是帮助服务对象开展自查自纠活动、信誉保险活动、融入社会活动，以及其他具有针对性的教育引导活动。

补救性社会工作策划也称为救助型社会工作策划，是指当服务对象的具体问题已经发生时，设法给予服务对象救助，使之摆脱社会生活困境的社会工作策划。补救型社会工作是一种救助性的服务，其典型的情况是在天灾、人祸或特定群体行为、个人行为等对服务对象造成严重影响的情况下，给予服务对象物质上的或精神上的救助。补救型社会工作策划的重点在于设法针对服务对象的具体情况给予服务对象必要的救助，以帮助他们走出困境或窘境。

矫正型社会工作策划是旨在改变服务对象已经出现的不利局面或重塑服务对象行为的社会工作策划。这种策划一般用于特定的服务对象因犯罪、吸毒、沾上网瘾等而出现社会行为严重失范、社会关系明显失调、生存状态明显危机的情况。这种策划的目标是设法帮助有严重行为失范问题的服务对象矫正社会行为、调适社会关系、改善生存状态，重塑良好形象。通常来讲，这类社会工作策划在具体服务上没有固定的范式，应当依据具体需要加以选择。

3. 按社会工作的行为特性分类

社会工作是有目的的社会行为，不同目的的要求有不同的社会行为。按社会工作的行为特性分类，可将社会工作策划分为宣传型社会工作策划、服务型社会工作策划、活动型社会工作策划、征询型社会工作策划、沟通型社会工作策划。

宣传型社会工作策划是旨在让服务对象和公众及时、准确地了解与社会工作有关的各种信息的社会工作策划。这种策划内容丰富，包括社会工作新闻策划、社会活动广告策划、社会工作刊物策划、社会工作讲坛策划、社工机构形象策划等。如前述的"岭南社工宣传周"活动、各社工机构开展的外展活动的策划，都可以说是宣传型社会工作策划。在宣传型社会工作策划中，需要特别注意根据宣传工作对象的特点，选用不同的宣传方式，确保信息的传递效果。

服务型社会工作策划是旨在为服务对象提供具体的社会服务，帮助服务对象更好地工作和生活的社会工作策划。这种策划的主题非常之多，如社会救助服务、就业辅导服务、心理咨询服务、教育培训服务、政策咨询服务、社区参与服务、信息提供服务、便民利民服务等，都是服务型社会工作策划的具体项目。在这类策划中，策划者应高度重视服务的诚恳性，凸显服务的实惠性，体现服务的长期性要求，让服务对象通过接受各种服务，达到有效增能的目的。

活动型社会工作策划是指开展旨在提振服务对象的信心、增加人们之间的交往、增强社区认同和组织认同等社会活动的社会工作策划。常见的策划主题有社会公益活动、社会文化活动、社会体育活动，以及各种设法解决有关社会问题的群体性活动等。活动型社会工作策划的特点是，对公众具有较大的吸引力，能给公众提供展示自己的舞台。在我国社区社会工作中，这种社会工作策划往往受到普遍重视。在这类策划项目中，应重点突出服务对象的参与性。

征询型社会工作策划是旨在以真诚的态度、求实的行动来征询服务对象意见、采集社会需求信息、发现潜在社会问题的社会工作策划。征询型社会工作策划实质上是一种特殊的社会调查策划，其策划主题包括需求调查、民意调查、舆论调查、满意度调查等，方式选择上则有问卷调查、网上交流、集体访谈、个别访谈、信访工作、热线电话、有奖征答等。在这类策划中，策划者应切实保证征询活动的诚意性和征询方法的便捷性，确保征询活动的顺利进行。

沟通型社会工作策划是旨在沟通信息、沟通情感、建立人们之间的信任关系和互助关系，以帮助服务对象化解各种矛盾、增强社会团结和社区和谐的社会工作策划。社区邻舍之间，可能因为一些小事而产生不快、闹出意见，以致形成沟通障碍，这时就需要社会工作者开展沟通型社会工作。沟通型社会工作策划就是针对这种社会境况所开展的社会工作策划。沟通型社会工作策划的重要关注点在于设置良好的沟通情境，选择有效的沟通方法和技巧。

4. 按社会工作的运作过程分类

社会工作虽说是一个连续的运作过程，但人们往往将其区分为不同的阶段或环节，并按照不同的阶段或环节进行分步骤推进。按社会工作的运作过程分类，可将社会工作策划分为全过程策划、单环节策划、随机性策划。

全过程策划是指根据社会工作的科学程序，对特定的社会工作的全过程进行整体的策划。这种策划具有三个特点：一是全程性，即对特定的社会工作自始至终都进行策划；二是整体性，即把特定的社会工作看成一个整体，全面考虑各个步骤、各个环节的有机联系和有效过渡；三是规范性，即这种策划是一种规范性策划，它对社会工作的有效实施能起到全程、全面控制的作用。

单环节策划是指对社会工作中某一具体环节进行的策划。这种策划可以抽取社会工作的任一环节作为策划事项，如社会工作调研策划、社会工作目标策划、社会工作组织策划、社会工作实施策划、社会工作评估策划等。单环节策划要解决的问题虽说是社会工作中某一环节的具体推进问题，但并不能孤立进行，而要受到全过程策划方案的制约，并服务于全过程策划方案的实施。

随机性策划是指在社会工作过程中，随着环境变化而萌发或产生某种机遇或风险时随机进行的策划。这种策划的特点是机动灵活、应变性强、内容具体、便于操作。随机性策划一般作为全过程策划和单环节策划在实施过程中的补充、替代或细化,能对社会工作的实施起实时调控的作用。但应注意,绝不能将随机性策划视为随意性策划,需要根据机遇和风险情况而适时为之。

二 基于策划行为变量的分类

基于社会工作变量的分类,解决了社会工作变量发生变化时的社会工作分类问题,但对于策划行为变量发生变化时的情况,则无法做出具体响应。基于策划行为变量的分类即固定"社会工作"变量,而以"策划行为"变量的变化作为分类标志或划分依据的社会工作策划分类,其具体的方法如下。

1. 按策划活动的基本承担者分类

社会工作策划都有着具体的承担者,具体承担者的不同,无疑会形成社会工作策划的某些不同特点、不同风格。依据策划活动的基本承担者分类,可以将社会工作策划分为内部自行策划、外部委托策划和内外联手策划。

内部自行策划是指由社会工作机构内部的社会工作者或有实战经验的业务人员、管理人员自行承担的社会工作策划。这种策划的特点是,内部人员熟悉本社会工作机构和本地服务对象的情况,策划方案针对性强、保密性好、灵活方便、节省费用,并有利于策划方案的有效实施。但内部自行策划的主观性强,策划思维局限性大,不易于全方位、多角度考虑问题。在许多情况下,内部人员还可能出现"不识庐山真面目,只缘身在此山中"的"自认知障碍"。

外部委托策划是指委托外部的社会工作机构、社会工作协会、社会工作专家等组织和个人进行的社会工作策划。这种策划的特点是,能够承接外部委托策划的专家及团队成员往往见多识广、经验丰富,他们的策划水平高,策划出来的工作方案科学性强,还能为社会工作者实施策划方案提供督导和多方面的帮助。但这种外部委托策划也存在一定的局限性,通常来讲,策划费用往往较高,而且不便于在社会工作策划中保守委托机构秘密和服务对象隐私。

内外联手策划是指由社会工作机构精选内部社会工作人员（如业务人员、管理人员），并聘请组织外部的某些社会工作专家，组成联手策划班子进行的社会工作策划。这种策划内外密切结合，能使内部自行策划和外部委托策划的许多优点都得到发挥，而且可以弥补内部自行策划的认知主观性和专业局限性的不足，再者还可以通过这种联手策划的开展，在策划实战中有效地培养出本社工机构内部的策划高手。内外联手策划的关键在于有效开展合作。

2. 按策划者掌握的基础信息分类

社会工作策划是以可能的基础信息为依据的，策划者掌握的基础信息不同，也会形成或区分不同的社会工作策划类型。按策划者对基础信息的掌握程度分类，可将社会工作策划分为确定型社会工作策划、风险型社会工作策划和不确定型社会工作策划。

确定型社会工作策划是指策划者充分掌握了社会工作策划的基础信息，在能确切了解服务对象所处的当前真实状况和未来发展结果的情况下进行的社会工作策划。这种社会工作策划的特点是基础信息清楚了解，策划目标清晰可辨，策划方向明确具体。确定型社会策划的重点是选择社会工作活动类型并制作社会工作行动方案，因而这类策划显得比较简单。在社会工作服务机构中，一般操作层次的社会工作策划多属此类，故往往难以受到特别重视。

风险型社会工作策划是指策划者在掌握的基础信息还不完备，但可以对社会工作未来发展结果的可能性做出相应估计的情况下进行的社会工作策划。任何社会工作策划都有一定的风险性。但风险型社会工作策划中的"风险"是有其特殊含义的，它主要指的是因基础信息不足而产生的"风险"，而非一般意义上的"风险"。这种策划的难度较大，但如果能够策划成功，往往效果尚佳。通常战役型社会工作策划多属这一类型。

不确定型社会工作策划是指策划者在掌握的基础信息很少、对服务对象的了解缺乏、对未来发展结果知之不多的情况下进行的社会工作策划。这种策划与风险型社会工作策划的不同在于：方案执行时可能出现的各种社会状况和方案执行的未来结果都是不可估计的。这种策划往往要难于确定型策划和风险型策划。缺乏长期的社会工作实践，没有丰富的社会工作经验，很难开展这类策划。高层次、宏观性、战略性策划多属此类。

第四节 社会工作策划的指导原则

社会工作策划是一种创造性思维活动，在很大程度上是一种艺术，具有灵活多变的特点。要使策划出来的社会工作方案行之有效，必须确立一定的社会工作策划指导原则，用以对策划者的策划行为加以引导和规范。所谓社会工作策划指导原则是指从社会工作策划实践中总结出来，并经过科学提升与实践检验的，用以指导现实的社会工作策划实践的基本准则和律条。它是使人们正确运用社会工作策划的科学程序和创新方法、合理行使社会工作策划的各种职能、有效达到社会工作策划的预期目标的社会工作策划实践的指导思想体系。作为一种指导思想体系，社会工作策划的指导原则具有多层次特性，即既有总体的原则，也有具体的原则；既有目的论原则，也有方法论原则。在此，结合我国社会工作策划实践领域的情况，分层提出三个面向的指导原则。

一 目的论面向的指导原则

目的论面向的指导原则是从社会工作策划的目的（或目标）出发而确定的社会工作策划指导原则。社会工作策划的总体目的是通过对社会工作的运筹、谋划与设计，充分发挥社会工作的功能，全面提高社会工作的效益。具体目的（目标）则有许多，如实现助人自助、获得社会效益、取得良佳效果、求得主客一致等。要使社会工作策划真正达到这些目的，就应遵循如下指导原则。

1. 直接服务与助人自助相统一

社会工作策划的基本内容就是为社会工作者策划某种服务，以帮助社会上有需要的人们解决具体问题的社会工作，这就牵涉到一个策划过程中必须认真思考的问题，即助人自助的问题。如果策划者考虑的只是单纯的直接服务，而没有考虑服务对象的自我服务，这显然是不够的，也可说是不大现实的，甚至可能是有害的。正确的做法是，把直接服务与助人自助有机统一起来，既为人们直接提供服务，又帮助人们提高自我服务的能力，或者说，为人们提供直接服务的目的是让人们能够自我服务。让人们提高自我服务的能力就是社会工作服务的目的，要特别注重将社会工作者的服务能力通过服务转化为服务对象的自我服务能力。

2. 社会效益与经济效益相统一

社会工作是一种社会福利，社会工作策划有责任帮助政府部门和社会工作服务机构获得较高的社会效益。但社会工作又是由一定的政府部门向一定的社会工作机构购买的社会服务活动，为了使政府的每一分钱都能花在合适的地方，并保证社会工作机构的正常运营和持续发展，社会工作策划又不得不帮助政府和社会工作服务机构讲求一定的经济效益。社会工作策划的这种服务特性，决定了它必须考虑到较高效益的获取，这就牵涉到社会效益和经济效益的关系问题。在这两种效益间关系的处理上，最好的办法是，以社会效益为基本价值取向，将社会效益与经济效益二者有机地统一起来。这种统一过程的思路是，社会工作策划通过以社会效益为基本价值取向来策划政府满意、社会满意的社会工作服务，同时，在策划过程中，也要重视讲究经济效益，尽量减少那些不必要的支出，从而赢得政府的信任和社会的支持，以获得更多的政府社会服务购买项目。这是社会工作策划在处理社会效益和经济效益关系问题上比较明智的、有效的做法。

3. 主观愿望与客观现实相统一

社会工作策划要根据社会工作主体和社会工作对象的需要和要求来进行，充分反映社会工作主体和社会工作对象的主观愿望，这是社会工作策划有必要而且有可能实施的基础。但是，社会工作策划如果只注重于斯，也就可能脱离客观现实，就无法具体实施，或实施后难以持续。这就要求社会工作策划不仅要充分反映社会工作者和社会工作服务对象的主观愿望，体现社会工作主体和社会工作对象的需要或要求，同时还要注重反映客观现实的可能和要求，尤其是社会环境提供的可能和要求，也即要切实遵循主观愿望与客观现实相统一的原则。遵循这一原则，正确的做法是：第一，社会工作主体和社会工作对象必须在尊重客观现实的情况下提出自己的主观愿望和合理需求；第二，策划者在保证符合客观现实和科学规律的情况下，应尽量反映和满足社会工作主体和社会工作对象的主观愿望和合理需求。唯有这样，才能使社会工作策划真正做到既有可能，也有必要，从而最大限度地实现社会工作策划的可行目标。

4. 富于创意与切实可行相统一

社会工作也是一种影响和沟通社会的活动，而要有效地影响和沟通社会，必须善于引起公众的注意，符合公众的心理特点，调动公众参与、合作的热情。要达到这一目的，社会工作策划必须富于创意，要以新颖的、别致的、个性鲜明的、不落俗套的目标、主题、活动方式等来引导公众。但是，社会工作策划光有创意性是不够的，还要切实可行。所谓切实可行，即社会工作策划中考虑的问题应是客观现实的问题，拟定的方案应是可以实施的方案，提出的方法应是可以操作的方法，设定的条件应是现实可能的条件，同时还必须规避各种风险。① 只有这样的策划才是可行的策划。社会工作策划的创意和可行也是存在矛盾的，可行的策划并不一定有创意，有创意的策划也不一定就可行。这就要求策划者善于将两者有机结合起来，既努力增强策划的创意性，又充分注意策划的可行性。如不能这样，就可能出现"庙算有余，良图不果"② 的情况。

二　方法论面向的指导原则

方法论面向的指导原则是从社会工作策划的方法（或方法论）出发而确定的社会工作策划的指导原则。社会工作策划方法体现和应用于社会工作策划的具体过程之中。这些方法在方法论层面有科学主义的方法和人文主义的方法，在其他层面则有多种多样的方法，包括思想方法和工作方法。要使社会工作策划有效运用这些方法，并能实现社会工作策划的目的，就应遵循如下原则。

1. 科学方法与人文方法相统一

科学方法与人文方法相统一的原则是相对于社会工作策划的基本方法

---

① 这里讲的"风险"很多，有政策风险、法律风险、经济风险、安全风险。举例来说，如拟开展一项精神康复服务户外活动，就得找个适合相关人士的场所，以防出现安全事故。据说，某机构社工策划的一项此类活动，活动场所安排在一河滩，这就存在巨大的安全风险。

② 此语出自《晋书·谢玄传论》。参见夏征农主编《辞海》，上海：上海辞书出版社，1989，第508页。

而言的。从某种意义上来说，社会工作策划是一种探讨和设计社会工作者"服务于人"的最佳方式的科学活动。作为一种"科学活动"，社会工作策划必须运用科学的方法。只有这样，才能使社会工作策划真正符合科学规律、科学逻辑、科学程序和科学标准，确保社会工作策划及其实施过程的科学运作。作为一种"服务于人"的活动，社会工作策划又必须运用人文的方法。这是因为，服务对象都可具体化为一些有血有肉、有情有感的人，他们有自己的文化视角和价值观念，有自己的自主意识和行为方式，而且受到自己所处文化环境和社会背景的影响和制约，策划者要策划好这种服务于人的方案，不充分考虑这些人文因素是不行的，而且往往是徒劳的。坚持社会工作策划的科学方法与人文方法相统一的原则，其基本的作用是，有助于在科学方法的规范下，把社会工作服务策划成社会工作者与服务对象之间的合作行动，使社会工作服务获得深层次的协同效果。

2. 个性独特与总体连续相统一

所谓个性独特是指社会工作策划要随服务主体、服务对象以及客观条件的不同而有不同的招数，策划出来的社会工作方案既有自身特色，又能对症下药地真正解决问题，绝不能照搬自己过去的策划方案，更不能照抄其他策划者的策划方案。在社会工作策划中，只有确保个性独特，才能使每一次的社会工作策划都收到良好的服务效果。所谓总体连续是指社会工作应是一个总体连续的运动过程。大多数的社会工作并不是只靠一两次个性独特的服务就能解决问题的，而是要靠一步一步循序渐进的社会工作服务的成效积淀而成，社会工作策划必须考虑每次社会工作服务的前后承启特性和持续累积作用。坚持社会工作策划的个性独特与总体连续相统一的原则，其基本的要求是，每一次独立的社会工作策划都必须纳入社会工作服务总体连续的运行轨道，在社会工作服务总体连续的运行轨道上，每一次独立的社会工作服务的策划都必须具有鲜明的特色。

3. 总体策划与具体策划相统一

从整体上讲，一项社会工作策划应该既有总体策划又有具体策划。总体策划是对社会工作总体目标、全部活动、长期过程在战略意义上的运筹和把握，其策划方案往往是社会工作服务的一个纲领性、指导性文件。一般来说，总体策划往往不能直接付诸实施。具体策划则是在特定的时空条件下针对特定问题、特定事件、特定服务对象而进行的具有战术意义的策划。相对于总体策划来说，它往往具有应时性、灵活性、实践性等的特点。由于这些特点，具体策划往往容易导致短期行为的出现。社会工作策划的总体策划与具体策划相统一的原则要求我们，在进行社会工作策划时，必须将总体策划和具体策划有机地结合起来，而且应优先进行全面系统的社会工作总体策划，以指导和规范具体社会工作策划的开展，然后再进行务实的具体策划，以使总体策划中规划的一些社会工作项目、活动等具体内容付诸实施，从而逐步地实现总体策划的战略目标。

4. 规范运作与随机权变相统一

社会工作策划应具有一定的规范性。所谓规范运作是指社会工作策划应按照一定的规范进行。这些规范主要包括科学规范、社会道德规范、法令政策规范等。规范运作是社会工作策划科学运作的基本特征，也是使所策划出的社会工作方案得以实施的首要前提。但是对社会工作策划也不能只作规范运作的要求，为了使社会工作策划提高水平、增进效益，还必须强调社会工作策划中的随机权变。随机权变是指社会工作策划应根据条件的变化而随机应变。它要求策划者充分发挥创造性思维的作用，积极主动地进行创新思维，多出点子、多拿主意、多想办法，在不利情况发生时能应变自如，在有利条件出现时能顺势推进，在此基础上拿出更好的社会工作方案，求得更好的社会工作策划效益。当然，随机权变必须与规范运作有效统一起来，才能发挥积极作用。如果没有规范运作的制约，便可能出现随心所欲、为所欲为、有放无收、损人害己的可怕局面。

三 协同论面向的指导原则

协同论面向的指导原则，也称为组织论面向的指导原则，是指社会工作所涉及的各类组织机构和社会群体，在社会工作策划中相互协作的原则。具体一点讲，乃是在社会工作策划中，有效地将各类社会工作主体和社会工作对象的理念、需要、要求等有机统合起来，以形成一个符合我国社会工作管理与社会工作服务目标的基本原则，且符合各类社会工作主体和社会工作对象的理念、需要、要求的策划方案，从而在策划方案的具体实施中，有利于各种社会工作主体和社会工作对象在社会工作管理与社会工作服务中"团结一致""协同工作"的原则。协同论面向的社会工作策划指导原则内涵丰富，最重要的是要做到以下几点。

1. 策划思路与党政要求相统一

社会工作策划要求创新思路，并且要不断地创新思路。这是社会工作策划的一个重要特点。没有对社会工作策划思路的创新，我们从事的社会工作服务就难以真正取得进步，也难以真正发挥社会工作的功能，提高社会工作的效益。任何社会工作管理机构、社会工作服务机构都应注重社会工作策划思路的创新。然而，我国开展的社会工作服务，应当是在党的"全心全意为人民服务"宗旨指导下的社会服务，是我国社会建设、社会治理、社会服务的重要内容，它必须始终按照"党委领导、政府负责、民主协商、社会协同、公众参与、法治保障、科技支撑"的科学架构来加以落实。为此，我国各类社会工作策划，必然需要按照党政部门的要求进行，不能因为创新而脱离党政部门的领导，偏离党和政府确定的社会工作发展方向和社会工作服务目标。当前，我国的社会工作策划者中有大量的年轻人，他们思想单纯、缺乏经验，更需对其强调策划思路与党政要求的统一。

2. 策划目标与社会需求相统一

这里所讲的策划目标，就是经由社会工作策划所确立的社会工作发展目标和社会工作服务目标。不可否认，社会工作发展目标和社会工作服务目标的确立，完全可以由社会工作策划者"自由发挥"和"积极创举"，这种"自由发挥"和"积极创举"是由社会工作策划的本质决定的，无可非议。但是，如果"自由发挥"变成了"想入非非"，那么，社会工作策划就会脱离社会需要，并使社会工作发展和社会工作服务"误入歧途"。因此，社会工作策划的一项重要原则，就是要将策划目标与社会需要有机地统一起来。按照这一原则，社会工作策划者必须重视社会需求，并在策划中体现社会需求。要使策划目标的确立真正体现社会需求，一是要坚持开展社会调查研究，了解社会需求，并以社会需求为依据来确立策划目标；二是让社会工作的服务对象、相关社会公众等参与社会工作策划，让他们与社会工作机构及其策划者一道，共同确立策划目标。

3. 策划责任与集思广益相统一

社会工作策划有个责任问题。强调社会工作策划的责任有其重要意义，一是可以明确社会工作策划的责任主体，使社会工作策划责任主体充分发挥积极性和创造性，保证社会工作策划的高水平和高质量，从而更好地服务于社会工作决策与社会工作服务；二是可以由此推行社会工作策划责任制，对那些马虎了事、蒙混过关的策划者进行责任追究。社会工作策划责任制的确立必然导出"责任策划"的概念。所谓"责任策划"就是指承担某项社会工作策划责任的个人或组织，他们应对社会工作策划全面负责。对于这一制度，有人担心会影响社会工作策划中的集思广益。然而，策划责任制的确立并不妨碍策划中集思广益的实行。事实上，社会工作策划者要能真正负起策划责任，绝不能靠单兵独将的冥思苦索来进行，而应当更好地调动各种社会主体投入社会工作策划的积极性和主动性，真正地实现集思广益，这样更能保证社会工作策划的高水平和高质量。

4. 策划主体与实施主体相统一

从当前社会工作的微观层面来看，在大量的社会工作服务中，社会工作策划主体与社会工作实施主体大多是同一个主体，也即谁策划，谁实施。但是，从社会工作的更高层面看，则有着很不一样的情况。例如，在社会工作事业发展中，在社会工作项目策划中，策划主体与实施主体往往并非同一个机构、同一个部门或同一个群体。这就给我们提出了一个新的问题，即策划主体与实施主体的分离，能否真正实现好的社会工作绩效。对于这一问题，答案显然是不确定的，或者说有时是肯定的，有时是否定的。因此，我们倡导社会工作策划的一个新的原则，就是策划主体与实施主体相统一的原则。要实际推行这一原则，关键是要让社会工作实施主体真正了解社会工作策划主体的策划理念、策划思路、策划意图，最好的办法是，让社会工作实施主体参与到社会工作策划中来，让他们有机会了解策划意图、提出策划建议，以保证策划方案得到有效实施。

第三章

社会工作策划科学程序

黄源协在《社会工作管理》一书中指出,社会工作管理者应具备管理的技巧和能力,应"对可能的方案事先做慎密的思考和规划"。[1] 他在此所讲的规划也就是我们所说的策划。社会工作策划是一种有系统规制、有科学程序的运筹、谋划和设计活动,它必须按照一定的科学程序进行。所谓社会工作策划的科学程序,是指在把社会工作策划看作一个科学的运作过程的基础上,按照运作过程的发展规律,划分出的几个既相对独立又前后联系的具体运作过程的阶段和步骤。根据社会工作策划运作过程的发展规律,可将社会工作策划的科学程序划分为三大阶段和六个主要步骤,可简称为社会工作策划科学运作的"三·六程序"。

第一节 社会工作策划的先遣阶段

社会工作策划的先遣阶段是指为社会工作策划铺垫基础的阶段。任何社会工作策划都不可能靠凭空的想象来进行,更不可能在没有具体社会需求的情况下胡思乱想。这里所说的铺垫基础也就是指根据社会发展的现实状况,发现社会中存在的社会问题,确定社会工作策划的必要,以及通过各种有效方法,搜集与解决某一社会问题相关的社会信息,从而确认某一社会问题是需要或者可以由社会工作解决的,并为社会工作策划的具体过

---

[1] 黄源协:《社会工作管理》,台北:扬智文化事业股份有限公司,1999,第78页。

程准备充足的知识信息和政策信息。这一阶段可以分为发现社会问题、搜集基础信息两个步骤。

一 发现社会问题

社会工作是一种以助人为宗旨、运用各种专业知识、技能和方法去解决社会问题的专门职业。社会工作一开始就是一种问题导向的职业。"社会工作是对社会问题的回应。"[1] 正如童敏所言，"问题是社会工作者规划和设计专业服务时需要关注的一个焦点"，"只有了解了问题和原因，才能'对症下药'"。[2] 在社会工作实践中，人们之所以要开展社会工作，多半是因为社会中的某些个人或某些群体遇到了需要解决的社会问题（也包括个人麻烦）。而社会工作策划的过程，其实质就是一个发现并确认存在于社会、社区、群体中，甚至表现于个体的具体社会问题，进而寻求有效解决这些社会问题的社会工作方法的过程。在这一过程中，发现并确认社会问题乃第一步骤。

1. 社会问题的基本含义

对于社会问题，学术界有多种认识。德国社会学家马克斯·韦伯把社会问题理解为劳工问题。20世纪40年代美国社会学家富勒和迈尔斯把社会问题定义为被大多数人所承认的偏离某些社会规范的社会状况。同在20世纪40年代，我国社会学家孙本文认为，社会问题就是社会全体或一部分人的共同生活或社会进步发生障碍的问题。[3] 根据我国《社会学大辞典》的解释，社会问题是"在社会变迁过程中，某些社会活动和社会关系发生了与现实的社会环境失调（即相异或发生矛盾），并引起人们的普遍注意，需要以社会的力量来解决的现象"。[4] 童星教授则以一个公式表示，即：社会问题＝社会状态的正常标准－社会现状。[5]

---

[1] 王思斌主编《社会工作导论》，北京：北京大学出版社，1998，第171页。
[2] 童敏：《社会工作专业服务的规划与设计》，北京：社会科学文献出版社，2011，第5～6页。
[3] 庞树奇、范明林主编《普通社会学理论新编》，上海：上海大学出版社，1998，第378页。
[4] 程继隆编《社会学大辞典》，北京：中国人事出版社，1995，第276页。
[5] 童星：《世纪末的挑战——当代中国社会问题研究》，南京：南京大学出版社，1995，第6页。

不管社会学家怎样定义社会问题。笔者认为，在我们的现实社会中，出于各种各样的原因，一部分人的社会生活、社会行为、社会活动、社会关系等达不到社会的正常标准，就是社会问题。这里的原因包括自然方面的原因，如生活于自然环境恶劣的地区、受到自然灾害影响的地区等；社会方面的原因，如社会结构的影响、社会制度的影响、社会变迁的影响等；个人方面的原因，如残疾、越轨、失范等。按照现实社会中社会工作的关注层面，从社会问题生发或影响的社会主体来说，广义的社会问题有三大类，即社会中的公共问题、社会中的群体困难、社会中的个人麻烦（也是一种群体麻烦）。

2. 社会问题的具体内容

社会问题多种多样，社会倒退时有社会问题，社会停滞时有社会问题，社会发展过程中也有社会问题——这种社会问题也即通常所说的"社会发展中的社会问题"。在现代社会中，由于社会变迁加速推进，社会问题无论从内容还是从形式来看，都显得越来越多。当前，我国社会中的具体社会问题主要包括四类：素质性社会问题、变迁性社会问题、体制性社会问题、突变性社会问题。

（1）素质性社会问题

"世间一切事物中，人是第一个可宝贵的。"[①] 但人的素质有高有低，存在素质健全与素质欠缺的明显区别。素质性社会问题是指因社会成员的素质欠缺引发的社会问题。这类问题具体可以分为三种。一是身体素质不强引发的社会问题。如身体残疾者引发残疾人问题，智力障碍者引发智障儿童问题，年老体弱者引发老年人问题等。二是知识素质欠缺引发的社会问题。如缺乏生产知识引起的家庭贫困，缺乏法律知识引起的违法犯罪等。三是道德素质低下引发的社会问题。如由道德素质低下引起的违法犯罪问题、婚外恋问题、卖淫嫖娼问题、制黄贩黄问题、贩毒吸毒问题、赌博成瘾问题、谣言传播问题等。

（2）变迁性社会问题

社会总是处在不断的变迁之中。社会学中所讲的社会变迁是指一切社

---

① 《毛泽东选集》（第4卷），北京：人民出版社，1991，第1512页。

会现象发生变化的动态过程及其结果。变迁性社会问题就是由社会变迁引发的社会问题，它是在社会变迁、社会发展的过程中合乎事物发展规律的、确定不移的、在一定条件下不可避免的社会问题。通常来说，变迁性社会问题是一种社会变迁、社会发展过程中不可逾越的具有阶段性的社会失调现象。变迁性社会问题在当今中国的明显例子有工业化过程中的能源危机问题和环境污染问题，城市化过程中的农民工问题和失地农民问题，信息化过程中的信息分化、网络污染和网络犯罪问题，智能化过程中的某些职业消失和结构性失业问题等。

（3）体制性社会问题

体制，简单地说，就是成体系的组织制度，是指有关国家及各种企事业单位、社会组织等在组织形式方面的制度。体制性社会问题是指一个国家在社会、经济体制上存在的某些制度缺陷或制度摩擦造成的各种社会问题。体制性社会问题在我国也存在不少，如分配体制的缺陷造成的社会分配不公问题，市场体制的缺陷引发的社会保障问题、恶性竞争问题、腐败成风问题，教育体制的缺陷引发的择校乱收费问题，文化体制的缺陷引发的低俗文化问题，人事体制的缺陷引发的人才流动受限问题，慈善管理制度缺陷引发的社会慈善疲劳问题，科技体制缺陷引发的学术失范问题等。

（4）突变性社会问题

突变也叫灾变，是一种突然降临的灾祸。突变论将突变看成客观世界非连续性的突然变化现象，强调变化过程的间断或突然转换。任何社会的突变都会引发社会问题，许多自然的突变也会引发各种社会问题。具体来讲，突变性社会问题是指天灾、人祸等造成的各种突发的社会问题，主要包括以下三类：第一，各种自然灾害引发的灾民问题，如汶川地震中形成了数以百万计的灾民；第二，各种战争引发的难民问题，如利比亚、伊拉克等地区的战争直接导致产生了许多的难民；第三，各种公共卫生事件引发的社会恐慌问题，如非典、禽流感、新冠疫情、水质污染等引发的社会恐慌。

3. 发现社会问题的方法

发现社会问题，即具体发现并确认特定社会空间或特定社会群体中目前已经存在和将来可能出现的社会问题,以确定社会工作策划的必要性和具体任务。社会工作策划作为一个完整的过程,是从发现社会问题开始的。发现问题与解决问题之间有着非常密切的关系,发现问题是解决问题的基础,解决问题是发现问题的目的。如果不能发现问题,解决问题也就无从谈起。爱因斯坦认为,提出问题往往比解决一个问题更重要。事实上,发现一个问题又往往比提出一个问题更重要。根据这一说法,发现社会问题不仅是社会工作策划先遣阶段的一项重要工作内容,而且是整个社会工作策划运作程序中一个必不可少的重要步骤。人们可以通过多种途径与方法具体发现现实社会中的各种社会问题。

(1) 直觉感悟法

直觉感悟法是社会工作策划者亲临一定社会空间或社会群体之中,凭直觉、悟性来发现当前有关社会问题的方法。这种发现社会问题的方法具有以下几个特点:比较原始,也比较简单;在操作上只要亲临现场,"与群众打成一片",开展一定的观察、访谈活动即可。在各类方法中,直觉感悟法获得的信息较易为人们接受。当然,这种方法也并非所有人使用都能取得很好效果的。要有效地使用这种方法,社会工作策划者必须具有较扎实的社会学理论知识和较丰富的社会实践经验,具备较强的社会问题意识与社会洞察能力,悟性较高,感知力强,能通过自己的感觉和思维的综合作用,敏锐地发现社会问题之所在。

(2) 反馈信息法

反馈信息法是在社会系统中通过建立信息反馈机制、开辟信息反馈渠道以搜集有关社会信息,并从这些社会信息中发现社会问题的方法。所谓信息反馈,是指社会系统通过公共传播媒介、社会传播媒介、组织传播媒介、人际传播媒介等向社会传播信息,而社会则将有关作用结果的信息反馈回来。通过接收和分析这些反馈信息来发现特定社会空间和社会群体中的社会问题的方法,就是所谓的反馈信息法。搜集反馈信息是发现社会问题的一条良好途径,有的反馈信息直接就表明某些社会问题之所在。使用这种方法,关键是要有一个好的社会信息传播系统,尤其是要有一个好的信息反馈系统,并能配备专人接收和分析。

(3) 对比分析法

对比分析法是基于"社会问题 = 社会状态的正常标准 – 社会现状"的公式，拿特定社会空间现实的社会情形与正常的社会情形进行比较分析，或拿特定社会群体中的社会情形与正常的社会情形进行比较分析，抑或将正常的社会情形作为参照，拿不同社会空间或不同社会群体在同一时间点上的社会情形进行对比，进而发现并确认社会问题的方法。这种方法有一定难度，即人们必须对特定社会空间或特定社会群体正常的社会情形和当前的社会情形都有比较全面系统的了解，方能做好对比分析。同时，对比分析作为一种比较方法，还需要考虑其可比性，制定出科学分析标准，才能取得科学合理可靠的对比分析结果。

(4) 社会评估法

社会评估法，是以一定的社会测量指标为依据，对特定社会空间的社会结构、社会关系、社会秩序、社会运行、社会生活和社会变迁等方面的现实状况进行科学测评和估价，从中发现社会问题的方法。社会评估法是一种综合性的发现社会问题的方法。具体来讲，社会评估包括定量评估和定性评估两个方面。定性评估可以把握社会问题的性质、特征和影响范围，定量评估可以把握社会问题的程度、状态和变化趋势。借由社会评估法，人们可以通过科学的社会测量具体发现特定社会空间中或特定社会群体中存在的各种公共问题、群体问题甚至个人麻烦，从而更为精准地把握社会问题之所在，并较好地确认社会问题。

(5) 专家咨询法

专家咨询法是指在借由上述方法都难以发现或难以确认某些社会问题的情况下，向社会问题专家与社会工作专家，以及其他相关领域的专家咨询请教，以发现和明确社会问题的方法。专家咨询法是发现并确认社会问题的一种非常有效的方法。通常来讲，专家学问精深、见多识广、思想敏锐、社会问题意识强、社会分析办法多，能发现一般人难以发现的深层次社会问题。尤其对于社会系统中的一些"疑难杂症"，如社会发展过程中的社会问题、社会繁荣景象中的社会问题，专家往往能够做出可靠的专业分析与判断，因而借助专家的智慧——"外脑"，通过开展社会状况分析来发现社会问题，是值得大力倡导的。

二 搜集基础信息

搜集基础信息是指搜集社会工作策划的基础信息,也即搜集与一定社会工作问题相关的社会信息。社会工作策划必须以信息作为前提条件,绝不能靠凭空的想象来进行。在社会工作策划过程中,信息是至关重要的因素。如能全面地搜集并掌握有关信息,社会工作策划就有了依据,就有了基础,就容易取得成功。离开了信息,社会工作策划就没有依据,没有基础。因此,具体的社会工作问题就不能被证实,甚至不能被发现;社会工作策划的目标就不能恰当地确立,甚至无法提出;社会工作策划的运筹、谋划和设计过程也就变成无源之水、无本之木。因此,充分利用各种信息渠道,借助各种信息搜集方法,广泛地搜集社会工作策划的基础信息,成为社会工作策划先遣阶段一项重要的工作内容。

1. 基础信息的关键范围

管理学认为,信息是决策的基础。诚然,信息也是策划的基础,而且是更关键的基础。所谓基础信息,乃是指作为社会工作策划的基础的各种相关信息。从理论上讲,社会工作策划的基础信息丰富多样,涉及社会工作服务主体、社会工作服务对象、社会工作服务方法、社会工作服务环境的方方面面。然而,做任何事情都得抓重点、抓关键。在社会工作策划实践中,人们并非要掌握全部相关信息,而只需要掌握关键的基础信息。关键的基础信息主要有以下几类。

(1) 社会问题信息

前面讲到,社会工作策划的首要步骤是发现并确认特定社会空间或特定社会群体中存在的社会问题。在上一步骤中,事实上已经搜集了与社会问题相关的信息。现在要明确的是,在发现并确认社会问题时,当初所搜集的信息显然是广泛的社会信息,人们通常要在广泛的社会信息中发现社会问题。然而,这里所讲的"社会问题信息",则不是指广泛的社会信息,而是有关特定社会问题或称有关社会工作问题的具体信息。因为只有这类具体信息,才能成为社会工作策划的基础信息。例如,某一社区中存在农民工子女上学难的问题,有关这一问题的具体信息就是,这一社区中有多少农民工子女，他们的年龄分布、年级分布如何，他们存在何种上学困难，造成他们上学难的主要因素是什么，等等。

（2）服务对象信息

社会工作是帮助受社会问题困扰的人解决具体问题的工作。社会工作的服务对象是由相应的社会问题决定的。有什么样的社会问题，就有什么样的社会工作服务对象。所以，所谓服务对象信息，是指那些存在特定社会问题，或受到特定社会问题影响，而需要获得社会工作服务的对象（个人和群体）的有关信息。服务对象信息是社会工作策划中确定服务对象的重要依据，也是确立社会工作服务类型和服务方式的基础。在社会工作策划基础信息搜集中，通常需要获得的服务对象基本特征信息包括：服务对象的总体信息、服务对象的群体信息、服务对象的个体信息、服务对象的问题信息、服务对象的行为信息、服务对象的社会网络信息、服务对象的环境信息、服务对象的社区或组织特征信息等。

（3）服务需求信息

社会工作特别强调为服务对象提供有针对性的服务。这种有针对性的服务主要包括三个层次。一是针对特定问题的服务，二是针对特定对象的服务，三是针对特定需求的服务。在这三个层次的服务中，真正有利于落到实处的服务，应是那些针对特定服务对象特定需求的服务，也就是说，社会工作服务的开展或提供，最终是以特定服务对象的特定需求为依据的。正因为如此，社会工作策划者在了解服务对象的基本特征信息后，必须深入地了解服务对象的服务需求信息。服务需求信息应是服务对象基本特征信息的深化，绝不能以服务对象的基本特征信息代替服务需求信息。同时服务对象的服务需求信息也多种多样，关键要了解服务对象的"现实需要，尤其是其中最迫切、最突出的那部分需要"。[①]

（4）社会政策信息

社会工作与社会政策密不可分，国家和地区的社会政策是发展社会工作事业的政策依据，是开展社会工作服务的政策依据，同时也是进行社会工作策划的政策依据。开展社会工作策划，从某种意义上可以说，就是策

---

① 庄勇：《社会工作管理学概论》，贵阳：贵州民族出版社，1998，第35页。

划者对"社会政策—社会需求—社会服务"进行的"三位一体"的综合考量。因此,在社会工作策划中,全面了解有关的社会政策信息显得特别重要。例如,在广州市各街道家庭综合服务中心(社工站)开展的社会工作服务中,如果策划者不了解国家制定的和广州市确定的有关社会政策,就可能偏离街道家庭综合服务中心(社工站)的服务目标、服务方向和服务重点。社会政策信息十分丰富,通常需要了解的社会政策信息有国家社会政策信息和地区社会政策信息。

(5)社会环境信息

人都是生活在一定的环境中的。"人生活于环境之中这一事实,决定了人与环境的密切关系。"[①] 社会工作高度重视人与环境的关系。社会工作服务在很大程度上是为人们有效协调与环境的关系而提供帮助的一种服务。由此可知,在社会工作策划中,熟悉服务对象所处的环境,乃社会工作策划必不可少的基础工作。熟悉社会工作服务对象所处的环境(这里的环境既包括自然环境,也包括社会环境),关键是要了解服务对象生活中所处的社会环境的信息,以及服务对象与其生活中所处的社会环境之关系的信息。服务对象生活中所处的社会环境还有层次之分,如社会现实环境、人际关系环境、社会生态环境、社会文化环境等。有关这些社会环境的信息,策划者都有必要加以全面了解和切实掌握。

2. 搜集信息的基本方法

任何从事社会学和社会工作的人,不管其偏重理论还是偏重实务,均须掌握搜集信息的方法。在大学里,无论社会学专业还是社会工作专业,社会调查研究方法乃是不可或缺的专业基础课程;在与社会学和社会工作专业相关的工作岗位,一个不会开展社会调查研究、不懂搜集社会信息方法的人是明显吃不开的。开展社会工作策划,必定需要搜集社会工作策划的基础信息,因而策划者也必须懂得搜集信息的方法。搜集信息的方法很多,以下方法通常得以被策划者采用。

(1)实地调研法

实地调研法也叫田野研究法、田野工作法、实地研究法,它是指信息

---

① 王思斌主编《社会工作导论》,北京:北京大学出版社,1998,第121页。

搜集者深入某种调研对象的社会生活场景中,以参与式观察和非标准化访谈的方式搜集社会工作基础信息的方法。在社会工作基础信息搜集中,与统计调查法比较,实地调研法更有优势。其特点如下:一是在实地环境中做调研;二是重于情感和态度调研;三是适合开展纵贯式调研;四是调研获得的资料效度高;五是调研方式显得比较灵活;六是调查和研究有机结合。当然,实地调研法的实施对信息搜集者要求较高,特别需要信息搜集者具有较高的业务水平和深入实际的作风。

(2) 问卷调查法

问卷调查法是指由信息搜集者向被调查者提供问卷,并请其对问卷中的问题书面作答而搜集社会工作基础信息的方法。问卷是信息搜集的一种重要工具,美国社会学家艾尔·巴比更是认为:"问卷是社会调查的支柱。"[1] 问卷在形式上是一份经过精心设计的问题表格,任何问卷都必须经过周密细致的设计。在问卷设计中,除保证总体结构的完整性、合理性之外,关键还要根据调查目标的要求和调查对象的实际,精心设计问卷的问题与答案。问卷法的具体形式很多,作用也不一,在社会工作基础信息搜集中,应根据具体情况择用。

(3) 社会测量法

社会测量法是指运用一定的社会测量量表来搜集社会工作基础信息的方法。量表是由精心设计的一个或多个问题组构成的表格,主要用来间接测量人们对某一事物的态度、观念或在某一方面具有的潜在特征。与调查问卷相比,量表是一种能较精确地调查人们的主观态度和潜在特征的间接测量工具,借由调查问卷对人们的态度、观念或某些潜在特征进行直接提问,难以获得深度、精度较高的信息。量表弥补了这一不足,可以提高社会调查的成效。因而社会测量法是一种极富特色的信息搜集方法,在社会工作策划基础信息的搜集中功效明显。

(4) 文献资料法

文献资料法是一种通过搜集、整理、阅读、分析文献资料的内容,获得社会工作基础信息的方法。文献中包含社会工作方面的基础信息,尤其

---

[1] 转引自袁方主编《社会研究方法教程》,北京:北京大学出版社,1997,第231页。

富于社会工作的理论研究信息、实务方法信息、典型案例信息、人口统计信息、社会政策信息等。文献资料法是一种相当古老的信息搜集方法。利用文献资料法搜集社会工作策划基础信息，具有简单、快捷、节省调研费用、不受时空限制等特点，尤其适用于搜集历史资料、档案资料和远程区域信息资料等。文献资料法既可以作为一种独立的方法使用，也可以作为实地调研、问卷调查等方法的补充。

（5）网络搜询法

网络搜询法是信息搜集者将信息终端接入互联网来搜询网上资讯以获得社会工作基础信息的方法。互联网连接着许多数据库和信息库。这些数据库和信息库存储有无数的数据和信息资料，其中不少是富有社会学含义的社会信息。同时，参与网络交流者日益增多，信息也在不断更新，能及时地反映社会变化的情况。网络搜询法是文献资料法在现代网络社会和信息社会的延伸，与文献资料法相比，它具有某些优势：一是能快速地搜集信息资料；二是能广泛地搜集信息资料；三是能获得丰富的社会信息；四是能获得新颖的社会信息。

第二节　社会工作策划的核心阶段

社会工作策划的核心阶段是针对现实社会中存在的特定社会问题、特定服务对象及特定社会需求，充分利用所搜集的与社会工作相关的各种基础信息，通过多方运筹谋划，设计出一定的社会工作行动方案或社会工作服务方案，以有利于改善目标群体的社会生存环境、协调目标群体的社会关系状态、解决目标群体的社会发展问题等的阶段。这一阶段最能反映社会工作策划的谋略性质，体现社会工作策划的创新特征，因而被称为社会工作策划的核心阶段。社会工作策划的核心阶段一般又可分为两个具体步骤，即开展运筹谋划和编制策划方案。

一　开展运筹谋划

从社会工作策划的角度讲，所谓运筹谋划特指策划者对将要开展的社会工作的运筹谋划。开展运筹谋划通常是在深入分析社会问题和充分利用各种社会信息的基础上，依靠各种思维方式，特别是创造思维方式，对有利于改善社会成员的社会生存状态、解决社会成员的社会发展问题、促进整个社会的和谐稳定的社会工作进行运筹谋划的重要策划环节。这一环节的工作内容非常丰富，有社会工作目标运筹谋划、社会工作对象运筹谋划、社会工作模式运筹谋划、社会工作方法运筹谋划、社会工作条件运筹谋划、社会工作时机运筹谋划、社会工作策略运筹谋划等。这一步骤最能体现出社会工作策划中"策划"的实质意义，是社会工作策划核心阶段的关键步骤，通常被认为是社会工作策划的"重中之重"。

1. 社会工作目标运筹谋划

目标既是一切工作的出发点，又是一切工作的归宿，它是一定组织在管理服务活动中努力争取达到的希望状态和预期效果。什么是社会工作目标？按照有关学者的说法，社会工作目标"在于预防和解决社会问题，调适人和社会的互动关系，协助人民解决生活上和社会上的困难，以提高人民生活质量和社会的整体福利水平，创造和谐稳定的社会环境"。[1] 简单说来，社会工作目标就是从助人自助的角度出发，预防和解决特定社会空间和社会群体的社会问题。事实上，预防和解决特定社会空间和社会群体的社会问题只是对社会工作目标的概说，社会工作具体目标是多种多样的，不同社会工作的目标是不同的，每一项社会工作都有各自的目标。社会工作目标运筹谋划，就是社会工作策划者在深入分析特定社会问题和有效利用各种社会信息的基础上，运用各种科学方法和经验知识，来确定某项社会工作所要达到的具体目标（希望状态和预期效果）的过程。社会工作目标运筹谋划的工作内容具体包括以下两个层面。

第一，社会工作功能目标运筹谋划。社会工作功能目标就是以社会工作的功能区分为标志而确立的社会工作目标。社会工作具有多种功能，因而它的功能目标同样具有多样性。根据某项社会工作服务的要求确定社会工作的功能目标，就是社会工作功能目标运筹谋划。从理论上讲，社会工作功能目标策划，本质上是对社会工作服务与社会工作需求的功能匹配，

---

[1] 庄勇：《社会工作管理学概论》，贵阳：贵州民族出版社，1998，第75页。

也即社会工作服务机构所能发挥的社会工作功能与社会工作服务对象所需强化的功能之间的匹配。从实践上看，则是通过运筹谋划，确定某项社会工作服务应发挥何种功能，以期满足社会工作服务对象的需求。可供策划者选择的社会工作功能目标大概有四种：一是解决现实困难，包括物质生活和精神生活方面的困难；二是预防问题产生，重点是增强社会成员的社会预应力；三是建立互动关系，促进社会交往与有效链接各种社会资源；四是促进社会稳定，实现社会良性运行与和谐发展。

第二，社会工作形式目标运筹谋划。社会工作形式目标是以目标设置的形式要素为标志而确立的社会工作目标。根据某项社会工作的形式要求来确定社会工作的形式目标，就是社会工作形式目标运筹谋划。社会工作的形式目标，从延时性来看，有长期目标、中期目标和短期目标。长期目标是指涉及社会工作服务长期开展所要达到的目标，一般是时间在5年以上的目标；短期目标也称近期目标，是指依据长期目标制定的社会工作服务短时间内要达到的目标，一般是时间在1年以内的目标。中期目标处于长期目标与短期目标之间，一般是时间在2~3年的目标。社会工作的形式目标，从延展性来看，则有社区目标、街区目标、城市目标等。社区目标是指在一定社区内所要达到的社会工作目标，如在某一新建楼盘社区确立的"熟人社区建设"目标；街区目标是社区目标的综合，也是社区目标的指导；城市目标通常具有规划性特征，其指导性更强。

社会工作目标运筹谋划是社会工作运筹谋划的关键一环，对其他方面的运筹谋划起关键支配作用，并对整个社会工作服务起提纲挈领作用，值得社会工作策划者高度重视。进行社会工作目标运筹谋划，切不可马虎了事，更不能随意而为。在具体开展社会工作目标运筹谋划时，策划者必须遵守如下规则：第一，社会工作目标必须做到含义清楚、指向明确、表达清晰、合乎逻辑；第二，社会工作目标必须与特定社会空间的社会福利总体目标相一致；第三，社会工作目标必须与我国和谐社会建设的目标相吻合；第四，社会工作目标要有利于解决特定社会空间和特定社会群体的具体社会问题；第五，社会工作目标要有利于提升特定社会空间和特定社会群体的福利水平；第六，社会工作目标要有利于实现社会工作主体与社会工作对象的密切合作，以谋得"助人自助"之效。

2. 社会工作对象运筹谋划

社会工作对象也称为社会工作服务对象，具体来讲是社会工作服务的接受者。社会工作对象运筹谋划就是根据社会工作服务的目标、任务、性质、特点，在特定社会空间或社会群体中，选取特定的社会群体或特定的社会成员作为社会工作服务的目标对象的过程。社会工作对象运筹谋划在社会工作策划中具有非常重要的意义和作用。通过社会工作对象的运筹谋划，选取并确定合适的社会工作对象，可以更有针对性地开展社会工作服务，真正帮助特定的社会群体或社会成员解决各种社会问题和个人麻烦，提高社会工作服务的效率；同时，也可以将有限的社会工作资源用于最有需要的社会群体和社会成员，从而避免社会工作对象的泛化和社会工作资源的流失，以提高社会工作服务的效益。

为了保证社会工作服务的更高效率和更好效益，在社会工作对象的运筹谋划中，一些精明的策划者往往将社会工作对象区分为两类，即基本服务对象和扩展服务对象。基本服务对象是指在某一社会工作机构服务的特定社会空间中，由特定的社会管理部门、特定的社会政策文件所规定的服务对象，或经社会调查统计所发现的特定服务对象。这类服务对象主要包括四种：政府部门圈定的基本服务对象；政策文件规定的基本服务对象；调查统计发现的基本服务对象；区内单位转介的基本服务对象。据笔者了解，广州市各街道家庭综合服务中心（社工站）的社会工作服务项目较早便确定了各类社会工作的基本服务对象。例如，关于老年人服务的具体规定中，基本服务对象主要是指居住在社区综合服务中心服务区域内60岁以上的社区老人。其中百岁以上老人全覆盖，80～99岁老人覆盖率达80%，60～79岁老人覆盖率达60%。

所有基本服务对象之外增加的服务对象都属于扩展服务对象。扩展服务对象有多种情况。一是自觉前来求助的对象。他们可能并不属于当前特定的社会政策文件中规定的必须提供服务的对象，但他们存在某种特定的需要，可以作为扩展服务对象。二是区外机构转介的对象。目前，社会工作服务对象基本上属地管理，在哪一个街区，就属于哪一个街区管理。不过社会工作服务机构有一种转介制度，可以接受由区外社会工作机构转介来的人，并将其作为自己的服务对象。三是外地慕名而来的服务对象。外地慕名而来的服务对象就是那些跨地区寻求帮助的人,他们了解到某地的社会工作机构服务有特色,就可能去寻求帮助。笔者曾见过网瘾治疗中跨地区寻求服务的例子,有的家长带着子弟赶到湖北某机构寻求帮助。

在社会工作对象运筹谋划中,需要注意的是,社会工作对象的选取和确定既是科学,也是艺术。作为科学,必须建立一套选择和确定社会工作服务对象的客观标准和科学程序,从而按照客观标准和科学程序来选择和确定社会工作的服务对象。例如,在残疾人社会工作对象的运筹谋划中,并非所有的残疾人都可以成为特定社会工作服务的基本服务对象。为何会出现如此情况呢?原因很简单,那就是特定残疾人社会工作服务的基本服务对象的选择和确定,是按伤残标准确定的伤残类型和伤残级别,经由相应的认定程序来进行的。当然,作为艺术,社会工作对象的选取和确定,显然也有灵活的一面。例如,为了让一个社区的居民能更好地了解和理解社会工作,并在此基础上能更好地关心和参与社会工作,一些社会工作机构也在特定的社会空间中积极扩展服务对象和服务领域,甚至于设法使某些扩展服务对象逐步成为社会工作服务的得力助手。

3. 社会工作方法运筹谋划

所谓方法,从一般的意义上讲,是指能够保证人类社会实践活动朝着预定的方向进行,以达到人类社会实践活动目的的各种途径、手段、工具、方式的总和。社会工作方法则是能够保证社会工作服务朝着预定的方向进行,以达到社会工作服务目的的各种途径、手段、工具、方式的总和。在长期的社会工作实践中,社会工作领域逐步形成了一整套社会工作方法。社会工作方法运筹谋划,就是根据特定社会群体和社会成员的实际情况和特定需要,在社会工作方法系统中(通常是在个案工作方法、小组工作方法、社区工作方法和大众工作方法中),选择或设计适当社会工作服务实用方法的过程。社会工作方法运筹谋划是一项专业性颇强的社会工作运筹谋划内容,往往容易受到策划者的高度重视。

社会工作方法运筹谋划,从社会工作当前的发展状况和发展水平来看,最关键的是要根据社会工作对象的服务需求与社会工作机构的服务能力,在个案工作、小组工作、社区工作、大众工作四类社会工作方法中选择适当的方法,并恰当地应用于具体的社会工作运筹谋划中。按照这种思路,目前社会工作策划者最为重要的是加强对这四类社会工作方法的学习,掌握其基本特点、关键作用、适用范围。要清楚地知道,个案工作针对性强,但只能发挥部分功能,而且效率不高;小组工作虽比个案工作功能多,但较多地倾向于教育和娱乐方面;社区工作以解决社区共同问题、适应社会急剧变迁为首要功能,对个体和小群体帮助有限;大众工作则以解决大群体问题为目标,主要提供宣导和政策支持。只有对这些方法做到全面掌握,才能对这些方法做出得心应手的选择。

融会贯通是中国思想、文化和学术的一种优秀品格,它已成为人们从事各种学习活动和实践活动时高度重视的一条规则。在社会工作方法运筹谋划中,社会工作策划者也应力图做到融会贯通。具体来讲,可从两个层面理解。一是在对社会工作方法的学习层面努力做到融会贯通。这也就是要求社会工作策划者在学习、掌握人们创造、归纳、总结的四类社会工作方法的基础上,务去不求甚解的做法,要将四者联系起来,真正做到触类旁通,以至实现融会贯通。二是在对社会工作方法的运用层面努力做到融会贯通。要深刻认识到,解决特定社会空间和社会群体的社会问题,不仅总体上不能单凭某种方法来进行,而且对于具体社会问题,也不能单凭某种方法来进行,而要将各种方法融会贯通、有机联系起来,运用多种方法多管齐下地为社会工作服务对象提供系统服务。

在社会工作方法运筹谋划中,需要注意的一点是,在当前我国的社会工作领域,存在一种严重的形而上学现象,具体表现如下。第一,视社会工作方法狭义化。很多社会工作者狭义地理解社会工作方法,他们只视个案工作、小组工作、社区工作三种方法为社会工作方法,缺乏对社会工作方法是一个庞大复杂的方法体系的认知。第二,视社会工作方法静止化。在众多的社会工作案例中,前述的三种社会工作方法几乎成为"铁板一块"的范式,人们在社会工作方法上几乎没有任何突破,甚至对待大众工作还是羞羞答答的。这显然是在社会工作方法论探索上的一种严重缺失。社会工作策划者要高度重视这一问题。在社会工作方法运筹谋划中,要以马克思主义方法论为指导,大胆开展社会工作方法探索和创新,以充分发挥社会工作的功能,全面提高社会工作的效益。

4. 社会工作模式运筹谋划

社会工作模式也称为社会工作实务模式。很多年以来，社会工作者一直在开展对社会工作模式的探索，这种探索涉及面很广，不仅包括对社会工作过程模式的探索，而且包括对个案工作、小组工作、社区工作甚至公众工作模式的探索。在经历了长期的探索和实践后，已经形成了多种多样的社会工作模式，为我们开展社会工作策划起到了很好的指导作用。然而，我们也必须看到，社会工作模式的多样化也给我们带来了新的社会工作策划问题，这就是在社会工作策划的过程中，应当怎样从先前总结和概括的众多的社会工作模式中选择社会工作模式，或者应当怎样自主研发和创新社会工作模式的问题。在具体社会工作策划实践中，根据社会工作服务的具体目标和社会工作对象的特定需求，去选择或创新社会工作的模式，便构成了社会工作模式运筹谋划的基本策划任务。

社会工作模式运筹谋划，首先是要进行社会工作过程模式运筹谋划。社会工作过程模式的运筹谋划，是任何社会工作策划都应加以重视的运筹谋划内容。之所以如此，原因在于，社会工作是一个过程，不同的过程模式会给社会工作运作的科学性、实用性和效益性带来不同影响。所谓社会工作过程模式，即针对社会工作实际运作过程而创建的一些模式。例如，有专家创建了"社会工作实务的通用过程模式"，[①] 这种通用过程模式就是一种社会工作过程模式；还有不少专家创建了多种社会工作过程模式，包括个案工作、小组工作、社区工作都有相应的过程模式。[②] 这些社会工作的过程模式，都可供策划者进行社会工作过程模式运筹谋划时选用。当然，策划者也可自创新的社会工作过程模式。

社会工作模式的运筹谋划，其次是要进行社会工作功能模式的运筹谋划。社会工作模式，不仅有过程模式，而且有功能模式。所谓社会工作功能模式，就是针对社会工作不同功能的有效发挥而构建的社会工作运作模式。社会工作功能模式大致可分为三种：解困模式、增能模式和预防模

[①] 全国社会工作者职业水平考试教材编写组编写《社会工作实务（中级）》，北京：中国社会出版社，2010，第1~88页。

[②] 王思斌主编《社会工作导论》，北京：北京大学出版社，1998，第238~268页。

式。解困模式就是治疗模式,"社会工作的首要功能是治疗,即解决已经出现的问题"。① 增能模式也可称为发展模式,就是通过增强社会工作服务对象的能力,以实现人的全面发展。预防模式就是针对具体社会问题,采取防患于未然的措施,使社会成员、社会群体早做准备,以适应未来可能发生的巨大变化。社会工作功能模式运筹谋划,就是要在这些功能模式中选择适当的模式,以发挥相应的社会工作功能。

社会工作模式的运筹谋划,最后是要进行社会工作介入模式的运筹谋划。社会工作中有一个概念叫"介入"。"介入"是什么意思,通常不容易说得非常清楚。按照当前的流行说法,所谓介入,就是"社会工作者运用专业的知识、方法与技巧协助服务对象系统达到服务计划目标的过程"。② 社会工作的"介入"过程也有不同的模式,通称为社会工作介入模式。在相关的文献中,人们积累总结了一系列社会工作的介入模式。例如,从社会工作服务的接触特性来讲,有直接介入模式和间接介入模式;从社会工作服务的资源特性来讲,有物质介入模式和精神介入模式;从社会工作服务的对象类型来讲,有个别介入模式和群体介入模式。社会工作介入模式的运筹谋划,就是要根据具体问题、具体对象、具体需求等,选择或创立不同的介入模式,以提高社会工作服务的针对性。

5. 社会工作策略运筹谋划

毛泽东同志很早就教导我们:"政策和策略是党的生命,各级领导同志务必充分注意,万万不可粗心大意。"③ 在我国,社会工作是在党的领导下发展起来的一项社会事业,是党和政府高度重视的群众工作的重要组成部分。社会工作不仅要按照党和政府所制定的社会政策来开展,而且要讲究策略,以充分发挥社会工作的功能,全面提高社会工作的效益。这里所谓策略,也即社会工作策略,它具体指的是社会工作者在开展社会工作过程中所需运用的谋略和技巧。社会工作的策略很多,并且它们都有各自的功用和适用的场合,必然需要社会工作策划者精心选择、正确运用。这种

---

① 王思斌主编《社会工作导论》,北京:北京大学出版社,1998,第21页。
② 全国社会工作者职业水平考试教材编写组编写《社会工作实务(中级)》,北京:中国社会出版社,2010,第67页。
③ 《毛泽东选集》(第4卷),北京:人民出版社,1991,第1298页。

对社会工作策略的精心选择和正确运用,也就是所谓社会工作策略运筹谋划。社会工作策略运筹谋划,根据以往的经验,通常要做好以下三类策略(即名义策略、时机策略和应变策略)的运筹谋划。

名义策略也叫出台策略。凡事都应师出有名。社会工作事业发展规划需要师出有名,社会工作政策制定需要师出有名,社会工作服务推出需要师出有名,就连社会工作中的各种小组活动和社区活动都需要师出有名。找出合适的名义,并透过这一名义采取合适的社会工作行动,是保证社会工作功能得以充分发挥、社会工作效益得以全面提高的关键一步。具体来讲,在各项社会工作服务活动中,可以采用的名义策略或出台策略大致有以下几类:社区发展策略、共治共享策略;社会关爱策略、居民互助策略;主题巧设策略、活动新奇策略;慕名借誉策略、提高规格策略;给予实惠策略、授予荣誉策略等。策划者一方面可以根据具体情况从中正确选用,另一方面还可以自行谋划各种名义策略,将社会工作服务更好地推向社会,以吸引广大社会公众乐于参与,使社会工作服务对象乐于接受。

时机策略也就是要选择好开展社会工作的时间和时点。俗话说得好,"机不可失,时不再来"。不少社会工作服务的成效往往与时机有关,时机把握不准,效果便不理想。为此,社会工作策略运筹谋划,显然不能缺乏对时机的运筹谋划。时机的运筹谋划可以抓住以下几种时机。一是社会环境提供的时机,如在"三八"妇女节可以推出妇女工作的相关服务项目和活动,在"五一"劳动节可以推出劳动就业的相关服务项目和活动。二是服务对象提供的时机,如服务对象上门寻求帮助之际,服务对象具有特殊需要或特别要求之际,服务对象遇有喜事或烦心事之际。三是政府部门提供的时机,如政府有关改善民生政策出台之际,政府加快社会建设文件发布之际,政府推出创建"幸福社区"之际。社会工作时机的运筹谋划,不仅要抓住一切有利时机,而且要讲究合理时点和时长的确定。

应变策略是指在社会工作服务推出之后,在社会工作机构、社会工作对象、社会工作环境等因素发生变化甚至显露风险,需要做出调整时所用到的策略。这类策略也很多,典型的有:(1)不变应变策略,即通常所说的"以不变应万变",主要可在各种因素的变化对社会工作服务及其效果未产生明显影响的情况下采用；（2）惯性延伸策略，即使社会工作服务及其效果透过惯性的作用延续下去，主要可在社会工作服务效果非常明显的情况下采用；（3）加大力度策略，也就是加大社会工作服务的力度，以抵消各种因素造成的不良影响；（4）改变模式策略，也即坚持社会工作服务的目标，但改变社会工作的模式以及相应的方式方法。除此之外，社会工作服务中的应变策略还有其他一些类型，诸如以攻为守策略、以守为攻策略等，都可以在特定的情境下适当地采用。

6. 社会工作条件运筹谋划

社会工作服务需要一定的条件。如果缺乏必要的条件，社会工作服务就可能无法开展，或者即使能够开展起来，也很难达到理想的结果。社会工作服务所需要的条件很多，包括人员条件、物质条件、经济条件等。

人员条件是社会工作服务的第一条件。毛泽东同志曾经指出："世间一切事物中，人是第一个可宝贵的。"[①] 这也是在发展社会工作事业、推进社会工作服务的过程中，我国推出的第一个涉及社会工作的文件就明确提出"建设宏大的社会工作人才队伍"的原因。正因为如此，在社会工作策划中，谈到社会工作条件运筹谋划，最优先的事情就是要高度重视人员条件的运筹谋划。社会工作人员条件的运筹谋划，首要的是有数量充足的社会工作人员。接着就是要有质量较高的社会工作人员。同时，由于每一项社会工作服务都有其特殊性和特殊要求，因此，对社会工作人员进行适当的培训也是十分必要的。除社会工作人员外，在实行督导制的地区，督导也不可缺少。所以，社会工作人员条件运筹谋划，就是要合理安排社会工作人员、督导人员，辅以较充足的志愿者。

物质条件是社会工作服务的支撑条件。没有一定的物质条件，社会工作也难以开展。举例来说，很多社会工作服务需要一定的活动场所，没有一定的活动场所，很多社会工作服务活动就无法开展；有的社会工作服务需要一定的专门平台，没有一定的专门平台，一些社会工作服务也难以进行；有的社会工作还需要一定的特殊器械，缺乏这样的特殊器械，社会工作服务就难以实施。总之，社会工作需要一定的物质条件，这是不可否认

[①] 《毛泽东选集》（第4卷），北京：人民出版社，1991，第1512页。

的。认为社会工作只需要一张嘴、一支笔、一张纸的想法是不切实际的。社会工作策划者在社会工作条件策划中，必须对社会工作的物质条件做好策划。开展一项社会工作服务，需要哪些方面的物质条件（包括空间、平台、器械等），都应当在本策划环节中思考好，并正式写入社会工作策划文案中。

经济条件是社会工作服务的另一支撑条件。社会工作服务也得花钱。俗话说得好："钱不是万能的，但没有钱是万万不能的。"现在，我国的社会工作经费主要有三种来源：一是政府购买社会工作服务的专项经费；二是慈善组织或企业资助社会工作服务的资助经费；三是社会公众捐给社会工作机构的捐助经费。我国现在开展的许多社会工作服务，其需要的经费已经有了相应的来源。据笔者了解，像广州市的街道家庭综合服务中心（社工站），每年政府购买社会服务的项目经费达到240万元/个，按照目标管理要求基本上够用。社会工作策划者在进行社会工作经济条件策划时，完全可以根据情况进行适当的经济条件策划。当然，经费不足也是我国社会工作中常见的现实情况，策划者不仅要本着节约的原则开展经费预算，同时也应通过策划，向社会募集相应的慈善捐款，以作为社会工作服务的经费补充。

二 编制策划方案

在社会工作策划的核心阶段，经过运筹谋划的创新思维过程，对社会工作的目标、对象、模式、方法、策略、条件等进行自由畅想和理性分析之后，还需要编制出具体的社会工作策划方案。编制社会工作策划方案与进行社会工作运筹谋划是紧密相连的两个步骤。如果说进行社会工作运筹谋划是创造性思维的发散过程的话，那么，编制社会工作策划方案则是运筹谋划基础上的一种集中性创造思维。编制社会工作策划方案，一方面是策划者完成社会工作策划基本任务的必需步骤，另一方面也是使社会工作策划成果能够具体指导社会工作顺利开展的重要一环，因而它在社会工作策划中也是一个非常重要的步骤。编制社会工作策划方案也即编制社会工作方案。这一步骤的工作内容有拟定社会工作方案、优化社会工作方案、论证社会工作方案和确定社会工作方案等。

1. 拟定社会工作方案

社会工作方案是指社会工作策划者为发展社会工作事业、开展社会工作服务、解决诸种社会问题与个人麻烦，在运筹谋划的基础上编制而成的一种有科学程序的并可以具体实施的标准文案。拟定社会工作方案，是编制社会工作方案的第一个步骤。它是将运筹谋划阶段取得的各类创意成果，包括确立的社会工作目标、想出的社会工作点子、选择的社会工作方法、研制的社会工作模式、提出的社会工作策略等，按照本行业通用的社会工作方案的基本构架进行组装，并以书面形式记录下来，形成一个社会工作方案的草拟文本的过程。

拟定社会工作方案，一般应包括如下内容。（1）特定社会问题分析。具体分析特定社会空间或社会群体存在的社会问题或特定个人麻烦。（2）社会工作目标设定。不仅要有目标，而且要形成目标体系。（3）社会工作对象确定。如社会工作对象的类型、具体构成等。（4）社会工作服务活动。如社会工作服务的主题、内容等。（5）社会工作方法采用。包括采用的社会工作方法及其有效性。（6）社会工作模式选择。包括选择的社会工作模式及其适用性。（7）社会工作服务策略。包括组织策略、时机策略、运行策略等。（8）社会工作条件准备。包括人、财、物等条件准备。（9）社会工作辅助措施。

在此需要强调的是，拟定社会工作方案，作为对运筹谋划过程发散性思维成果进行集中性思维加工的过程，还必须注意以下几点：一是社会工作运筹谋划过程中的发散性思维成果具有丰富性和多样性，应依据此种情况拟定出多个社会工作方案，以备择优选用；二是社会工作运筹谋划过程中发散性思维具有跳跃性和粗糙性，在集中性思维加工的过程中，还要进行一定的补充思考和纠偏思考，以便弥补不足，纠正差错，拟定系统完整的社会工作策划方案；三是通过这一环节拟定出的社会工作方案只是一种初步的工作方案，通常不能直接实施，还需要进行优化、论证，并需要社会工作决策者拍板定案。

2. 优化社会工作方案

任何创造性思维活动都具有很大的灵活性，社会工作策划作为一种创造性思维活动，同样具有很大的灵活性。也就是说，社会工作策划者确定不同的社会工作目标、针对不同的社会工作对象、采用不同的社会工作方法、选择不同的社会工作模式、采取不同的社会工作策略、依据不同的社会工作条件，都可拟定出各种不同的社会工作方案。这些草拟的社会工作方案不可能做到尽善尽美，需要不断地优化。所谓优化社会工作方案，实际上就是提高社会工作方案的合理值的过程。优化社会工作方案通常的要点大致有三个，即增强方案的目的性、增强方案的实操性、增强方案的节俭性。具体方法主要有以下几种。

（1）重点优化法

重点就是重要之点。重点优化法就是抓住社会工作方案涉及的关键内容、显著因素、主要矛盾来对社会工作方案进行优化的方法。具体来讲，即在对某一社会工作方案进行优化时，先分析其目的性、实操性、节俭性三因素中影响社会工作方案合理值最大的因素是哪个，哪个因素的影响最大，就以哪个影响因素作为重点优化因素，从而使该社会工作方案得以优化。重点优化法在社会工作方案优化中优势明显。一是简单易行。重点优化法非常简单，只要抓住了重点，如关键内容、显著因素、主要矛盾，就能对社会工作方案展开必要的优化工作。二是基础性强。重点优化法是诸种社会工作方案优化方法中最基本的优化方法，其他社会工作方案优化方法基本上属于重点优化法的变种或发展。

（2）轮变优化法

轮变优化法是指在对某一社会工作方案进行优化时，不刻意把哪一个因素作为重点优化的因素，而是在所有因素中先取某一个因素作为变量，固定其他因素，考察这一变量因素的变化对社会工作方案合理值的影响。然后换一个因素作为变量，将其他的因素固定，做与上述同样的考察，余者以此类推。在每一次的考察中，都以取得社会工作方案的最佳合理值为目标，直至不能使社会工作方案的合理值继续升高为止。轮变法在社会工作方案优化中也具有两个方面的明显优势。一是多方展开。轮变法分别对影响社会工作方案合理值的多个因素进行优化，使优化工作多方面展开。二是全面优化。轮变法对影响社会工作方案的诸种影响因素一一进行优化，因而它是一种全面优化社会工作方案的方法。

(3) 反向增益法

反向增益法是从经济决策方法中移植过来的一种社会工作方案优化方法。反向增益法在经济决策领域的常见例子是，人们通常考虑的是如何大幅降低成本以获得较好的效益，而反向增益法考虑的是适当地小幅度提高成本，以期获得更好的效益。在社会工作方案的优化中，所谓反向增益法，就是在影响某一社会工作方案合理值的因素中，以一个正向因素值较小的增加去求得总体合理值较大的增加的优化方法。反向增益法也有自己的明显特点。一是逆向思维。在创造性思维中，反向增益法所遵循的思维规律是逆向思维规律，也就是与通常的思维反其道而行之，发挥创新效应。二是强调增益，即把社会工作效益的提高作为其重点目标，通过反向增益法来提高社会工作的效益。

(4) 优点综合法

优点综合法是对社会工作策划过程中拟定的多个社会工作方案进行详细比较和深入分析，发现每一个社会工作方案所具优点，进而将多个社会工作方案中的优点综合起来，以形成一个合理值最大的新的社会工作方案，这种社会工作方案优化方法就叫优点综合法。通常来讲，社会工作策划过程中拟定的多个社会工作方案，都会有各自不同的优点和缺点，尤其是由不同的策划者所拟定的多种社会工作方案，更会各有特色。尽管这些初拟的社会工作方案因存在这样或那样的问题而不可能加以实施，但如果将各方案的优点按照一定的规律综合起来，加以优化，则很有可能成为一个合理值最大且能具体实施的新的社会工作方案。优点综合法的特点就是综合，综合乃一种有效的优化方法。

3. 论证社会工作方案

社会工作方案提出后，还要经过重要性和可行性等方面的论证。尤其是对于一些关乎重大领域、重大问题、重要影响的社会工作策划，其社会工作方案提出后，更要扎扎实实地开展社会工作方案论证。没有经过扎实的论证，就将初拟的社会工作方案草草实施，很有可能出现诸多问题，给社会工作发展带来某些麻烦，甚至引发社会的某些微词。例如，在社会工作推进初期，有的地市在规划社会工作专业人才队伍建设的时候，将社会工作专业人才概念泛化，提出了几年内建设一支数以千计甚至数以万计的社会工作人才队伍的发展规划,这虽然很有进取性,但在实践中往往难以实现,其结果显得相当尴尬。这就告诉我们,社会工作方案的论证环节不可或缺,且必须做好三个方面的论证工作。

第一个方面的论证是价值性论证。价值性论证也即价值论证。此处所谓价值并非以货币计算的价值,它泛指一项社会工作方案的功能、作用、效果、益处、意义等,主要用来衡量一项社会工作方案的好坏优劣。对社会工作方案的价值性论证通常包括以下几点:(1)社会工作目标是否具有较强的社会价值;(2)社会工作服务能否有效实现社会工作策划确立的目标,改善社会工作服务对象的生存发展状态,解决现实的社会问题和个人麻烦;(3)在保证最优化实现社会工作目标前提下,能否使付出的社会代价尽可能小或社会成本尽可能低;(4)在实现社会工作目标过程中,能否避免各种副作用的出现或使副作用尽可能小;(5)能否使社会工作目标实现的把握尽可能大,社会、伦理风险尽可能小。

第二个方面的论证是可行性论证。可行性论证是对某一社会工作方案的限制性因素和条件性因素进行分析论证的过程。它是在价值性论证之后最重要的论证程序。其分析论证内容主要包括两点。(1)此方案在何种条件下可以实施,在哪些条件下不可以实施;实施此方案应具备何种条件或创造何种条件,如精神康复工作中的野外活动条件就非常严格。(2)此方案的实施存在何种限制性因素的障碍,这种障碍能否得以克服,以什么方法来克服等。可行性论证必须具体,使每一个环节、每一个步骤、每一个方面都可行。一个从理论上看来颇有价值的社会工作方案,如果没有可行性,在实践中行不通,那么,这个社会工作方案同样没有任何实际意义,也等于它并不具备较强的社会价值。

第三个方面的论证是应变性论证。应变性论证也即应变论证,具体而言就是对社会工作方案实施过程中诸影响因素变化情况的适应性进行论证。社会工作方案在实施过程中难免遇到某些影响因素的变化,这时往往需要随机应变。应变性论证的具体内容如下。(1)对社会工作方案实施过程中可能面临的潜在问题和策划方案的应变能力进行分析。(2)提出预防变故出现和有效应对变故的办法。(3)在确保主要的社会工作方案具有较强应变能力的情况下,还要确保有某些备用的社会工作方案作为应变方案，使社会工作目标在复杂多变的未来情况下也能顺利实现。（4）如果社会工作方案实施过程中某些因素发生很大变化、形成很大风险，已不适于社会工作方案的继续实施，那么，就应实行社会工作的其他应变策略（如中止或终止等策略），并尽力做好相应善后工作。

4. 编定社会工作方案

编定社会工作方案就是编定社会工作策划文案。社会工作策划文案通称为社会工作策划书。一份社会工作策划书实际上就是一项社会工作策划方案的文字载体，是社会工作策划方案的系统化、体例化的文字表述。它不仅能使策划者的策划成果通过策划书有效地记录与表现出来，而且能使策划方案的实施者易于理解、易于接受、便于实施。日本策划专家高桥宪行指出："策划书是大地图，它引导你在茫茫大海上航行时找到正确的航向。"[1] 在社会工作策划中，编写社会工作方案，或编写社会工作"策划文案"，或编写社会工作"策划书"，乃是整个社会工作策划过程中一个必不可少的环节，很值得社会工作者高度重视。

编定社会工作方案，首先应懂得社会工作方案的内容构架。社会工作方案的内容构架，其基本内容可以概括为"5W1H"：What（什么）——指社会工作的目标、价值、主题、类型等；Who（谁）——指进行这项社会工作策划的委托者、策划主持人和具体实施人员；Where（何处）——指社会工作策划场所和社会工作服务的实施场所；When（何时）——指社会工作策划时间及社会工作服务实施的时机和时间程序；Why（为何）——指开展此项社会工作策划的原因、理论假设、社会需要、实践依据；How（怎样）——指开展此项社会工作服务的方法系统、实施模式，此项社会工作服务开展的基本条件、运作过程和主要措施，社会工作服务的过程检测措施与绩效评估方法等。这六个方面的内容即构成一项社会工作方案（策划文案或策划书）的基本内容。

编定社会工作方案，其次应懂得社会工作方案的形式构架。社会工作方案的形式构架也就是社会工作方案的组装格式。社会工作方案没有固定不变的格式，只有常用的格式。一份社会工作方案通常包括以下一些具有

---

[1] 谢俊贵主编《商务公关策划》，长沙：中南工业大学出版社，1996，第58页。

一般秩序的事项。（1）封面。主要标明项目名称、策划委托者、策划人或策划机构名称，策划完成的日期、策划地点、策划文案编号等。（2）内容提要。又称内容简介，是对社会工作方案主要内容的简要说明或介绍。（3）目录。对于篇幅较大的社会工作策划文案，最好编写一个目录，以便于阅读者翻阅查检。（4）前言。前言也称为引言，是置于社会工作方案主体内容之前的，用以概括反映策划缘起、宗旨、背景、必要和意义的一段文字。（5）主体内容。它是社会工作方案最主要也是最重要的组成部分，是前面拟定社会工作方案所确立的具体内容的正式详细表述。（6）附录。附录是附于社会工作方案正文之后与正文密切相关的各种重要文书的总称，包括分节策划文案、补充材料、调研成果、专家意见等。

编定社会工作方案，再次应懂得社会工作方案的表述要求。社会工作方案的表述也没有固定的规则，一般要求做到以下几点。（1）要采用好的表述体例。一个好的表述体例就是能使社会工作方案做到思路清楚、逻辑性强、便于展开、表达顺畅的体例。人们的习惯是取法剧本的写作方法，即先反映当前的状态，然后对中心构想进行描述，再说明展开构想的内容，最后说明解决问题的各种具体构想。（2）要设法做到简单明了。社会工作方案不必像论著那样详加描述和论证，也不必像文学作品那样讲究辞藻的华丽和文笔的优美，只需用简洁明了的语句将内容表述出来，以使人一目了然、易于掌握即可。（3）要有效增强视觉效应。即将有关的内容通过某些视觉化的方法生动形象地表达出来，让人们看到具体的有形形象，如流程图、布局图、统计图、要素表、预算表、日程表等，都能形象直观地反映社会工作方案中的某些重要内容，值得采纳。

编定社会工作方案，最后应懂得社会工作方案的责任确认。编定社会工作方案的过程实际上与社会工作的决策制度紧密相联。通常在决策制度中，往往会对社会工作决策过程诸责任做出明确的规定。在通常情况下，社会工作机构都应有明文规定的社会工作决策制度，以规范社会工作决策行为。尤其是当遇到一些事关重大问题、属于重点工作的社会工作方案的编定时，社会工作方案最后仍须经由社会工作决策过程的"拍板定案"后才能最终确定。为了保证方案的严肃性，参与这一社会工作方案拟定工作、论证工作、督导工作、审核工作的有关责任人员都必须在这一定稿上签字，以示承担策划、咨询、督导、审核等责任。同时，参与这一社会工作方案"拍板定案"的社工机构的决策者，包括业务主管、项目主任、总干事等，也应当在这一定稿上签字，以示承担管理、决策和领导责任。

第三节 社会工作策划的后续阶段

社会工作策划的后续阶段是指社会工作策划的核心阶段完成以后，策划者在社会工作方案的实施中还需要继续推进的工作程序。这一阶段的工作可分为两个步骤：一是对所策划的社会工作方案的实施开展培训督导；二是对所策划的社会工作方案的实施进行效果检测。狭义的社会工作策划过程只到拿出社会工作方案为止，广义的社会工作策划过程则必须延伸到这一阶段。将社会工作策划过程延伸到这一阶段，不仅有利于社会工作方案正确、顺利和有效地实施，而且有利于策划者进行社会工作策划的反馈控制，检测本策划项目的策划水平和策划效果，从而进一步端正策划态度，提高策划水平，增进策划效益。

一 加强培训督导

培训督导是指策划者在其所策划的社会工作方案的实施中需要进行的有利于社会工作方案顺利实施的全部督导工作。这种培训督导工作大致包括两项：一是培训指导，二是临场督导。在社会工作方案的具体实施中，这两项工作都是必要的。这是因为，第一，需要通过专门策划而开展的社会工作通常不是一般的常规性活动，它往往具有复杂性、创新性等特点，况且其行动方案也是由策划者所编制的，因此，在方案实施之前，策划者很有必要对实施者进行一定的培训指导，以使实施者能更好地理解方案、执行方案；第二，社会工作方案的实施牵涉范围广，影响因素多，是一项复杂的服务工作，事实上很难通过"照图施工"而获得预期效果，为了确保方案的顺利实施并取得良好成效，策划者还有必要对实施者进行临场督导，以排除障碍、应对变故、实行即时的调控。

1. 开展培训指导

尽管社会工作策划通常都会强调策划者与实施者的有机结合，但在实际工作中，策划者与实施者总是存在一定区隔的。在不少的社会工作策划中，并非每一个社会工作方案的实施者都能参与其中，即使有的实施者能够参与其中，也非自始至终参与整个策划过程。因此，在社会工作方案实施之前，社会工作方案的策划者很有必要对社会工作的实施者开展一定的培训指导，以帮助社会工作方案的实施者熟悉社会工作策划方案，更好地开展社会工作服务工作。

社会工作方案实施之前的培训指导，目的是使社会工作方案的实施者正确领会社会工作方案的精神实质，懂得社会工作服务的基本类型与基本内容，熟练地掌握社会工作服务的运作程序、操作方法和应变技巧，以求得社会工作服务的顺利开展。培训指导的主要内容在于：一是社会工作方案本身的总体培训指导。要让社会工作方案的实施者懂得该项社会工作策划的策划意图、策划目标、策划主题、策划重点，社会工作服务的服务对象、服务方法、服务模式，推出本项社会工作服务所需要的条件，对实施者的具体要求等。二是社会工作方案实施方法与技巧的培训指导。三是社会工作方案实施行为规则的培训指导。

社会工作方案实施之前的培训指导可根据培训对象分为四种类型。一是社会工作骨干的培训指导。从将要参与社会工作方案实施过程的社会工作者中抽选骨干成员进行培训，这些成员进行培训后，再由其对其他参与者进行培训指导。二是全员参与方案实施者的培训指导，即对将要参与社会工作方案实施的全体人员进行的培训和指导。这种培训指导可采取授课与相互指导结合的办法，让大家能多多交流、互相切磋，以提高培训效益。三是社会工作机构全体员工的培训指导。这种培训指导主要适用于各种社会工作大型服务项目的实施之前，培训对象不仅包括社会工作专业人员，而且包括社会工作机构的行政人员。四是志愿者的培训指导，即对参与社会工作方案实施的志愿者开展培训指导。

社会工作方案实施之前的培训指导，其方法也有多种。一是讲授法。由社会工作方案的策划者，尤其是主要策划人，就社会工作方案及其策划的思路向培训对象进行讲解，给予培训对象统一的培训和指导，解决社会工作方案实施中的大思路、大目标、大手法等方面的问题。二是讨论法。通过分组来对社会工作方案所涉及的问题进行研讨，以增进培训对象对社会工作方案的了解和理解。三是分享法。选择参与培训的若干培训对象,在小组会议甚至在全体会议上分享其接受培训指导后的心得体会。四是演示法。利用实景法或影视法,对社会工作方案实施中将要采用的有关社会工作方法、社会工作模式、社会工作策略等进行演示,以利增强培训对象的直观感受,提高培训效益。

2. 开展临场督导

有了确定的社会工作方案,并接受了策划者有针对性的培训,社会工作方案的实施者乍看起来就可以"照图施工"了。但是,社会工作具有社会性,不像建筑施工那样,运作起来麻烦较多。进一步说,即使是建筑工程方案的实施者也不可能完全做到"照图施工",而需要设计者进行临场指导。更何况是社会工作方案的实施,则更加无法完全做到"照图施工"而无须策划者过问。实际上,在社会工作方案的实施中,社会工作策划者不管是否直接参与社会工作方案的实施,都少不了要开展社会工作方案实施过程的临场督导工作。

虽然社会工作方案实施中的临场督导内容相当丰富,不过,我国建有社会工作督导制度,很多的督导工作是由社会工作督导去承担的。社会工作策划者在社会工作方案实施中的督导责任,与专任社会工作督导是有所不同的。专任社会工作督导的督导责任无所不及,而社会工作策划者的临场督导任务主要有三项:一是指导实施者把握社会工作方案实施中的重点;二是指导实施者排除社会工作方案实施中的障碍;三是指导实施者应对社会工作方案实施中的变故。关于把握重点的任务容易理解,在此谈谈后面两项督导任务。

社会工作方案在实施过程中,由于是从思维过程过渡到操作过程,因而其中存在一定的障碍是完全可能的。这些障碍主要分为以下几个方面。(1)方案本身的障碍。方案抽象、模糊,有的内容不易理解,难以具体执行。(2)方案实施者的障碍。方案实施者水平偏低,理解方案不透彻;或实施者自行其是,不按方案要求执行。(3)方案实施的组织障碍。社会工作机构不重视,机构内部有关部门或成员不配合、不协作。(4)方案实施的沟通障碍。方案实施过程中各方沟通不畅,造成误解。社会工作策划者就是要指导实施者排除如此的障碍。

社会工作方案在实施中也可能遇到某些变故。这里所谓变故，也就是对社会工作方案的实施产生严重干扰的影响因素的突然变化，一般包括两类。一是人为的变故，如服务对象的投诉，不利舆论的冲击，实施者心理恐惧的突发等；二是不以人们意志为转移的自然变故，如举办室外活动时大雨来临，举办室内活动时大楼坍塌，都属于这类自然变故。对于各类变故，社会工作策划者不能置身事外。在发生变故的情况下，策划者必须出场，指导实施者应对各种紧张局面和突变局面，包括实施者本身的突发问题，保证社会工作方案的实施。

二　做好效果检测

社会工作策划者在其所策划的社会工作方案得到实施之后，还应进行策划效果检测。所谓策划检测效果，是指策划者在其所策划的某一社会工作方案得以实施后，对该项策划所取得的效果进行检查、测定和评估的过程。强调社会工作策划的效果检测，并将其作为社会工作策划的一个重要步骤加以看待，一是有利于严格规范策划者的策划行为，使策划者具有较强的责任心和使命感；二是有利于策划者总结经验、吸取教训，为日后的社会工作策划提供改进依据；三是有利于实现社会工作策划的反馈控制，以及加强社会工作策划的科学管理。

1. 策划效果检测的内容

社会工作策划的效果检测与策划者所策划的社会工作方案的实施效果息息相关，但又有它的某些特殊之处。说它有特殊之处，主要是因为社会工作策划在一般社会工作方案的基础上，增加了运筹、谋划、设计的社会工作策划过程，这就使社会工作方案的实施效果中实际上包含了社会工作策划带来的实施效果。通过对这种经过策划的社会工作方案实施效果的检测，可以实现对社会工作策划的效果检测。社会工作策划效果检测的内容非常丰富，主要有以下几点。

第一，社会工作目标实现情况。这方面的效果检测，就是以社会工作策划所依据或所确立的社会工作目标作为具体标尺，通过搜集有关的反馈信息和调查资料，来客观、详细地分析。关键内容是，社会工作策划者所策划的社会工作方案经过有效实施，具体解决了社会群体或社会成员哪些方面的社会问题和个人麻烦，实现了哪些社会工作目标以及实现程度如何。社会工作目标实现情况的效果检测，不仅是社会工作绩效评估的重要方面，也是社会工作策划效果检测的重要一环，成为社会工作策划效果检测不可或缺的一项基本内容。

第二，社会工作状态改善情况。社会工作状态主要是指一个社会工作机构的社会工作能力、水平与质量。一个社会工作机构的社会工作水平与质量，往往与这一社会工作机构的策划能力、策划水平和策划质量有密切关系。这方面的效果检测，是指在掌握社会工作机构原有社会工作状态的基础上，具体运用调查研究方法，搜集有关社会工作机构引入社会工作策划后社会工作状态变化的各种资料，对现有的社会工作状态进行测度，并将结果与原有社会工作状态进行比较，看哪些方面得到了有效改善，整体状态是否得到了明显好转。

第三，社会工作投入产出情况。社会工作策划的目标之一，就是通过策划行为使社会工作服务在投入一定的情况下取得较好的社会工作绩效。如果通过社会工作策划使社会工作服务取得了好的社会工作绩效，而投入并未增加，甚至有所减少，那么，这种社会工作策划显然是成功的；如果投入稍微增加，而社会工作绩效也显著提高，那么，这种策划也是成功的；如果投入大量增加，而社会工作服务的成效不甚明显，或投入虽未增加，而绩效也未能增加，这样的策划当然就不算成功。这方面的效果检测，就是要进行这种投入产出分析。

第四，社会工作创新经验总结。社会工作策划在很大程度上是一种社会工作创新行动。开展社会工作策划，目的就是进行社会工作创新。社会工作创新具有多个方面的内容，包括思维创新、内容创新、方法创新、模式创新、策略创新、措施创新等。毫无疑义，社会工作策划的效果检测，甚至社会工作的绩效评估，都应该将社会工作创新经验纳入其中，进行必要的检测或考评。具体做法是，要求社会工作策划者在社会工作方案实施后，提供相应的创新经验总结材料，并具体说明有关的创新对提高社会工作的绩效起到了何种关键作用。

2. 策划效果检测的方法

从总体上来讲，社会工作策划的效果检测只是社会工作策划过程的一个阶段，但它本身也是一个过程。这个过程可以分为三个基本环节：一是重温社会工作目标，掌握效果检测的基本依据；二是搜集各种反映社会工作策划效果的信息资料，并对其进行全面分析；三是社会工作方案实施的实际效果和社会工作策划的实际效果。从某种意义上说，社会工作策划效果的检测，也是检测社会工作策划水平和质量的一类方法。掌握和运用好这类效果检测方法，才能促进社会工作策划水平与策划质量的提升。社会工作策划效果检测的方法有以下几种。

一是直接观察法。直接观察法即通过直接观察社会工作方案的实施情况来检测社会工作策划的效果。直接观察社会工作方案的实施情况，可以从以下几方面具体进行：首先，观察社会工作方案的实施是否顺利、是否到位、是否有效；其次，观察社会工作方案实施者在社会工作服务中是否遇到策划方案未及的问题和麻烦；再次，观察社会工作服务与社会工作对象之间的匹配情况；最后，观察社会工作方案实施后，社会工作实施者、社会工作服务对象的各种行为与态度反应。通过这些方面的观察，可对社会工作策划效果进行初步判断。

二是访谈调查法。访谈调查法即派员到社会工作方案的实施现场或到社会工作服务主体与服务对象的所处场景中开展访问、座谈，搜集包括社会工作人员、社会工作对象、社区管理人员等的各种意见和看法；或者设计一个访问问卷或测量量表，调查社会工作人员、社会工作对象、社区管理干部等的意见和建议。通过这种访谈调查，将访谈调查对象的各种意见与看法加以汇总和分析，从而测定社会工作策划的效果。访谈调查是社会工作策划效果检测的重要方法之一，借由访谈调查法，可对社会工作策划进行详细具体的检测与评估。

三是专家评议法。专家评议法即请有关社会工作专家、策划专家和社会工作管理部门的领导等组成专门的评议组，对社会工作策划的效果进行评议。专家评议法有会议评议法和通讯评议法等多种形式。其中，通讯评议法中还有一种背靠背的专家评议法，也称德尔菲法，是由美国兰德公司发明的一种专家评估技术，很值得重视。① 无论采用何种专家评议方式，专家评议法都有其特殊效果。它不仅可以用来评估社会工作策划的实施效果，同时还可以对社会工作策划的业务进行专业性评价，从而实现对社会工作策划的技术检讨与测评。

---

① "德尔菲法"是一种背靠背的专家意见征询法。这是由美国兰德公司的数学家赫尔默和他的同事多尔基研发出来的一种调查分析专家意见的有效方法。这种方法大致是，通过简单扼要的专家意见征询表，就有关问题征求一组专家的意见，并在征询专家意见的过程中，采取一种背靠背的方法加以有效控制，以尽可能地获得专家们可靠的意见。参见秦麟征《预测科学》，贵阳：贵州人民出版社，1985，第190页。

第四章

社会工作策划创意方法

"创意"是当今社会中一个相当流行的词语,甚至是人类社会即将浮现的一种新的社会形态——"创意社会"的核心概念。① 创意是社会工作策划在思维方法层面的集中反映和本质体现。社会工作策划从总体上来说有两个层面,一是工作方法,二是思维方法,二者相互影响、相互融合、相互交织,共同体现社会工作策划的科学性、艺术性、创新性和实战性。在社会工作策划中,工作方法是社会工作策划一般程序的科学性与实战性的运作过程;而思维方法则贯穿于社会工作策划的全过程之中,集中体现为社会工作策划的艺术性和创新性。有关社会工作策划在工作方法层面的科学程序已在上一章展开详细讨论,本章则重点讨论社会工作策划在思维方法层面的内容,社会工作策划创意方法。

第一节 社会工作策划的创意理路

思维哲学告诉我们,创意就是创新,它是对传统的叛逆,是打破常规的哲学,是破旧立新式的"创造与毁灭"的循环,是思维碰撞和智慧对接,是具有新颖性和创造性的想法,不同于寻常的解决方法。社会工作策

---

① 笔者认为,人类目前所处的社会是"信息社会",信息社会之后的社会不能笼统地称为"后信息社会",而是"创意社会",智力资源的开发和利用是"创意社会"的基本特征。有关这一论题,请参见谢俊贵《信息社会之变:大数据催生创意社会》,《广东社会科学》2016年第5期。

划是一种创造性思维活动,它与创意有着密不可分的关系。通常的情况是,社会工作策划把创意作为自身的内在质素,并遵循着创意理路来开展自己的所有工作,以保证社会工作策划的创造性和先进性。

一 社会工作策划的创意活动

创意有名词和动词两种词性的区分。作名词讲,创意是创造意识或创新意识的简称;作动词讲,创意也即创意活动或创新活动,是"创造新的意义"的意思。具体来讲,就是人们在人类社会实践活动中,采用新颖、独特的方式去解决面临的各种问题。创意也是人类高级思维——创造思维或创新思维的具体形式,它可以用在人类社会实践活动的一切领域,尤其是人类社会实践活动的策划领域。在社会工作策划中,创意具有极为重要的作用,人们讲"社会工作一定要有创意",且提出一个名为"社会工作创意"的术语,这正反映出创意在社会工作策划中的重要价值和重要意义。社会工作策划与人的创意活动密不可分,创意活动占据了整个策划工作的高端位置。有关社会工作策划与创意活动的关系,大致可从以下几方面加以认识。

1. 创意活动当成为社会工作策划的焦点所在

在社会工作策划活动中,尽管策划者要开展各方面的工作,如社会调查研究、社会问题分析、社会目标建构、社会服务设想、策划文案撰述等,然而创意活动始终是社会工作策划的焦点所在。没有创意活动就没有策划活动,没有创意的社会工作策划不能称为社会工作策划。创意活动既是社会工作策划的基点,也是社会工作策划的核心。举例来说,要帮助一个贫困社区解决贫困问题,过去的做法是向贫困社区"输血",现在的做法是帮助贫困地区"造血"。从"输血"转向"造血",就是此类社会工作策划的基点创意。有了这个基点创意还不够,关键还要以此为"焦点",设法围绕这一基点创意开展更多具体创意活动,也即还得拿出"造血"的各种有效办法,如通过链接资源,帮助贫困地区发展经济,帮助贫困地区发展教育,帮助贫困地区疏通产品的销售渠道,等等。总之,社会工作策划者应充分认识到,创意活动乃社会工作策划的焦点和核心。

2. 创意活动贯穿于社会工作策划的整个过程

创意活动作为社会工作策划的焦点和核心，狭义的理解是将其与社会工作策划的核心阶段对应起来。这种理解不是没有道理的，而是失之偏颇的。事实上，从广义的角度来认识，创意活动作为社会工作策划的焦点和核心，往往犹如"一根红线"，贯穿社会工作策划过程的始终。社会工作策划可以分为三大阶段和六个步骤，创意活动事实上贯穿于整个"三·六程序"之中。具体来讲，除了社会工作策划的核心阶段外，社会工作策划的其他阶段也必须有创意。在社会工作策划的先遣阶段，发现社会问题和搜集基础信息必须有创意，没有创意就难以发现社会问题，没有创意也难以搜集策划的基础信息。比方说，在一个传统社区中，一些家庭或其成员通常很顾面子，家里出现的某些"问题"，往往被视为"不足与外人道"的事，使人们很难发现。这时就需要开展发现社会问题的创意活动，拿出富有创意的办法来有效发现社会问题、搜集基础信息。同样，在策划方案执行过程的督导和评估环节，也需要开展创意活动，以采用最佳办法。

3. 创意活动渗透到社会工作策划的所有层面

创意活动不仅贯穿于社会工作策划的整个过程，而且渗透到社会工作策划的所有层面。无论是战略性的社会工作策划，还是战役性的社会工作策划，抑或战术性的社会工作策划，都离不开创意活动的介入与支撑。在战略性社会工作策划中，没有创意活动的介入和支撑，战略性社会工作策划就会失去"战略"的含义；有了创意活动的介入和支撑，战略性社会工作策划才会真正成为社会工作事业发展的战略方案，从而得到政府部门的高度重视。举例来说，在广州市推进社会工作及其人才队伍建设方案的策划中，正是由于将社工队伍建设与社工实务推进结合起来、将社区社会服务与社会工作服务结合起来的非凡创意，才有了广州市委市政府对这一方案的青睐，才有了广州市"街道家庭综合服务中心"这一平台的建设。在战役性社会工作策划和战术性社会工作策划中，同样离不开有关的创意活动，哪怕是一次社区活动、一个小组活动、一项个案工作，都得有创意活动的介入和支撑，否则，策划出来的社会工作服务就会平淡无奇。

4. 创意活动推动着社会工作策划的发展进步

人类依靠创意活动推动经济发展和社会进步。瓦特改良蒸汽机，推动人类从农业社会走向工业社会；贝尔发明电话，推动社会联系与社会沟通进一步发展。在社会工作中，创意活动也推动着社会工作策划与社会工作服务不断发展。举例来说，在社会工作领域，一些专家学者通过创意活动建构了社会工作的先进理念和工作模式，一些实务工作者策划了社会工作的成功案例，这些都使社会工作策划和社会工作服务取得了长足的发展。总体来讲，如果没有社会工作专家和社会工作实务工作者的各种创意活动，社会工作策划就无从讲起，即使有社会工作策划之名，也体现不出社会工作策划的本质，社会工作服务也就没有任何的创造性可言，顶多只能是一些按部就班的社会行动。有了创意活动，社会工作策划就有了实在的存在价值和现实意义，它使社会工作策划不断得到发展，从而不断推动社会工作事业和社会工作服务的不断进步。

二 社会工作策划的创意原理

所谓创意原理，就是人们在社会实践活动中总结出来的各种创意、创造、创新活动最初的机理，有人也趣称为"激理"，也就是激发人们创意、创造、创新意识或活动的道理。社会工作策划需要创意，社会工作策划遵循或服从人类在社会实践中总结出来的各种创意原理。不仅如此，社会工作策划者通常还根据自身实践的要求，从人类社会实践中总结出来的多种创意原理中，将有关创意原理提炼、改造成自身适用的创意原理。这种创意原理，事实上就转化成了社会工作策划的创意原理。社会工作策划的创意原理名目繁多，主要有以下几种。

1. *希望原理*

希望是引发创新思维、促进创意活动的火种和水源，它常常能引起人的潜能的显露甚至爆发。没有任何希望会导致人无法产生创新思维、开展创意活动，甚至连学习的积极性都会失去。在社会工作策划中，希望原理作为一种创意原理，其基本意思是，希望激发社会工作创新思维，希望成就社会工作创意活动，希望促使社会工作创意迭出。事实上正是如此。当我们希望社会工作的功能得以充分发挥，社会工作的效益全面提高的时候，我们才会积极地调动我们的潜能，发挥我们的社会学与社会工作"想象力",循着创新之路,拿出最有创意的办法,帮助最需要的人们,提供最恰当、最先进、最有效的社会工作服务。当然,运用希望原理开展社会工作创意活动有一个重要的基础,这就是我们对社会工作功能的正确认识。要知道,如果我们的希望超出了社会工作的功能所及,希望便会变成奢望,而由奢望所驱使的创意,在任何情况下显然都是不切实际的。

2. 责任原理

责任是一种担当。在社会工作领域,所谓责任,也即通常所说的社会责任,是一种地地道道的社会担当。一个社会工作者如果富有强烈的社会责任感,这种社会责任感就能激发他关心和思考社会问题,激发他想方设法从而创造性地解决社会问题,激发他想出各种解决社会问题的新颖别致的点子,形成各种务实求新的创意。这就是所谓创意的责任原理。在社会工作策划中,责任原理是一个十分重要的原理。没有社会责任感,没有社会担当精神,就很难达到广泛深入地关注现实社会的问题,就很难做到想方设法去谋求解决社会问题的方略。因此,无论国内还是国外,都总是将社会工作专业人才社会责任意识的培养,作为社会工作专业人才培养的重要内容甚至首要内容。在实际工作中我们也可以看到,某些好的社会工作策划创意,其实是社会工作者在强烈的社会责任感的感召下想出来的好点子、好主意,从而最终成为社会工作的好创意。

3. 激励原理

激励是激发和鼓励人们朝着所期望的目标采取行动的过程。管理社会学认为,人们往往追求工作富有成就感和挑战性、工作成绩得到认可、在职业上能得到发展等。这类因素的改善,能够激励人们的工作热情和创造智慧,从而提高工作效率。这类因素若得不到好的处理,也能引起人们的不满,降低人们的工作积极性和创造性。策划学进一步认为,激励是诱发创新思维、促进创意活动的重要动力,它能使人求新、求奇、求异,从而有助于创意活动的闪念、灵感、直觉和超感觉的出现。在社会工作策划中,策划行为同样受到激励原理的支配。作为社会工作策划者,同样需要激励。激励从取向上看有正面激励和负面激励;从来源上讲有自我激励、组织激励、社会激励。自我激励实质是自我期望;组织激励和社会激励则主要是一种评价、反响和奖惩。社会人士、社会组织资助举办的大赛奖项,如青年社工自治项目创意大赛等,① 就属于社会激励。

4. 互动原理

互动是指人与人之间的相互联系、相互沟通。在社会领域,没有互动,就没有沟通。没有互动、没有沟通的社会工作策划只能是特立独行的策划。而特立独行的策划,虽然不能说就不会出创意,但由于个人经验和知识的局限,这种创意活动往往存在局限。互动原理告诉我们,互动可以增进人们之间的沟通,促进人们之间的知识和信息交流,甚至推进人们之间的相互学习、相互比较、相互竞赛,从而产生更好的社会工作创意。从某种意义上来说,互动是保证多人参与策划、激发群体创意的有效方式。根据互动原理,人们大致可以从两个方面开展社会工作策划的创意活动:一是与社会工作服务对象进行互动,实现与服务对象的沟通,从而产生好的社会工作创意;二是与其他社会工作策划者开展互动,甚至与其他行业的策划者开展互动,实现多位策划者智慧的相互激荡,从而形成集体智慧,保障社会工作策划更有新意、更有水平。

5. 比较原理

互动蕴含比较,然而比较却是社会工作创意的一种相对独立的原理。创造学认为,比较是产生创新思维的基本方法,通过对应、类比、并列,都可以产生新的想法,或形成新的创意。比较作为社会工作策划的创意原理,其基本的含义是,社会工作者经由对国内外社会工作的历时性和共时性的比较考察、学习和借鉴,通过开展比较性的研讨,往往能够激发出一种"人家能做的事,我比人家更能做;人家能做好的事,我比人家做得更好"的创意冲动,从而诱发创新思维,拿出新的创意。在社会工作策划中,比较原理的应用涉及多个方面,如与自己以前做出的社会工作创意比较,可以拿出比以前更有新意的社会工作方案;与本机构的同事比较,可以促进自己形成更强的创新意识和创新热情;与同一地区的机构比较,可以激发本机构产生一种具有竞争意义的创新冲动;与国内外成功的社会工作案例比较,可以拿出比这些成功案例更有创新价值的策划成果。

---

① 陈诗松:《青年社工创意大 PK 自治项目助社区治理》,《青年报》2016 年 5 月 24 日,第 B3 版。

6. 风险原理

德国社会学家乌尔里希·贝克在《风险社会》一书中认为："风险可以被界定为系统地处理现代化自身引致的危险和不安全感的方式。"贝克所言风险，明显指的是现代化的风险。[1] 如果我们在社会学范围内对这一界定加以扩展，那么，便可以将风险界定为系统处理社会事务自身引致的危险和不安全感。风险也是创意的一种原理。风险作为创意的一种原理，很大程度上是因为，风险虽负功能较强而令人生畏，但它也可以是一种创意的激励因素，一种激发人的创意的负激励因素。在社会工作策划中，社会工作创意的风险原理有两层含义：一是当今社会是风险社会，社会风险的存在促使社会工作者进行社会工作创意，使其通过创意拿出应对社会风险的高明之法；二是社会工作者对某些社会事务进行系统处理，但这种系统处理自身可能引致某些危险或不安全感，这就要求社会工作者在开展社会工作之前便拿出应对社会工作风险的高明之法。

三 社会工作策划的创意原则

1. 科学性原则

科学性原则是人们从事社会工作策划中创意活动的一条基本原则。科学性原则的基本意思是，人们从事社会工作的创意活动，必须符合科学规律，不能异想天开。科学性原则的具体要求有以下几点。第一，坚持科学的态度。坚持科学的态度基本的要务是遵循客观规律。任何社会实践活动都必须遵循客观规律。毫无疑问，社会工作策划中的各种创意活动同样必须遵循客观规律。只有遵循了客观规律，才算是坚持了科学的态度。第二，尊重科学的理论。理论是实践的指南，科学的实践不能没有科学的理论指导。社会工作策划中的各种创意活动也必须尊重科学的理论。在这里，科学理论至少包括社会学与社会工作理论、创造学与创意活动理论等。第三，采用科学的方法。毛泽东曾指出："我们不仅要提出任务，而且要解决完成任务的方法问题。"[2] 社会工作策划的创意活动，也需要解决

---

[1] 乌尔里希·贝克：《风险社会》，何博闻译，南京：译林出版社，2003，第19页。
[2] 《毛泽东选集》（第1卷），北京：人民出版社，1991，第139页。

开展创意活动的方法问题，这些方法即科学的方法。

2. 可行性原则

可行性原则是社会工作策划的一条重要原则，意思是社会工作策划所拿出的社会工作方案必须可行。这里的"可行"包括四层意思。一是就社会工作主体而言应该是可行的。社会工作主体有不同的类型、位阶、资源和能力，这就需要社会工作策划者根据社会工作主体的不同类型、不同位阶、不同资源、不同能力来进行社会工作创意。二是就社会工作对象来说应该是可行的。社会工作对象并非千篇一律的人群，他们各自有不同的情况和不同的需要，这就要求社会工作策划者根据社会工作不同目标对象的情况以及他们的需要来进行社会工作创意。三是就社会工作方法来讲应该是可行的。社会工作有其特定的专业方法，这些专业方法有其特定的适用范围，社会工作策划者应在其可行范围内加以采用。四是就社会工作环境来看应该是可行的。社会工作环境对社会工作具有影响和制约作用，社会工作策划者同样要依据社会工作环境来提出适当的创意。

3. 经济性原则

经济性原则就是节约原则，即所谓"厉行节约、反对铺张浪费"。尽管我们一直主张国家应加大对社会工作服务的投入，但加大投入并不等于可以铺张浪费。社会工作的经费来源集中于两个方面：一是政府拨款，属于纳税人的钱；二是社会善款，属于民间的资助。这两种经费的使用都容不得半点马虎。在社会工作策划中，社会工作创意的经济性原则有如下要求。第一，要有社会工作服务的投入产出意识，讲究社会工作服务的效益。社会工作服务的经济性在很大程度上是受到社会工作创意支配的。社会工作创意如何，是否考虑到经费投入的问题，是否有利于以较少的投入获得较大的效益，实际上对整个社会工作的经济性有着很大的影响。第二，要在资源限制条件下发挥创意才能，展现社会工作创意作用。也就是说，社会工作策划者要以实际获得的资源为导向，通过拿出最佳的社会工作创意，让有效的资源充分发挥作用，取得最好的社会工作效益。

4. 特色性原则

当代社会特别讲究特色。特色性原则有时也称为独到性原则，就是在社会工作策划中，要拿出独到的、有特色的社会工作创意，从而形成能更好地解决社会问题的社会工作方案的原则。在社会工作策划中，强调社会工作创意的特色性原则，不仅具有理论依据，而且具有现实依据。从理论依据来讲，真正有特色的思想才能称为创意。从现实依据来讲，据笔者在广州社会工作考察中了解的情况，由于我国社会工作推进较晚，许多社会工作机构的专业人员多是刚出校门的社会工作专业毕业生，没有多少社会工作服务和策划的经验，因而在社会工作策划中基本上是靠模仿甚至照搬其他社会工作策划者的策划方案来完成任务的。"模仿"似乎变成了社会工作策划最常用的方式，这种策划基本上没有特色可言。这种情况，显然不能适应我国政府与社会对社会工作服务的要求。为此，必须高度重视社会工作策划创意的特色性原则，以不断提高社会工作者的策划能力与创意水平。

四 社会工作策划的创意思维

创意思维是思维活动的高级过程，是在个人已有经验的基础上，发现问题、创新方法、解决问题的思维过程。创意思维也是人类思维的一种特殊形式，它是理论思维、直观思维、抽象思维、灵感思维、侧向思维、逆向思维、多向思维的有效综合。在社会工作策划中，创意思维既是最重要的思维过程，也是最重要的思维形式。创意思维几乎存在于所有思维方式中，各种思维方式都含有创造的成分，或者本身就是一种创意思维方式。

1. 形象思维与抽象思维

形象思维是对现实生活中的各种现象加以选择、分析、综合，然后进行艺术塑造的思维方式。形象思维高度重视直观性，强调外界事物的信息直接进入人的大脑中并在其中进行艺术塑造。形象思维具有生动性、具体性和直接性特点，是开发人们创意思维的基础。反过来看，人们也可以根据相应的知识和经验，利用形象思维，将有关的知识内容转化为人们可以直接观察的形式，从而能够让更多的人具体地获得某种知识或信息。社会工作的服务对象相对特殊，据了解，很多目标群体受教育程度低，对理论说辞并不关心，或者根本就不能理解。在这种情况下，社会工作策划者很有必要运用形象思维来开展社会工作创意，拿出目标群体能闻能见、喜闻乐见甚至可以亲身体验的相应活动的创意，目的在于保证更多的基层民众能通过社会工作服务更好地接受某种知识或信息。

抽象思维是理论思维、逻辑思维、数理思维等的综合，它重在洞察事物的本质和联系，揭示事物发展过程的内在规律。在创造思维领域，抽象思维具有明显的创造性特征，并有助于保证创造活动的科学性和严密性。这种思维形式在人类社会实践中应用较多，它对于创新理论、创新知识具有重要作用。在社会工作策划的创意思维中，不能只有形象思维而没有抽象思维。龚育之说得好，"人不仅有感觉，还有思维。人用感性形象不能图摹的东西，可以在感性材料的基础上通过抽象的思维来把握"。① 这里所讲的"思维"，就是抽象思维。社会工作策划者在进行社会工作创意时，显然必须运用抽象思维的方法，将纷繁复杂的社会现象抽象为相应的概念和理论。只不过，对这些概念和理论，还需要在社会工作创意中根据目标对象的情况以"群众语言"来得体表述和传播而已。

2. 灵感思维与联想思维

灵感思维是指人们通过接触到某一事物，从一定的目的和倾向出发，或有意或无意、或必然或偶然地使正在思考的问题突然得出答案或获得解决的一种思维方式。思维科学认为，灵感思维是思维活动渐进过程中的突变和升华，是大脑的潜意识的反应形式，灵感思维只青睐思考者。在创意思维领域，灵感思维通常的表现形式为，长期思考的问题得不到解决而突然获得解决的一种突变心理过程。在社会工作策划中，灵感思维是一种重要的创意思维方式。一个策划者聪明与否，灵感思维能力的强弱是一个重要衡量指标。灵感思维有一个重要特征，即转瞬即逝。灵感"不像逻辑思维那样，随一定程序按部就班、循序渐进，而是在诱因的诱发下，令人意想不到地闪现出来"。② 为此，在社会工作策划中运用灵感思维，不仅要具有灵感思维的能力，而且要善于捕捉灵感。

联想思维是指由某一事物联想到另一事物而产生新的认识的一种思维形式。由眼前事物的注意而回忆到另外一件事物，或者由想起的一件事物

---

① 龚育之：《关于自然科学发展规律的几个问题》，上海：上海人民出版社，1978，第194页。
② 陈火金：《策划方法学》，北京：中国经济出版社，1999，第207页。

又想到了另外一件事物，这都可以说是联想。客观事物总是相互联系的，具有各种不同联系的事物反映在人的头脑中，就形成了不同的联想。通常来讲，在空间上或时间上相互接近的事物容易形成联想，存在相似特征的事物容易形成联想，存在对立关系的事物容易形成联想，具有因果关系的事物容易形成联想。例如，人们可能看到城市化快速发展就想到了失地农民，想到失地农民就想到了他们的职业缺失，想到他们的职业缺失便想到了为他们提供就业服务和职业转换培训。[1] 联想思维在社会工作策划的创意思维中具有重要的作用，它的主要作用就在于，它可以帮助社会工作者拓宽创意思路，提升社会学和社会工作想象力。

3. 侧向思维与逆向思维

侧向思维又称旁通思维，是对相关事物或问题进行思考时，利用局外信息刺激得到某种启发而产生出新的设想的一种思维方式。侧向思维的特点是，不局限于对事物或问题本身进行思考，"不钻牛角尖"，而是对事物的周围或问题的相关领域进行考察，搜集和利用局外信息，从其他相关领域、离得较远的事物或问题中找出路，以产生新的设想和好的主意。创造学认为，为了求得有价值的创意，必须"左思右想""左顾右盼"，涉猎比所思考的事物或问题更为广泛的领域，通过"旁敲侧击""触类旁通"，形成特别的创意。侧向思维在社会工作策划中应用的例子，是在矫正社会工作中不去直击服务对象的痛处，而从侧面设法帮助其解决问题。当然，要正确运用侧向思维进行创意，关键是社会工作策划者要有广博的知识，否则很难运用侧向思维拿出好的社会工作创意。

逆向思维也称为反向思维，即"反过来想"，是指利用事物或问题之间的双向性或可逆性，反过来认识事物或思考问题的一种思维形式。人们在认识事物或思考问题时，多是正向顺推，而往往忽视事物或问题之间的双向性和可逆性。逆向思维正是一种反常规思维的方式，它是"倒过来思考问题"，即"从现有事实或传统理论的对立面出发，用从一种事物想到相对的事物，从一种条件想到相反的条件，从结果想到原因

---

[1] 谢俊贵：《失地农民职业转换及其扶助机制——基于调研数据与风险预估》，北京：社会科学文献出版社，2012，第33~34页。

的"思维方式。① 这种思维方式，常常能促成新的发现、新的发明、新的创造，在诸种创造活动中往往能发挥突破作用、取得显著效果。在社会工作策划的创意思维中，逆向思维的作用也是不可忽视的。举例来说，过去我们见到社会中困难人群就想到捐钱捐物，而现在我们可能更多地想到如何去改变他们所处的社会环境、文化环境以及他们自身的精神面貌。

4. 发散思维与集中思维

发散思维也称为多向思维，是指沿着各种不同的方向、不同的角度，以不同的方法去思考，重组眼前的信息和大脑中储存的信息，从而产生新的发现、新的发明和新的创造的一种创意思维方式。发散思维是创意思维的主导形式。采用这种创意思维方式，思考者就能够从多个方向进行全面思考，往往能另辟蹊径，取得最佳的创造效果。发散思维的特点就是多方面出主意，多角度想办法。在社会工作策划的创意思维中，发散思维既是一种十分重要的思维方式，也是一种必不可少的思维环节。社会工作策划的创意过程，最关键的环节就是发散思维环节。发散思维环节不仅可以帮助社会工作策划者更为广泛、全面地考虑问题，而且可以帮助社会工作策划者多出创意。在运用发散思维的过程中，策划者应尽量做到多维度发散，真正做到"东方不亮西方亮，黑了南方有北方"。

集中思维是在发散思维提出的诸多创意的基础上，应用科学知识和逻辑规律，以严密的逻辑集中判断诸多创意，并最终采纳其中一种创意或形成一种组合创意的创意思维方式。集中思维与发散思维具有密不可分的关系，它与发散思维一起，构成一种系统综合思维。集中思维和发散思维则成为这种综合思维的两个不同阶段。从这个意义上可以说，集中思维实际上是对发散思维阶段形成的诸种创意的集中判断和整合组构。在社会工作策划的创意思维中，集中思维同样具有十分重要的作用。我们知道，发散思维的结果是零散的、平列的、粗糙的。没有集中思维阶段的工作，就拿不出最终的优秀创意。只有运用集中思维来综合发散思维阶段成果，才能抓住社会工作创意的最佳线索，使发散思维的结果去假存真、去粗取精、升华发展，最后产生出优秀的社会工作创意成果。

---

① 苏珊:《现代策划学》，北京：中共中央党校出版社，2002，第9页。

第二节 社会工作策划的个体创意

社会工作策划创意方法按照创意活动的社会单位类型和参与创意人数的不同,可以简单地划分为个体创意方法和集体创意方法两种。社会工作策划的个体创意方法是指在社会工作策划中,以个体的思维活动来进行社会工作策划的创意方法。社会工作策划的集体创意方法是指在社会工作策划中,以集体的思维活动来进行社会工作策划的创意方法。在任何时候,个体创意方法都是集体创意方法的基础,是社会工作策划创意活动的逻辑起点。个体创意方法一般包括联想创意法、类比创意法、组合创意法、思路转换法等几种主要类型。掌握这些个体创意方法对于成功地进行社会工作策划具有非常重要的现实意义。

一 联想创意法

美国社会学家米尔斯在 20 世纪 50 年代末期提出了"社会学想象力"的概念。他认为,社会学想象力是社会学家需要的以及感到需要的"一种心智的品质,这种品质可帮助他们利用信息增进理性,从而使他们能看清世事,以及或许就发生在他们之间的事情的清晰全貌"。[1] 依笔者理解,一个社会学家的社会学想象力,显然包括他们的联想力;一个社会工作专家的社会工作想象力,更应当包括他们的联想力。所谓联想创意法,实际上就是社会工作策划者运用自身的联想力,以联想思维方式进行有关社会工作创意活动的方法。联想创意法是一个大类,其具体形式很多,主要包括属性联想法、因果联想法、强制联想法等。

1. 属性联想法

属性是对象的性质与对象之间关系的统称。如对象的结构、功能、美丑、贫富、善恶、优劣、用途等都是事物的性质;敌对、同盟、矛盾、互

---

[1] C. 赖特·米尔斯:《社会学的想象力》,陈强、张永强译,北京:生活·读书·新知三联书店,2005,第 3 页。

斥、互构等都是事物的关系。任何属性都是属于某种对象的。不过，对象（事物）的属性有特有属性和共有属性之分。为一类对象独有而他类对象所不具有的属性称为特有属性，为多类对象共有的属性则称为共有属性。属性还有本质属性和非本质属性之分。决定一事物之所以成为该事物而区别于其他事物的属性称为本质属性，本质属性之外的其他属性就称为非本质属性。所谓属性联想法就是社会工作策划者根据对象的属性进行联想创意思维的个体创意方法。

属性联想法在社会工作策划的创意思维中具有非常重要的作用。第一，社会工作策划者透过对服务对象属性的分析，可以依据不同的属性进行创意。我们知道，对象的属性是多方面的，透过对象多方面的属性分析，可以实现发散思维，从而拿出更多的社会工作创意。第二，社会工作者透过对服务对象属性的分析，可以实现集中思维，从而拿出聚焦的社会工作创意。属性联想法其实就是，一方面控制对象的属性，将社会工作策划的创意焦点放在对象的重要属性（如特有属性、本质属性）上；另一方面则可以在社会工作策划创意思维中加入自由联想的过程，以便能产生出独特的社会工作创意，拿出更有价值的社会工作方案。

属性联想法在实际运作过程中也有其特殊的步骤和要求，主要的步骤和要求如下。第一，说明策划课题的解决目标。例如，提升贫困者的文化素质，增强矫正对象的社区融入等。第二，列举对象本身的各种属性。只要能够想得起来的属性，都可以列举出来，不受限制。第三，检核对象具有的主要属性，即从列举的属性中检查核实对象的主要属性。这里的主要属性包括特有属性、本质属性，或者在特定情况下起重要作用的共有属性或非本质属性。第四，根据有关属性开展自由联想。通常是借由发散思维对列举出的所有属性逐一做自由联想，以激发更多的创意。第五，对创意成果进行有机整合。通过自由联想的创意过程，最终应将各种创意进行有机整合，拿出聚焦于对象主要属性的社会工作创意。

2. 因果联想法

因果联想法是策划者根据客观事物或现象之间存在的因果关系而进行创意思维的个体创意方法。客观世界中各种事物或现象之间是普遍联系的，他们相互作用、相互依存、相互制约。这种相互联系、相互作用、相

第四章　社会工作策划创意方法

互依存、相互制约的特性，便构成了他们之间的因果关系。任何事物或现象的产生都是由其他事物或现象引起的，任何事物或现象消失后，都转化为其他事物和现象，任何原因必然有相应的结果，一定的结果必然有着一定的原因作前导。根据客观事物或现象之间相互联系的因果关系规律，对事物或现象之间的因果关系进行分析，进而进行联想思维创意，或者由因而果，或者由果而因，这就是因果联想法。

因果联想法对社会工作策划的创意思维具有重要的作用，主要包括两个方面。一是解释作用。在社会工作策划中，可以用因果关系分析方法来解释有关社会问题。例如，某一社区的居民为何如此贫困，某一社区的离婚率为何如此之高，这些问题都可以通过因果分析来找出答案。这个答案找到了，社会工作策划创意的基础就有了。二是预测作用。在社会工作策划中，通过对社会现象因果关系的把握，可以预测社会现象的发展趋势，进而提出解决社会问题的某种创意。如根据文化程度越低的人越不适应社会的信息化发展这一现象，找到解决信息分化问题的某一种线索，提出调控或解决信息分化问题的社会工作创意。

当然，在社会工作策划的创意过程中，因果联想法的运用并非轻而易举的事情。运用因果联想法，不仅对社会工作策划者的知识基础、理论素养、研究能力有较高的要求，而且它本身还具有一套严密的运作程序和具体要求，需要社会工作策划者切实遵循。因此，在运用因果联想法时，社会工作策划者必须注意以下几点。（1）严格选择需要提出创意的联想对象。（2）明确提出联想的条件，绝不无条件地进行盲目的联想。（3）尽可能多地设置一些联想的事例组，避免联想创意的片面性或造成对重要事项的遗漏。（4）根据社会工作的目的和要求，在一定限度内进行求因探果的联想。（5）尽量采用多种因果分析方法进行精确的分析和比较。（6）根据策划项目的具体情况，结合实际需要进行创意。

3. 强制联想法

强制联想法也叫焦点法，是经由有控制地进行联想而激发策划者的创意思维的个体创意方法。在一般情况下，人们思考问题往往会受到专业知识和以往经验的束缚，不容易跳出传统的思维框框，通常会提出一些司空见惯的问题，做出一些按部就班的分析，提出一些老生常谈的建议，而谈不上真正的"创意"。强制联想法就是试图改变人们的这种惯性思维方式，它依靠强制性的思维步骤，迫使社会工作策划者将思路从熟悉的事物或问题领域引开，到专业之外的陌生事物或问题领域去寻找启示，是一种被动地克服思维定式的有效方法。

强制联想法作为一种有控制的联想法，显然不是一般情况下的联想，它具有相对严格的运作过程，这一严格的运作过程一般包括五个步骤。第一步，明确策划目标。在社会工作策划中，也就是要明确社会工作策划的目标。第二步，列举与策划目标无关的事物。非常需要注意的是，这里讲的是与策划目标"无关"的事物，而不是与策划目标"有关"的事物。第三步，强行将所列举事物与策划目标结合起来。强制联想法的关键就是要将所列举事物与策划目标强行结合或联结，以引出甚至挤出人们的各种"创意"。第四步，筛选或整合出一个可行的创意。也即对上述步骤中提出的各种创意进行评价，筛选或整合出一个比较而言最好的创意。第五步，将筛选出来的创意具体化为社会工作策划方案。

我们知道，在社会工作策划的创意思维过程中，联想自始至终都发挥着特殊的作用。社会工作策划者的联想越多样、越丰富，则获得优秀的社会工作策划成果的可能性就越大。强制联想法就是一种迫使社会工作策划者通过发散式的创意思维，让联想之网撒向四面八方的社会工作策划创意思维方法。不过，在强制联想法的运用过程中，非常值得注意的一点是联想的"焦点"问题。强制联想法之所以又叫"焦点法"，是因为强制联想法是围绕策划目标这个"焦点"而展开联想思维的。脱离了策划目标这个"焦点"，就达不到开展强制联想的目的。为此，在社会工作策划中，策划应先围绕策划目标这个"焦点"，让联想之网撒向其他领域，然后将诸种联想创意聚焦到策划目标这个"焦点"上。

二 类比创意法

类比创意法是将策划创意的对象与某一其他对象进行类比，从而获得有益的启示，而有效提出解决问题的思路和线索的个体创意方法。类比创意法的科学基础是逻辑学基础。逻辑学认为，类比就是我们观察到两个或两类事物在许多属性上都相同,从而推出他们在其他属性上也相同的一种思维方法。类比以比较为基础,但又不等于比较。比较是将两个或两类事物的异同进行对照,以鲜明地了解参与对照的两组事物的优劣。类比则是通过比较,找出相同点和相似点,以此为基础,把某对象的已知属性推演到另一个或另一类对象中去,从而对后者得出一个新的认识。所以,类比创意法通常又叫类比推理创新法。

类比创意法在社会工作策划创意思维中有其自身的特点,主要有以下几点。第一,类比推理是一个从特殊到特殊的逻辑过程。一般来讲,当归演法无能为力时,类比法却可以大显身手。同时,在探索经验不足、积累资料有限的情况下,通过类比也能发现特殊事物之间的联系。第二,类比对象多数是具体、生动而特殊的事物。通常来讲,类比可以拟人类比、拟物类比,策划者可能找到一些生动有趣的类比对象,因而,类比能把特殊事物以某种其他特殊事物的直观形象展现在人们眼前,使人产生既生动活泼又易为接受的感觉。第三,类比的结论带有一定偶然性,故需慎用。类比因具有从特殊到特殊的逻辑特性,有时会使人误入歧途。

类比创意法之所以能够运用到社会工作策划的创意活动中,是因为在社会工作实践中,每一次社会工作实践的目标与目标公众既有自己的个性和特殊性,又有作为社会工作实践的某些共同性和普遍性。所以,每一次社会工作策划的创意活动都不是在一无所知的情况下从头开始的,而是以过去社会工作实践的成效和问题为基础和目标,同时以社会工作策划者的经验和对目标对象的了解作为创意的出发点。这样,过去的社会工作策划成果事实上为社会工作策划者提供了许多可资借鉴的东西。正是在这样一种情况下,社会工作策划者在社会工作策划的创意过程中,便可以采用类比方法,根据实际情况提出新的创意。

根据逻辑学的研究成果和人们在社会实践中的相关经验,类比创意法实际上也具有一些不同的形式。在社会工作策划的创意活动中,策划者可以选择不同的形式进行类比创意。其主要形式有以下几种。(1)直接类比。将有关对象直接与创意思路进行联系、比较,从而对创新的方式、形态有所启发。(2)对称类比。社会上存在不少具有对称性的事物,当遇到单组现象时,有时可用对称类比而有所发现,并由此而形成新的创意。

(3) 象征类比。用能引起类比联系的样式，表达某种抽象的概念或思想感情，如可将建立慈善机构与服务对象之间的联系沟通类比成桥梁、彩虹等。(4) 综合类比。为了进行难度大而又要求准确的表达，可以通过与须描述事物综合特征相似的缩微型事物进行类比来形成创意。

三 组合创意法

组合创意法是借由人类已有的创新成果或创造构想，以新颖的构思，将相关的或经过改进可以利用的若干事项结合、组合或融合起来，使之呈现崭新面貌、全新功能、清新内涵，以此实现创新事物或创新思想的目的。组合创意法是一种充分发掘、利用人类已有文明成果和创造智慧的方法，是对多项创造成果重组效应的巧妙运用，是一种把多项看似并不相关的事物加以联结，从而使之形成彼此不可分割的新的整体的一种个体创意方法。组合创意法的用途十分广泛，原因是，有创意就有组合，有组合就出创意。创意的发展和完善过程，尤其是每一个重大的改进步骤，都离不开组合。哪怕是最简单的创意，也是经过多次组合才逐步趋向于完善的。组合创意法形式多样，常用的组合创意法有以下几种。

1. 成对组合法

成对组合法是将两种不同的创意组合在一起，形成新的创意的个体创意方法。依组合因素的不同，成对组合又可分为因素组合、现象组合等多种方式。因素组合是将不同性质的因素组合起来，从而达到获得新事物或新思想的目的。现象组合就是将不同的现象组合起来，从而形成新的综合认识，导出新的创意。成对组合在社会工作策划创意思维中有其用武之地。举例来说，广州市在推进基层社会工作时，就是将社会工作人才队伍建设的创意和推进基层社区服务的创意两种创意有机地结合起来，从而形成了在全市各街道建立家庭综合服务中心（社工站）的创意。这种将社会工作人才队伍建设的推进和社区服务的推进有机地结合起来的策划，是广州市民政部门充分发挥牵头作用，集思广益，为广州市委市政府想出的一个绝妙主意。[①] 该

---

① 谢俊贵：《民生本位视域中的社会建设——以广州为例的战略思考》，广州：世界图书出版公司，2015，第204页。

创意得到广州市委市政府的采纳并在全市实施，广州市的社会工作人才队伍建设和社会工作发展由此得到大步推进。

2. 辐射组合法

辐射组合法就是以一种新的创意为中心，同多方面需要策划的具体内容有效地结合起来，形成一种创意辐射，从而导出更多创意或设想的个体创意方法。辐射组合法在社会工作策划创意思维中也有着重要的作用，如一项富有创意的社会工作策划出来后，人们总是千方百计地把它迅速应用到多种社会工作实践中去，以带动其他领域的创新，继而又通过多个领域的创新对原有的创意进行补充、修订，使原有创意更趋完善、更有新意，这就是一种辐射组合。举例来讲，随着我国基层社会互联网的广泛普及和有效利用，某社会工作机构利用网络技术，开发了青少年服务网络小组活动，这显然是一种新的创意。这种网络小组活动的创意很快便通过其辐射作用，走进了该社工机构的残障服务领域、婚姻家庭服务领域、劳动就业服务领域等，并在这些社会工作专门领域中产生了新的创意，从而又对原来的网络小组活动创意起到补充、促进和推陈出新的作用。

3. 形态分析法

形态分析法是将需要解决的问题分解成若干个彼此独立的要素，然后用网络图解方式进行排列组合，以产生出解决问题的系统方案或新的设想的个体创意方法。形态分析法的基本特点是把所有需要策划的对象看成一个系统，用系统方法从该系统中析出若干个结构上或功能上不同的形态，并加以重新排列组合，从而产生新的观念、新的设想和新的主意。形态分析法的理论基础是：相关观念若联合越多，产生的新观念、新设想、新主意也就越多。在社会工作策划创意思维中运用形态分析法，值得注意的是，形态分析法把研究对象或问题分为一些基本的组成部分，然后对某一个基本组成部分单独进行处理，分别提供各种解决问题的创意或方案，最后形成解决整个问题的总体方案。这时由于通过不同的组合关系得到不同的总体方案，所以通常会出现若干个总体方案。在所有的总体方案中，哪一个更为可行，必须采用形态学的方法进行进一步的分析。

4. 关联树木法

关联树木法是采用"关联树"对目标对象进行分析，以求得社会工作策划的系统创意的方法。社会工作不仅要关注对象的现实，而且要预测对象的未来。如果是不久的未来，那么，将对象现在的趋势加以延伸，就能描绘出对象未来的景象。但是，有关对象未来的发展可能会在中途发生非连续性变化，这时，要对对象的未来进行规划就没那么简单了。在此情况下，社会工作策划者从目标对象的"树干"、"树枝"甚至"树叶"来做关联性思考就显得特别重要。借由关联树木法，不仅可以对目标对象进行直接考察，而且可以根据"树干"的形态与"枝叶"的茂盛情况，分析中途"树枝"生成和变化的可能性，从而提出促进"树木"成长的相关创意。关联树木法在社会工作策划创意思维中的应用也比较广泛。例如，对于青少年的成长问题，就可采用关联树木法，对青少年的未来成长进行相关分析和预测，并据此针对青少年成长的非连续阶段提出帮扶创意。

四　思路转换法

在日常生活中，人们通常遇到这样的问题，就是沿着某种思路思考问题，结果走进了"死胡同"，没法再往下走。在这种情况下，精明的人通常会告诉你，你需要转换思路，或者换个角度去思考。在社会工作策划中，作为一个策划者，遇到需要转换思路的问题时应该不需要他人来提醒，而是自身必须熟练地运用思路转换法专业地解决问题，专业地提出社会工作创意。所谓思路转换法也就是转换思维路径，跳出既有框框，拿出新的创意。在社会工作策划的创意活动中，常见的思路转换法大致有三种：假设状态法、角色扮演法和场景变换法。

1. 假设状态法

假设状态法就是假设一种状态，让人们想象如何适应这种状态。假设状态法在自然科学、社会科学中都有应用。在自然科学中，较为典型的是美国麻省理工学院开设的创意工程讲座中采用的一个教学案例。该讲座的主持人约翰·亚诺德对学生提出如此假设：学生将离开地球，住到遥远的"大角星4号"上去，该星球质量为地球的11倍，星球上有非常有趣的像鸟一样的生物存在。以这个假设为基础，他要求学生设计在该星球上的汽车、生活用品和各种机械工具。在社会工作策划中，假设状态法的应用也非常广泛，比如，策划者可以假设一种社区状态、一种组织状态、一种群体状态、一种家庭状态，然后进行适应这些假定状态的社会工作创意。需要注意的是，在运用假设状态法时，各种假设条件必须对策划者和服务对象具有正激励作用，并尽量符合实际；同时必须有助于策划者自由地思考、充分地想象，从而产生出优秀的创意建议。

2. 角色扮演法

角色扮演法也称为角色转换法，就是策划者通过转换角色，设身处地思考有关问题，从而产生新的创意的方法。角色扮演法在社会工作策划中的应用，常常是以"如果我是某个角色，我会如何去做"的模式出现。举例来说，假定你是一个社会工作者，原来的思维是："我应当如何服务，服务对象才会乐意接受并产生好的效果？"现在进行策划时，则进行角色转换，把自己当成服务对象，心里想："我是一个社会工作服务对象，社会工作者要如何为我服务，我才会乐意接受并产生好的效果？"在社会工作策划创意活动中引入角色转换，策划者不仅可以将自己转换成"服务对象"，也可以转换成志愿者、慈善家、政府官员或其他社会角色。需要注意的是，社会工作策划者无论转换成何种角色，都必须先以对相应角色的深度了解为前提，如果你对所要转换的角色毫无了解，你所扮演的角色就有可能"走样"，实现不了通过角色转换来提出社会工作创意的目标。

3. 场景变换法

场景变换法也称为变换场景思考法，就是策划者自己通过变换场景去观察和思考有关问题。一般来讲，在进行社会工作策划时，假如在某种特定的场景下出现思维定式，无法思考出好的社会工作创意，拿不出好的社会工作策划方案，那么，就可变换一种场景或多种场景，以图改变创意环境，在来自新的场景中诸多新的信息的刺激下提出新的社会工作创意。比如，到儿童游乐场走走，往往会有许多新奇的社会工作创意产生；去老人院参观，同样会产生一些新的服务创意。日本策划家星野匡曾说："本人也常常遵照前辈指示到街上走动。当时服务于银座事务所，是做市政观察最好的地方……本人在走进百货公司，以半开玩笑的心情来思考。"[①] 可

---

① 参见刘保孚等主编《策划实务全书》，北京：经济日报出版社，1995，第56页。

见，场景变换法对于激发创意思维是有好处的。当然，在社会工作策划中，策划者采用场景变换法来进行社会工作创意，关键在于根据社会工作策划的目标，选择好适当的场景，并在该场景中真正展开创意思维。

第三节 社会工作策划的集体创意

社会工作策划的集体创意是以众多人的智慧为基础而进行的一种社会工作策划的创意方法。人们早就懂得集体创意的重要性。过去，我们就知道"三个臭皮匠，赛过诸葛亮"。在科学技术和文化教育迅速发展的今天，依靠集体智慧来进行策划已越来越为人们所重视。集体创意方法不仅可以大大提高策划的可信度和有效度，减少策划的压力和风险，而且还能充分调动参与者的积极性、能动性，从而更加有利于社会工作策划方案的完善与有效实施。社会工作策划中的集体创意方法有很多，在此主要介绍几种来自国外的实用方法。

一 头脑风暴法

头脑风暴法也叫智力激励法、脑力激荡法，是美国学者亚历克斯·奥斯本博士（Dr. Alex Osborn）提出的。所谓头脑风暴（Brain Storming）乃来源于精神分析领域，意即精神病人在发病时无拘无束的胡思乱想和胡言乱语。奥斯本正是仿照精神病人这种无所顾忌、无拘无束的特点而创造出头脑风暴法的。头脑风暴法的基本做法是召集一个 5~12 人参加的集体创意会议，会议设主持人 1 人，记录员 1~2 名，会议主持人的工作责任在于提出讨论课题，鼓励与会者踊跃发言，并使大家相互启迪、相互激励，从而产生新的创意。头脑风暴法的基本原则是：自由畅想原则、借题发挥原则、求新求异原则、延后评判原则、以量求质原则。

头脑风暴何以能激发创新思维，形成新的创意呢？据奥斯本等人的看法，主要的机理在于以下几点。一是联想效应。在集体会议中，每提出一个新的观念，都能引发他人的联想并产生连锁反应，形成新的创意。二是热情感染。集体讨论能激发人们的热情，大家自由发言、相互影响、相互感染，能最大限度地发挥创意能力。三是竞争意识。人人争先恐后，竞相发言，不断地开动思维机器，力求见解独到、观念新奇。四是表现欲望。在集体讨论有关问题过程中，参与者个人的欲望得以自由表现，通常不会受到过多干扰和控制，因而更能产生突破。

头脑风暴法是一种利用众人智慧思考和解决问题的集体创意方法。作为一种集体创意方法，头脑风暴法创建之后，早就在全世界的许多领域得到广泛应用，不仅在广告策划、宣传策划、公关策划、管理策划等方面得到广泛应用，而且在科技创新、发明创造中得到广泛应用，并且取得了非常好的效果。在社会工作策划的创意活动中，许多社会服务组织和社会工作机构也已逐步采用这种集体创意的方法。头脑风暴法有两个突出的特点：第一，参与者不限于社会工作专家，可以有政府工作人员、社区管理人员甚至社会工作对象；第二，创意会议不局限于正式会议，可以是非正式会议，甚至可以随时随地召集会议。

二 综摄创意法

综摄创意法也即综摄法，是指从已知的事物出发，将毫无联系的、不同的知识要素结合起来，从不同的角度分析未知的事物，从而使理想中的未知事物成为现实的过程。最初提出综摄法的是美国创造学家威廉·J.戈登（William J. Gordon），后来乔治·普林斯（George Prince）同戈登一起研究，使综摄法得到进一步完善，成为理论性和操作性强的创造技法。综摄创意法特别强调借助隐喻、移情和类比形成创造性思维和设想，是一种通过集体讨论而形成创意的集体创意方法。综摄创意法作为一种专业的、系统的创造技法，其创造性的实现关键在于以类比为基础的联想，这容易使人将其与头脑风暴法相联系或等同。实际上，综摄创意法是与头脑风暴法不同的集体创造技法。

综摄法创意有几个基本观点。一是相信每个人身上都具备潜在的创造力。意思就是要求人们在创造的过程中都能相信自己具有创造潜力，也都能相信他人具有创造潜力，能够针对特定问题提出自己的创意。二是发明创造与策划创意有着共同的心理过程。这一点显而易见，二者只不过是在不同领域从事的不同创造性思维而已。三是在创造过程中情感成分比理智成分更重要。理智更适合于精确的计算、分析和推理，而情感成分尤其是所谓激情更能促进人们展开思想的翅膀。四是创新心理活动过程具有可以驾驭的操作性。意即创新心理过程是有规律的，可以把握，可以操作化。五是个人的创造过程可以模仿群体的创造过程。这告诉我们，即使我们不熟悉创造过程，在群体创造活动中，我们也能学到。

综摄创意法作为一种集体讨论的创意方法，特别注重创意小组的人员构成。创意小组一般由5~7人组成，要求既有专业人员参加，也有非专业人员参加，专业人员与非专业人员的比例为3：2。也就是要求社会工作专业人员为60%，其他非社会工作专业人员要达到40%。这一点与头脑风暴法类似。专业人员在其中可以把握专业上的问题，而非专业人员则可不受拘束地提出各种看似"怪异"的类比对象，这对创意很有帮助。在社会工作策划创意活动中，综摄创意法的实际运用除了要选择好与会者外，对主持人的要求也相对较高。一般要求主持人应具有较好的素质，主要包括专业素质、文化素质、心理素质等，同时还要具有统率整个讨论会的主持能力和调动与会者积极参与创意活动的引导能力。

三　入出联想法

入出联想法是以维纳的控制论方法为指导，通过联想提出新设想、新思维的集体创意方法。这种方法将问题的初始状态（刺激）看作输入，把策划对象的预定目标或效果看作输出，把实现策划目标或效果的要求看作约束条件。基于此，策划者便可以把策划对象看作一个具有输入与输出功能的"黑箱"，然后通过一系列的自由联想和评价，逐步将"黑箱"转换成"白箱"，即形成实现创新策划的设想。入出联想法有其自身的特点：一是把所希望的结果作为输出；二是以能产生此输出的一切可以利用的条件作为输入；三是联结输入与输出的过程是由联想提出设想；四是评价设想的依据是各种各样的限制条件。入出联想法实际上是一种有控制的创意方法，其创意的目标和条件都非常明确。

入出联想法有其严格的运作程序，其基本步骤是：主持人宣布输出并提出限制条件—对输入展开多方面的设想—检查输入与输出有否直接联系—对各种设想进行评价—针对保留设想广泛进行联想—选出最后的策划创意。举例来说，首先，主持人宣布输出是过河，接着与会者则可以提出许许多多的输入，如通过游泳过河，利用渡船过河，通过水陆两用汽车过河，通过架桥过河，通过索道过河，通过隧道过河，借由飞行器过河，甚至还可以更离奇地通过修筑拦河坝截断河流过河，等等。再接下来就是要仔细检查输入与输出有否直接的联系，并对各种设想做出中肯的评价，选出保留设想。有了保留设想后，再针对保留设想进行广泛的联想。最后是选出最好的策划创意。

入出联想法虽然也可以作为个体创意法使用，但其主要还是作为一种集体创意法而创立的。作为一种集体创意方法，通常是通过举办讨论会的方式来进行，并按照会议的有关程式进行运作。参加创意会议的人数也有一个基本的要求，一般与会人数5~10人，并且也需要专业人员与非专业人员适当搭配，以利于更广泛深入地讨论问题，提出更多的创意设想。入出联想法对主持人的素质要求很高，在通常情况下，主持人不仅要统率整个创意会议，还要兼做汇总工作。当然，如果入出联想法的会议规模较大，与会者人数较多，那么，就要考虑安排会议秘书。另外，值得特别注意的是，入出联想法与其他联想法相比，更加重视对各种设想的评价，因而这种方法得到的设想更加成熟和实用。

四 默写式智力激励法

默写式智力激励法又叫"635"法，其前身是德国鲁尔巴赫提出的默写式头脑风暴法。头脑风暴法由美国传到德国后，德国人鲁尔巴赫根据本民族习惯于沉思的思维特点，创造了使用表格的默写式头脑风暴法。该方法之名来自其特有规定，即每次会议由6人参加，要求每人在5分钟内填写3个设想，所以这种默写式头脑风暴法也称为"635"法。"635"法的最初目的是通过在规定时间内的创意竞赛来激发参与者的创意。后来，法兰克福的巴德尔纪念研究所对"635"法进行了一定改造，形成默写式智力激励法。与"635"法相比，这种方法更强调参与者之间的相互影响，即当表格转回自己时,参与者需通过仔细阅读前面的创意后,加上自己新的创意,并通过画上一个小箭头,表示借鉴了前面的某种创意。

默写式智力激励法与较早的"635"法的运作总体上相同,其要点如下。举行一个集体创意会议,会议由一位主持人和6个参与者参加。先由主持人宣布创意主题(创造目标),提出相关要求(含约束条件),接着发给每人一张卡片,每张卡片的表头都标有1~3的创意号码,并在卡片上设置6组空格,可让所有参与者填写自己的设想。在第一个5分钟里,每人针对议题填写3个设想,然后将卡片传给右邻。在第二个5分钟里,每个人可从别人的3个设想中得到启发,再填3个设想。在第三个5分钟里,每个人可从别人的6个设想中得到启发,再填3个设想。半小时可传6次,产生108个设想。默写式智力激励法的一个突出特点是,除主持人宣布创意主题和提出相关要求外,其他人都默不作声。

来源于"635"法的默写式智力激励法,其显著的优势在于两个方面:一方面体现了集体创意的优势,促进了参与者之间的相互影响,尤其通过对"635"法的改进,进一步增强了相互启发的功能;另一方面体现了独立思考的重要性,确保人们之间不出现人云亦云的现象。这种集体创意与独立思考两者之间的有机结合,带来了更好的创意成果。在社会工作策划的创意活动中,默写式智力激励法有着重要的实践意义。第一,可以使参与者拿出多个社会工作的创意,以为社会工作决策者提供多个社会工作策划方案;第二,可以较好地把握社会工作创意的思考方向,以使各种创意不至于离题太远;第三,可以通过默写式的头脑风暴和智力激励减少权威对其他参与者的影响,保证参与者更平等地参与创意活动。

五 菲利浦斯66法

菲利浦斯66法是由美国密歇根州希尔斯迪尔学院菲利浦斯校长提出的一种创意方法。这种创意方法一般适用于人数较多的创意场合。在社会工作策划中,如果由数十人组成的团队提出创意,那么,就可运用菲利浦斯66法。比如,当前一些城市进行社会工作的规划性策划,往往请来数十名专家,通常的做法是举行座谈会,也即让数十名专家每人发表一个见解。

可是，由于参会的专家太多，座谈会时间有限，根本没有时间让每一位专家都发言。这时，就可改用菲利浦斯66法。

菲利浦斯66法的名称取自会议形式本身。它将与会者按每6人分为一组，每组议论商讨问题时间为6分钟，故称66法。因小组会议吵吵闹闹，也称为吵闹会议法。菲利浦斯66法的实施要点是：（1）主席将全体参会人员分成6人一组；（2）各组选出组长和记录员；（3）指定各组主题，可以是一个主题的分题；（4）给予各组6分钟围绕主题进行讨论，选出最好创意；（5）各组发言人按顺序向全体会议报告；（6）接受这个报告，给予下一个主题并进行讨论。

菲利浦斯66法的好处很多，主要有两点。第一，大家都有参与机会。在参与者较多的会议中，菲利浦斯66法通过分组，可以让大家都有参与的机会，而不是像普通的座谈会那样，如果参与者多的话，许多参与者说不上话，只能当"听众"。第二，合理增强对抗意识。也就是说，通过分组，各组之间的关系无形之间变成了竞争关系、对抗关系，各组都会想方设法地拿出最好的主意，将最好的办法呈现在会议报告中，这样就能更好地激发出各组的创造力。

六 德尔菲法

德尔菲法也叫专家意见咨询法，是由美国重要智库兰德公司在20世纪50年代初与道格拉斯公司协作研究如何通过有控制的反馈使收集专家意见更为可靠时开发取用的一种调研和创意方法。因当时这项协作研究的代号叫"德尔菲"，故称"德尔菲法"。具体而言，这是由兰德公司的数学家赫尔默及其同事多尔基研发的一种调查分析专家意见并从中获得专家集体创意的方法。这种方法的大致内容是，通过简明扼要的专家意见征询表，就有关问题征求一组专家的意见，并在征求专家意见过程中，采取一种背靠背的技术来加以有效控制，以尽可能获得专家们可靠的意见。当时，兰德公司研发这种方法，主要是希望通过有效征求专家意见，提高兰德公司的咨询水平。

德尔菲法作为一种背靠背的专家意见征询法，既不同于一般的专家会议，也不同于通常的民意测验。它具有自己的特点。一是匿名性。为了克服专家会议易受心理因素影响的缺点，德尔菲法采取匿名的办法，用通信调查的方式征询专家意见。二是反馈性。与民意调查比较，德尔菲法具有反馈性。民意调查只进行一轮，而德尔菲法则需经过三四轮或数次反馈，即在每一轮意见征询之后，要将专家意见进行汇总处理，获得每轮集体创意的结果，并将集体创意的结果反馈给每位专家，作为其提出下一轮创意的参考。三是统计性。德尔菲法不同于一般的征求专家意见，其参与的专家人数较多，且问卷设计比较规范，答卷各自独立，因而可以采用统计方法来对专家意见进行统计汇总和量化处理。

德尔菲法在社会工作策划的创意活动中有着某些独到之处和重要作用。德尔菲法克服了一般专家会议的某些缺陷，也吸收了一般专家会议的某些优点。它通过一套背靠背的专家意见征询技术，避免了专家之间的相互干扰，为专家大胆发表意见提供了特殊场景，同时透过多轮的反馈，在一定程度上也考虑了专家之间的相互启发。德尔菲法克服了民意调查的某些缺陷，也吸取了民意调查的许多优点。它通过类似民意调查中的简单问卷，能更方便、快速地征询专家意见，同时，透过多轮反馈和反复征询专家意见，克服了一次调查意见分散的缺陷，有利于专家意见的逐步集中，从而最终能获得意见相对集中的集体创意。社会工作策划者完全可以参考德尔菲法，开展充分利用外脑的社会工作创意。

第四节　社会工作策划的创意训练

社会工作策划需要创意，社会工作策划的创意需要创意训练。一般来讲，创意可以说是策划者需要具备的一种能力，通常称为创意力。这种创意力也即一种具有综合特性的创造力和创新力，它是策划者多种能力的综合作用及其在策划过程中的有效发挥，这些能力具体包括观察力、思维力、想象力和创造力。从目前的情况来看，社会工作策划的创意训练，关键是对社会工作策划者进行观察力、想象力和创造力的训练，以使其不断提高社会工作策划的创意力。

一 观察力的训练

观察力也可称为调查力,是社会工作策划创意思维的智力基础中一个不可缺少的因素。它是个体借助于感觉器官、直觉和科学手段对客体进行认识的能力,也是个体在观察活动中所表现出来的智力。社会工作策划者的观察力虽然受到先天心理素质的影响和制约,但认知科学和心理科学都认为,这种能力主要是在人的后天实践中开发、训练出来的。心理学的实践证明,有意识地开发和训练人的观察能力,可以使人的观察力显著增强,观察水平显著提高,从而充分获得各种有用信息。为了实现这一目标,社会工作策划者必须从以下几个方面不断加强对自己观察力的开发、训练,以真正做到人们所说的"眼观六路,耳听八方"。

一是要树立强烈的观察意识,培养浓厚的观察兴趣。人的一切活动都要受其意识支配。一个人有了观察意识,自然就会对客体进行观察,以提高自己的观察能力,获得充足的观察信息。观察意识不是凭空形成的,观察意识虽然是一种心理活动,但它也是一种明显可感的自觉的心理预期与思想准备。观察意识也不是无法测试的,一个人是否具有强烈的观察意识,通常可以从他对客体的观察行动中显露出来。一个社会工作策划者是否具有强烈的观察意识,则可以从他平时对社会的关注情况中获得了解。同时,社会工作策划者观察意识的形成及其强烈程度,也与社会工作策划者的观察兴趣有关。培养浓厚的观察兴趣是显著提高社会工作策划者观察意识的重要一环。社会工作策划者为了拿出社会工作策划的好创意,定然要不断增强自己的社会观察力,这就必然要树立强烈的观察意识,培养浓厚的观察兴趣,对社会产生一种特别强烈的亲近感。

二是要积累渊博的科学知识,吸收丰富的社会经验。具有强烈的观察意识和浓厚的观察兴趣虽然是形成较强观察力的基础,但这并不能说明就已具有较强的观察力。相对而言,一个人观察力的强弱与其积累知识和吸收经验的多少有着更为密切的关系。社会工作策划者要培养自己的较强观察力,必须加强知识的积累和经验的吸取,使自己真正掌握渊博的知识和丰富的经验。其中,渊博的知识至少应包括社会学知识、心理学知识、政治学知识、社会工作知识，以及各种各样的服务于社会工作策划创意的知识。社会工作策划者必须加强积累，知识越渊博越好。丰富的经验则包括自己的观察经验和别人的观察经验。别人的观察经验又可分为古人的观察经验和今人的观察经验，国内同行的观察经验和国外同行的观察经验。就国外早期的观察经验来讲，霍华特的监狱调查、伊顿的工人家计调查、布思的伦敦工人生活状况调查，[①] 其经验至今依然值得吸取。

三是要学编可行的观察计划，试用良好的观察方法。较强的观察力应该包括拿出可行观察计划的能力和运用良好观察方法的能力。这些显然都不是随意能实现的，必须通过扎实的训练才能实现。编制一个可行的观察计划和善用良好的观察方法，是有效提高社会工作策划者观察能力的重要途径。为此，社会工作策划者在观察力的训练和培养中，必须学编可行的观察计划、试用良好的观察方法。在当前的情况下，社会工作策划者虽然对自身的观察力做了一些训练，但很不充分。其中一些人连自己的观察训练计划都不屑于制定，或者根本就不重视观察计划编制的扎实训练，更遑论能拿出社会工作策划过程中可行的观察计划来，观察方法的掌握和运用的训练也是浅尝辄止、不求甚解。这种情况下显然难以提升自己的观察力。为此，社会工作策划者必须设法改变现状，要通过学编可行的观察计划和试用良好的观察方法来提升自己的社会观察力。

四是要形成集中的观察焦点，养成持续的观察坚持。观察力的强弱不仅由可能观察的广度来决定，而且由可能观察的深度来决定；不仅由观察的即时性来决定，而且由观察的延时性来决定。正因为如此，在社会工作策划者的观察训练中，不仅要训练策划者的观察广度，而且要训练他们的观察深度；不仅要训练他们观察的即时反应能力，而且要训练他们的持续坚持能力。要训练他们的观察深度，就要帮助他们学会由点而面、由面而点地观察，最终形成观察焦点，以对观察对象进行深度的观察，确保有效发现现实社会中的"焦点"问题，深入认识现实社会中的"重点""难点""疑点""新点"问题。深入观察与持续观察总是密不可分的。要深入观察各种焦点问题，就要有观察的恒心，要保持观察的持续性，甚至于

[①] 谢俊贵主编《社会调查理论与实务》，北京：清华大学出版社，2014，第21页。

要强调观察的连续性。俗话说得好,"贵在坚持"。只有坚持持续的或连续的观察,"焦点"问题才有可能被发现以至被深刻认识。

二 想象力的训练

文学、工学、创造学等学科都重视想象力。米尔斯特别强调了社会学的想象力,认为社会学的想象力"可以让我们理解历史与个人的生活历程,以及在社会中二者间的联系"。[①] 想象力也是社会工作策划创意思维智力基础中一种特别重要的能力。通常来讲,想象力是人们在头脑中创造一个念头或思想画面的能力。想象力是人类创新的源泉。想象力的魅力在于可以将人们带入一个梦想世界,从而放飞理想,使人们的生活充满希望。在社会工作策划的创意活动中,想象力是核心能力。没有想象力,策划就缺乏活力,提出创意就难有可能。只有具备较强的想象力,社会工作策划才能真正实现创新。然而,想象力不是先天就有的,同样需要开发、训练。社会工作策划者开展想象力训练,必须注意以下方面。

第一,开展社会观察,积累想象素材。有学者认为,想象力是人在已有形象的基础上,在头脑中创造出新的形象的能力。按此说法,在想象的过程中,实际上就存在一种已有形象与新的形象的关系问题。我们知道,新的形象来源于已有形象。那么,已有形象又从何而来呢?一般的回答是,已有形象从社会观察而来。通过各种各样的社会观察,事实上各种各样的社会现象或社会事物便在人们的脑海中形成了某种形象,这种形象就是"已有形象"。人们对社会的观察越多,脑海中的"已有形象"就越多。"已有形象"越多,人们就越有想象的基础,就越有想象的素材,就越有想象的空间,同时也就越有将一种"已有形象"在脑海中改造为另一种"已有形象"——也即新的形象的可能。基于这样的认识,笔者认为,社会工作策划者要培养自己丰富的想象力,首先就要多开展社会观察,通过各种各样的社会观察,积累想象的素材,夯实想象的基础。

第二,强化联想训练,展开思维翅膀。一个人的想象力与其思维的活

[①] C.赖特·米尔斯:《社会学的想象力》,陈强、张永强译,北京:生活·读书·新知三联书店,2005,第4页。

跃度有着不可分割的关系。思维活跃，才能最大限度地调动和唤醒脑海中的记忆表象，使其服从于策划创意。社会工作策划者要做到思维活跃，必须强化联想训练。事实上，所谓想象力，在很大程度上就是人所具有的联想能力。强化联想训练可以让人展开思维翅膀，可以激活联想思维、开阔想象空间。联想的类型有相近联想、相似联想、对比联想、因果联想等多种。不同的联想都是以对某一社会现象的感知回忆为契机，引起对与它相关联的社会现象或事物的联想。因为所存在的关联不同，就成为不同的联想类型。相近联想重在时间和空间上相近这一关联。相似联想重在结构或功能相似这一关联。对比联想重在性质上完全对立或存在某种差异这一关联。因果联想重在具有因果关系这一关联。无论是何种联想类型，社会工作策划者都应当加强训练，这对提高策划者的想象力有好处。

第三，拉伸想象链条，重视奇思妙想。一般来说，想象具有线性特征，常常是在一瞬间由某一社会现象或事物想到其他社会现象或事物，形成闪电般的想象链条。这种想象链条连接的社会现象或事物越多，脑海中各种社会现象或事物相互交汇、碰撞、组合的机会就越多，就会较多地产生思想的火花，形成多种新的创意。因此，拉伸想象链条，乃是社会工作策划者开展想象力训练的重要方式与途径。拉伸想象链条，意即不仅要在相近、相似的社会现象或事物之间建立联系，而且要在两类相去甚远的社会现象或事物之间建立联系。越是在两类相去甚远的社会现象或事物之间建立联系，想象的翅膀就越能展开，各种新颖别致的想法就越容易出现。同时，加强想象力的训练，还要重视奇思妙想的作用。奇思妙想既有开阔想象空间的功能，也有拉伸想象链条的作用。在社会工作策划创意训练中，千万不能小看奇思妙想的作用，相反，要切实鼓励奇思妙想。

三　创造力的训练

创造力是指社会工作策划者产生新思想、发现和创造新事物的能力。创造力是人类特有的一种综合性本领，也是社会工作策划创意思维中的一种合力，是由多种智力、多种心理因素构成的具有多层次的复杂结构的合力。创造力也是人们成功地完成某种创造性活动所必需的心理品质。有人认为，创造力是智力系统中最光彩照人的花朵，处于社会工作策划创意思维的最高层次。如果社会工作策划者没有创造力，那么，社会工作策划将黯然失色。注重培养社会工作策划者的创造力，是社会工作策划创意训练中最为关键的一项内容。创造力的培养和训练是一项系统且相对复杂的活动，通常需要把握好以下要点。

首先，深入理解创造力的多因素特征。关于创造力，创造学和心理学有一个基本统一的观点，即创造力是由多种因素综合构成的。具体来讲，创造力乃是由知识、智力、能力及优良的个性品质等多种因素综合优化构成的。就知识来说，光有知识并不表示就有很强的创造力，但缺乏知识显然难有很强的创造力。就智力来说，智力水平较高者并不一定就有很强的创造力，但研究表明，智力水平过低者，不可能有很高的创造力。就能力来说，办事能力很强者并不表示就有很强的创造力，但办事能力很弱者，一般不会具有很强的创造力。创造力除了受知识、智力、能力等因素影响之外，还受到一个人的个性品质等因素的影响。知识是创造力形成的基础，智力是创造力发展的条件，能力是创造力发挥的保障，个性品质是创造力运用的向导。社会工作策划者应正确理解创造力的结构性特征，切实增强和优化自身各种创造力因素，以不断提升自己的创造力。

其次，切实加强多种基本能力的培养。创造力作为一种能力，并非某种单一能力，而是一种综合能力。这种综合能力的基础能力主要包括知识吸收力、社会观察力、信息记忆力、科学思辨力、社会想象力、语言表达力等。没有这些基础能力，创造力不会自然形成。人可以有特定甚至几乎显得完全孤立的"特异功能"，但却不可能有像"特异功能"那样孤立的创造力。因此，在对社会工作策划进行创造力的培养和训练的过程中，必须让社会工作策划者懂得这个最基本的道理，切实加强作为创造力的共构因素的各种基础能力的培养。具体来说，就是要对策划者进行各种基础能力的培养，以保证他们具有较强的与社会工作策划相关的知识吸收力、社会观察力、信息记忆力、科学思辨力、社会想象力和语言表达力。只有这样，社会工作策划者才能真正具有创造的能力基础，才能在具体面对某一新的策划课题时不至于无能为力，或者不至于无从下手。

再次，积极开展各种独特思维的训练。人们在对创造力进行研究时总结出创造力的一些特点，这些特点包括：破旧立新，不守成规；标新立异，新颖别致；别出心裁，独具一格；另辟蹊径，勿蹈老路。创造力的这些特点，说到底，就是表明创造力更需要的是一种独特的思维。这种独特的思维包括同中求异思维和异中求同思维，集束中的发散思维和发散中的集束思维，基本要求是打破传统的思维定式。社会工作本来就是一种打破传统思维定式的工作，在宏观层面，它克服了政府承担社会一切事务而又表现出心有余而力不足的弊端，主张更多地由社会来关心社会、由社会来服务社会、由社会来建设社会；在微观层面，它使过去的单纯助人转化为助人自助。社会工作策划更是一种需要不断打破传统思维定式的工作，要做好这一工作，就应在社会工作策划者的创造力训练中，积极开展各种独特思维的训练，促使社会工作者真正具有一种标新立异的创造性思维。

最后，不断鼓舞敢于策划创新的勇气。创造在社会科学中通常被说成创新。创造也好，创新也罢，无疑都是对传统思维的突破，是对惯常做法的挑战。按照莫顿的说法，创新乃是一种"失范行为"。作为一种"失范行为"，要在社会中表现出来需要很大的勇气。这就是前面所说个性品质是创造力的重要因素的原因。在社会工作策划者的创造力培养、训练甚至应用的过程中，通常都需要得到来自创造活动内部和外部的各种鼓舞。所以，在社会工作策划创意训练中，高等学校教师、社会组织领导、社工机构督导以至于策划者的同事，都应不断鼓舞从事社会工作策划创新活动者的勇气，要为他们创造良好的创新环境，营造良好的创新氛围，让他们敢于突破各种框框，大胆提问、大胆反思、大胆设想。同时，从事社会工作策划创新活动的人员，也应不断克服自身的心理障碍，只要创新目标合理、创新方向对路，就不应有过多思想顾虑和心理畏惧。

第五章

社会工作事业发展策划

对于国家和政府来讲,社会工作是一项事业,一项社会福利事业,具体可以称为社会工作事业。《简明不列颠百科全书》就是在"社会福利事业"条目中论述"专门的社会工作"的。[①] 像其他社会事业一样,社会工作事业也需要发展。在我国社会工作事业起步不久的情况下,更需要大力地发展社会工作事业。那么,在我们这样一个刚刚兴起社会工作的社会里,怎样求得我国社会工作事业的发展呢?我们认为,党和政府的高度重视是很重要的一个方面,社会工作职能部门及其"智库"的精心策划是另一个重要方面。通过精心的策划,一是可以将社会工作事业纳入我国社会事业的整体发展之中加以推进,二是可以确保社会工作事业的有效推进和高质量发展不仅能得到党和政府的大力支持,而且能受到广大人民群众的热忱欢迎。社会工作事业发展策划的内容非常丰富。在此根据我国社会工作事业发展的现实状况和迫切要求,从四个方面讨论社会工作事业发展策划。

第一节 社会工作事业开拓策划

我国 2006 年以来开始受到特别重视的社会工作事业,乃是指"专门的社会工作"事业。这种社会工作事业尽管在国外兴起很早,但在我国可

---

① 张乐天主编《社会工作概论》,上海:华东理工大学出版社,1997,第 3 页。

说是一项新兴的事业。尽管我国20世纪90年代就在大学里开设社会工作专业（当时称为社会工作与管理专业），但在我国社会事业整体架构中，却找不到属于"专门的社会工作"的事业，如果说有的话，也只是部分渗透于政府部门、企事业单位开展的社会福利事业中。我国社会工作事业发展的基础十分薄弱。要发展我国的社会工作事业，显然没有现成的路子可走，必须开拓进取，从而使社会工作事业开拓策划成为我国社会工作策划的一个重要领域。

一　社会工作事业开拓策划的含义

社会工作事业开拓策划，通常是指由政府部门根据一个社会区域（包括国家或地区）的社会发展状况和社会工作需求，牵头开展对该社会区域在特定时期内社会工作事业发展的开拓性的或进取性的运筹、谋划和设计，并以此拿出一个社会区域社会工作事业发展总体方案的全部活动与过程。在我国，社会工作事业开拓策划，则是在党和政府的领导下，由相应层级的政府职能部门按照党和国家有关社会工作事业发展的目标与要求，牵头开展对一个社会区域的社会工作事业发展的开拓性的或进取性的运筹、谋划和设计，并以此拿出一个社会区域社会事业发展的总体方案，以指导和推进社会工作事业的发展。

社会工作事业开拓策划，也可称为社会工作事业发展规划，具体包括两个层面的内涵：一是拓荒性社会工作事业开拓策划；二是拓展性社会工作事业开拓策划。拓荒性社会工作事业开拓策划，是指在社会工作事业发展之初，特定社会区域的社会工作事业仍是一片空白，要推进社会工作事业发展，必须对社会工作事业进行"拓荒式开发"，也就是在社会福利事业领域设法开拓出一个社会工作事业发展的新领域，让社会工作事业在特定的社会区域尽快发展起来。拓展性社会工作事业开拓策划，时髦的说法即"社工+"策划，它是在基本的社会工作事业发展起来后，为了进一步指导和促进特定社会区域社会工作事业发展，在已有社会工作事业发展的基础上，继续开拓，多方拓展，不断创新，以将社会工作事业发展推向更广范围、更高水平的社会工作事业开拓策划。

第五章　社会工作事业发展策划

众所周知，我国的社会工作事业进入正式开拓发展时间较迟。2006年党的十六届六中全会通过了《中共中央关于构建社会主义和谐社会若干重大问题的决定》（以下简称《决定》），提出建设一支宏大的社会工作人才队伍，为我国社会主义和谐社会建设做出重要贡献。这是我们党对社会工作事业发展做出的第一个"决定"，发出的第一声"号令"。正因为如此，我们也可以将2006年称为中国社会工作事业发展的"元年"。[①] 以此计算，我国社会工作事业发展迄今只有十多年，其中还包括了统一思想、提高认识、宣传发动的时间。从历时性角度来看，说我国社会工作事业仍处于初步开拓阶段显然讲得通。当前我国的社会工作开拓策划，总体上更需要拓荒性的社会工作事业开拓策划。

从实际情况来看，我国社会工作事业发展得到各级党委和政府重视，一些经济社会颇为发达的地区，确实较早便迈开了社会工作事业发展的坚实步伐，如我国的首都北京，长江三角洲地区的上海、南京，珠江三角洲地区的广州、深圳、东莞、佛山等，已根据各自的社会发展状况和社会工作需求，大力推动社会工作事业的发展。其他一些经济较发达的省份或城市也较快地跟进。但是，我国仍有一些经济相对落后的地区，社会工作事业还只是在"兜底"的层次上，借由数量有限的社工，相对缓慢地做了一些推进工作，即使是社会福利领域也还未广泛引入"专业的社会工作"，拓荒性社会工作事业开拓策划仍十分必要。

同时也应当看到的是，在许多城市社会工作事业仍处拓荒性策划阶段时，我国南方的某些城市已进入拓展性社会工作事业策划阶段。2017年，广州市的政府工作报告便在全国首次采用"社工＋"的概念，提出"创新实施'社工＋'"。"社工＋"是什么意思？"社工＋"就是社会工作及其事业的拓展。具体来讲，"社工＋"即在社会工作传统实践领域获得较好

[①] "元年"也即事物发生发展的"首年""初年""第一年"。有关"元年"的说法目前在社会上比较流行，例如，国家自2010年起进一步强化了社会福利与民生建设的制度与服务供给，有学者甚至将2010年界定为中国社会福利制度与儿童福利制度"元年"。参见冯元《社区社会组织培育　自由生长　进笼规养　强弱相争？》，《社会与公益》2017年第4期。据此，笔者觉得我国社会工作作为一种社会事业的大发展，明显起自2006年召开的党的十六届六中全会的《决定》，所以，我们也可以将2006年称为中国社会工作事业发展的"元年"。

发展的基础上，使社会工作可能应用的领域不断得到拓展，使其可能服务的服务对象范围不断得以扩大，既促进相关领域事业的发展，也促进社会工作事业本身的更大进步，更促进社会工作服务覆盖更多的"有需要的人群"的一种举措。其例证是广州实施"社工+战略"。

当然，作为社会工作事业开拓策划的两个层面，拓荒性社会工作事业开拓策划与拓展性社会工作事业开拓策划并非截然分开的，两者只是相对而言的划分，它们同属于社会工作事业开拓策划的内容。通常来讲，拓荒性策划中需要有拓展性目标，拓展性策划中也需要拓荒性举措。从实践案例来看，当年深圳较早地开展拓荒性社会工作事业开拓策划，初步建立了社会工作事业发展模式，对深圳社会工作事业的发展起到了重要的指导与推进作用。但在随后广州开展的拓荒性社会工作事业开拓策划中，广州不仅铺垫了社会工作事业发展的基础，而且引入多种拓展性质素，形成了拓荒性策划的新思路和新模式。

二 社会工作事业开拓策划的构架

社会工作事业开拓策划首先是一种策划。作为一种策划，它应具备一般策划活动的基本性质，体现一般策划内容的基本架构。然而，社会工作事业开拓策划又明显不是一种通常意义的策划，而是一种特定社会区域的社会工作事业发展策划，一种特定区域的社会工作整体发展策划，一种以开拓特定区域的社会工作事业为目标取向的社会工作事业发展策划。自然，社会工作事业开拓策划，也应体现社会工作事业发展的背景，体现社会工作事业发展的需要，体现社会工作事业的发展目标，体现社会工作事业发展的开拓步骤，体现专业社会工作发展的科学规律，从而形成一种科学、合理、可行的策划构架。

1. 策划背景分析

社会工作事业开拓策划有着特定的背景，对特定的背景进行分析是社会工作事业开拓策划的起点。社会工作事业开拓策划的背景分析，主要涉及经济发展背景分析、社会发展背景分析、文化发展背景分析和政策供给背景分析。我国国家层面社会工作事业的开拓，当时的大背景在于：经过多年的改革开放，经济发展达到了较高水平，人们的物质生活需要基本得到了满足；经济发展过程中社会分化现象比较严重，社会矛盾和社会问题相对凸显，需要开展社会主义和谐社会建设；改革开放过程中引进了国外社会工作理念，而这种理念与我国传统文化可以融会贯通；2006年党的十六届六中全会通过的《决定》中提出了"建设宏大的社会工作人才队伍"的大政方针，接着国家各有关部门出台了推进我国社会工作事业发展的多项政策。至于区域层面的社会工作事业开拓策划的背景分析，显然也是从这四个方面来进行的，只不过其内容更为具体而已。

2. 社会需求分析

社会工作事业开拓策划需要进行社会需求分析，其目的是为社会工作事业开拓策划提供依据。所谓社会需求实际上就是人民群众的需要和要求，具体来讲就是人民群众在特定社会背景和特定条件下产生的内心的向往或可行的选择。习近平总书记指出："人民对美好生活的向往，就是我们的奋斗目标。"[①] 正因为这样，社会工作事业发展策划必须以人民群众的需求为依据。社会需求内涵十分丰富，有理论的需求、表达的需求、实际的需求和比较的需求等多种。理论的需求是从有关理论推导出来的需求；表达的需求是人民群众通过各种方式表达出来的需求；实际的需求是相对于理论的需求而言的，它是实实在在的需求；比较的需求则是通过某种参照系考究出来的需求。在社会工作事业开拓策划中，策划者必须通过各种方式，对人民群众的需求，包括理论的需求、表达的需求、实际的需求和比较的需求加以全面了解，并进行深入的分析。

3. 目标体系设计

社会工作事业开拓策划毫无疑问要进行目标体系的设计，目标体系设计是社会工作事业开拓策划的关键一环。没有目标，社会工作事业开拓就会漫无目的；目标不明，社会工作事业开拓就会无所适从。社会工作事业开拓的目标是一个体系。从事业功能来看，则有解决现实困难的目标、预防问题出现的目标、建立互动关系的目标、促进社会交往的目标、链接社

---

① 习近平：《在庆祝"五一"国际劳动节暨表彰全国劳动模范和先进工作者大会上的讲话》，北京：人民出版社，2015，第7页。

会资源的目标、推动社会善治的目标、实现和谐发展的目标等。从目标群体来看，则有老年人社会工作事业目标、青少年社会工作事业目标、残疾人士社会工作事业目标、婚姻与家庭社会工作事业目标等。从延时性上来讲，有近期目标、中期目标、长期目标之分；从延展性上来讲，则有不同类型、不同层级的社会区域的目标。在社会工作事业开拓策划中，策划者应根据策划的背景和社会的需求，设计一个合理的目标体系，或在上述目标类型中选择某些目标，并组配成一个合理的目标体系。

4. 发展模式创新

社会工作事业开拓策划需要体现社会工作事业的发展模式创新。发展模式创新是社会工作事业开拓策划的题中之义。有创新才能体现策划本意，没有创新也就谈不上策划。当然，这种创新是相对而言的，主要关涉到两个方面。一是相对于国外来讲，社会工作事业开拓策划应当创新。这种创新应当是体现中国特色的创新。二是相对于国内来讲，社会工作策划也应当创新。这种创新应当是体制创新、功能创新和管理创新。这里有一个创新的范例，讲的是广州市社会工作事业开拓策划的创新。2010 年 8 月，《中共广州市委　广州市人民政府关于加快推进社会工作及其人才队伍发展的意见》出台，[①] 该策划晚于作为全国试点的深圳等城市的策划，这里就有个创新的问题。在充分考察、研讨深圳、上海等城市的策划方案的基础上，广州市开展了三个方面的创新：一是采用政府购买社会服务的模式；二是在街道一级建立社会工作平台；三是以项目制的方式进行集成运作。

5. 保障机制设定

社会工作事业开拓策划也需要进行社会工作开拓保障机制的设定，保障机制设定是社会工作事业开拓策划付诸行动的关键。没有一定的保障机制，再好的社会工作事业开拓策划也可能只是"空头支票"，不能付诸行动，落不到实处。社会工作事业在我国是一项新兴的事业，设定一定的保障机制更在情理之中。这里的保障机制的重点在五个方面：一是人才保障

[①] 《中共广州市委　广州市人民政府关于加快推进社会工作及其人才队伍发展的意见》，《广州市人民政府公报》2010 年第 17 期。

机制；二是组织保障机制；三是经费保障机制；四是制度保障机制；五是宣传保障机制。在上述意见中，就提出了"建立完善社会工作及其人才队伍发展的保障机制"，其具体内容有：加强社会工作及其人才队伍发展的统筹协调；建立社会工作的多元投入机制；加快推进社会工作政策法规和制度建设；加大对社会工作的宣传力度。① 其中加强社会工作及其人才队伍发展的统筹协调事实上就包括人才保障机制和组织保障机制两方面内容。

三 社会工作事业开拓策划的原则

社会工作事业开拓策划是一项事关一个国家或地区未来一定时期社会工作事业发展的策划，或者还可以称为社会工作发展的运筹或谋划，它是指导和规制一个国家或地区社会工作事业、社会工作服务、社会工作人才发展的政策和策略。其策划成果往往要以政府文件的形式发布出来，且要在一个国家或地区加以贯彻落实。因此，在开展社会工作事业开拓策划的过程中，无论是各级领导、管理人员还是智库专家，都必须遵循若干重要原则。

1. 进取性原则

众所周知，大凡干大事业者都应有较强的进取心。进取心是一种积极向上、不断追求进步的精神，是创建一番事业的动力，也是事业成功的保障。进取性则是人们所从事的事业或工作所体现出的一种特征，这种特征的外部表现就是积极向上、蓬勃发展，而其深层内涵则是从事某种事业或工作的人们给某种事业或工作加注的一种可以使其积极向上、蓬勃发展的素质和能量。社会工作事业在我国是一项新的事业，按部就班地推进是不行的，这里的原因很简单，就是过去我国并没有在体制上被称为事业的社会工作，也即过去并没有这个"部"，因而就谈不上按这个"部"来就这个"班"。社会工作事业开拓策划从一开始就应遵循进取性原则，无论是拓荒性的还是拓展性的社会工作事业开拓策划，都应特别强调进取性，以

---

① 《中共广州市委 广州市人民政府关于加快推进社会工作及其人才队伍发展的意见》，《广州市人民政府公报》2010年第17期。

社会工作事业欣欣向荣、蒸蒸日上为目标。

2. 严肃性原则

毛泽东同志告诉我们："政策和策略是党的生命，各级领导同志务必充分注意，万万不可粗心大意。"① 社会工作事业开拓策划的实质是为国家或地区的政府部门制定一定时期社会工作事业发展的战略策略，出台一定时期社会工作事业发展的方针政策服务的智力服务工作，它不像策划某项一般的社会工作服务活动（如策划小组工作活动、社区工作活动以及各种社会工作外展活动）那样可以尽量地做到灵活机动、生动活泼，而是要突出讲究策划的严肃性，尤其是策划出台相关社会工作政策、法规时更应注意严肃性。这就要求承担社会工作事业开拓策划的领导干部和智库专家，一是要重调查，深入社会实际，真正了解国情省情市情民情；二是要讲政治，从宏观上把握政策决策的正确政治方向；三是要讲精要，要让相关部门和基层社会管理人员都能够精准领悟和贯彻落实。

3. 协调性原则

社会工作事业是一个国家全部社会事业的一个组成部分，而绝不是社会事业的全部，甚至也不是社会事业的大部，因此，在进行社会工作事业拓展策划的时候，不能眼睛只盯在社会工作自身上，要有开阔的心境和眼界，要把社会工作当成社会发展、社会治理、社会建设和社会服务的重要组成部分来看待，要把社会工作当成整个民生改善型社会事业和民生发展型社会事业的重要组成部分来认识。在这一基础上，要充分协调好各实践领域之间的关系（如社会工作与社会治理的关系、社会工作与社会建设的关系）和各社会主体之间的关系（社会工作机构与政府的关系、社会工作机构与基层社区的关系、社会工作机构与社区居民的关系、社会工作机构与社会力量之间的关系），目的都在于确保社会工作事业与其他社会事业协调发展、社会工作事业与社会进步相协调。

4. 指导性原则

开展任何一项社会事业开拓策划，基本上都不是自己策划自己实施，而是要对一个特定社会区域的社会工作事业发展起指导作用。因此，在开

---

① 《毛泽东选集》（第 4 卷），北京：人民出版社，1991，第 1298 页。

展社会工作事业开拓策划时，必须重视这项策划的指导作用。具体可以从三个层面来理解。第一，社会工作事业发展取向的指导作用。社会工作事业要朝着何种方向发展，要实现何种发展目标，必须定向明晰、定位准确，说得清楚。这样，才能对贯彻落实的人起具体指导作用。第二，社会工作发展路径的指导作用。社会工作事业发展要采取何种发展路径，先开拓什么，后发展什么，也要说得清楚，这样才能指导贯彻落实的人分步推进、有效落实。第三，社会工作事业发展措施的指导作用。社会工作事业发展无论采取何种措施，如组织保障、人员保障、经费保障、制度保障等方面的措施，都要具体说明，以指导基层管理者逐一落实。

四 "社工+"策划的关键问题引述

自从"互联网+"出现后，许多形式上为"X+"的概念相继出现在我国经济发展相应领域。社会发展领域显然也不甘落后，其中"社工+"一词便较早出现在我国社会工作事业发展较快的广州市2017年的政府工作报告中。无论是社会治理领域还是社会工作领域，"社工+"对于人们来讲都是一个新的概念。这一概念的基本意思是社会工作拓展或社会工作事业拓展。但"社工+"所要表达的深层含义是什么？"社工+"都有哪些社会工作的拓展方式？"社工+"如何才能得以有效推进？针对这几个基本问题，在此特进行简要的讨论。

1. "社工+"：社会工作拓展的推进模式

由于"社工+"并非一个社会工作领域的传统概念，而是一个新的概念，因而，"社工+"是什么，是当初接触该概念的人们既好奇又想尽快得到答案的问题。从某种意义上来说，"社工+"是关于社会工作拓展和社会工作推广的一种带有模式化含义的简约表述，或者干脆可以说是社会工作或社会工作事业拓展的一种模式。说"社工+"是社会工作拓展的一种模式，其理由在于以下几点。

首先，"社工+"是源自社会工作拓展历程的一种概括模式。社会工作发展史表明，社会工作领域是逐步拓展出来的，"社工+"即这些拓展过程的一种模式化概括。在慈善组织会社时期，社会工作最初只在狭小的社会服务领域得以产生,当时的重点是帮助社会底层的贫民。在睦邻组织运动时期,社会工作明显拓展了其服务对象和领域,不仅直接帮助贫民,而且推进贫民区社区建设,以更好地帮助贫民。在社会安全制度建立后,社会工作拓展出劳工就业与失业的服务。在社会福利制度出现后,社会工作服务的领域变得更加宽泛,一些福利国家出台了从"摇篮到坟墓"的福利制度,受其影响,社会工作的服务领域拓展到空前的范围。① 其实,社会工作发展的每一步,都是在实行"社工+"。

其次,"社工+"是加快社会工作拓展进程的一种促推模式。王思斌早先认为,"在我国,社会工作还处于初创阶段,许多政府部门或系统还没有认识到社会工作的意义,不向社会工作开放。从这个角度来说,社会工作拓展进入新的领域是必要的"。② 至今,我国仍有不少可以推进社会工作的系统或部门开展社会工作的动力不足,甚至轻视社会工作的作用,且以"社会工作我们也可以做""我们本身也在做社会工作"为由,消极抵制社会工作的介入和拓展。有了"社工+"概念的提出,有了"社工+"战略的出台,什么是社会工作,什么是"社工+",什么部门应当"社工+",什么部门需要"+社工",便能清晰地展示于人们面前,从而"社工+"也就成为一种社会工作拓展进程的促推模式。

最后,"社工+"是优化社会工作拓展过程的一种引导模式。对于社会工作拓展问题,包括如何选择领域,如何有效推进,国内早前并无具体研究,以致行业发展没有规划,"走一步看一步"。"社工+"及"'社工+'战略"的提出,借由战略规划思路,构建起"拓展领域选择—拓展目标定位—拓展重点设定—拓展实施推进"的社会工作拓展模式,可以在社会工作拓展过程中,具体引导人们将某些与社会工作存在密切关系,并对社会工作有明确需求的社会事业或公共服务与社会工作有机地结合起来,以社会工作的理念、方式、方法,有力地推进社会事业或公共服务的人本化、精细化和有效化。从这个意义上来讲,"社工+"事实上可以说是优化社会工作拓展过程的一种积极引导模式。

---

① 庄勇:《社会工作管理学概论》,贵阳:贵州民族出版社,1998,第11~14页。
② 王思斌:《社会工作的拓展及"跨界"》,《中国社会工作》2017年第10期。

2. "社工+"：社会工作拓展的两种方式

王思斌将社会工作拓展分为两大空间，并指出，社会工作的发展空间是因为要解决迫切的社会需要和社会矛盾问题，以及提升人民的社会福祉而生成的，这里有两种可以发挥其积极作用的空间——让渡空间和拓展空间。让渡空间和拓展空间原本是指社会工作得以生存的空间，前者指由政府退出而让给社会工作发挥作用的空间，后者指社会工作群体能动地开发而形成的发挥作用的空间。在某种意义上，前者可以视为社会工作能够发挥作用的"存量空间"，后者则是"增量空间"。[①] 从总体上来说，在政府主导社会工作发展的体制和制度背景下，政府统摄的范围乃是我国社会工作发展的重要空间。

很明显，以上论述是从社会工作生存与发展关系的角度划分的社会工作拓展的两大空间。从我国"自上而下"的社会工作推进过程来看，"存量空间"当是在社会工作发展初期，政府根据社会服务的需要，在社会工作的传统服务范围内，给社会工作让渡出来的空间。这种空间决定着社会工作在中国能否起步，能否落地生根、开花结果。"增量空间"应是依据社会工作的能力和成长性，在"存量空间"基础上拓展出来的空间。这种"增量空间"包括两个方面的内容：一是政府根据社会治理创新发展需要，再次让渡出来的空间；二是社会工作群体能动地开发出来的空间。这种空间显然是当前社会工作的拓展空间。

站在社会工作发展与政府关系的角度来看，作为社会工作拓展意义上的"社工+"，通常也有两种拓展方式：一是纳入性拓展，二是介入性拓展。纳入性拓展是政府将社会工作主动纳入政府社会治理创新发展的相关领域，让社会工作发挥更大作用而取得的"增量空间"。政府部门"要接纳社会工作，引入社会工作"，实现行政工作与社会工作的良好结合。[②] 介入性拓展也可称为融入性拓展，是指社会工作群体或机构根据政府社会治理需要和社会公众需要，在政府和社会支持下，主动介入或融入诸多社会

[①] 王思斌：《积极拓展社会工作发展新空间》，《中国社会工作》2017年第19期；《社会工作参与社会治理创新的层面与可能贡献》，《广州社会工作评论》2016年第1期。

[②] 谢俊贵：《论精准扶贫中的社会工作精准化》，《贵州师范大学学报》（社会科学版）2017年第1期。

治理领域和社会生活领域而取得的"增量空间"。纳入性拓展所获得的"增量空间",本质上仍是政府的"让渡空间";而介入性空间则更多的是社会工作群体主动融入和服务社会的结果。

"社工+"到底"+"什么呢?具体来讲可以分为两个大的层面。第一是政府责任所及的公共服务提供和社会治理创新层面。政府责任所及的公共服务提供和社会治理创新领域,如果有必要纳入社会工作服务,都可成为"社工+"的内容。当然,这里应当优先纳入社会工作服务领域应当属于民生改善方面的服务,比如前几年的"社会工作+精准扶贫"或"精准扶贫+社会工作"。[①] 第二是政府责任难及的日常社会生活维系和社会关系协调层面。政府责任毕竟是有限的,政府责任难及的日常社会生活维系和社会关系协调层面,需要社会工作介入的领域很广,如"邻里关系+社会工作""族群关系+社会工作"等,大凡基层群众需要社会工作介入的社会生活领域,都可成为"社工+"的内容。随着我国网络社会的到来,网络社会也同样非常需要"社工+"的纳入或介入。

3. "社工+":作为一项战略的推进策略

"社工+"作为社会工作拓展的一种推进模式,由广州提出只有几年,目前仍处于初步建构阶段,还有很多的理论问题未能厘清。关于"社工+"应当如何"+",或者说"社工+"策划应当如何进行,理论界显然关注不够。政府部门虽在提出"社工+"战略时有初步考虑,但由于缺乏理论指导,其认识不见得达到了系统、科学的程度。至于社会工作实务界和基层社区管理人员,更有可能处于一种"盲人摸象,顾此失彼"的窘境。因而有必要论及这个问题。

第一,推进"社工+"战略,需要了解"社工+"的基本方式。"社工+"是一个总体性概念,它包括"社工+X"和"X+社工"两大部分,也即分前"+"还是后"+"两种类型。进行"社工+X"和"X+社工"的区分,并非一种文字游戏,其中包含深刻的学理内容。"社工+X"中的"+"是"介入"的意思,也就是社会工作"介入"某个社会治理

[①] 谢俊贵:《论精准扶贫中的社会工作精准化》,《贵州师范大学学报》(社会科学版)2017年第1期。

与社会服务领域，体现的是社会工作群体的主动性和能动性；而"X+社工"中的"+"是"纳入"的意思，也就是某个社会治理与社会服务领域将社会工作纳入其中，通常体现的是政府职能部门的主动性和能动性。我们推进"社工+"战略，有必要将两者有机结合起来。

第二，推进"社工+"战略，要求制定"社工+"的系统规划。在中国国情下，所谓"社工+"，严格地讲并非专指甚至并非是指民政工作"+"社会工作，而更多的是指除民政工作外的其他社会治理和社会服务"+"社会工作。民政工作"+"社会工作，只能算是小跨度的"+"，其他社会治理和社会服务"+"社会工作，才能算是大跨度的"+"。当然，从社会工作发展现状的角度来讲，推进"社工+"战略，客观上不仅要将大跨度的"+"纳入其中，而且要根据现实情况优先考虑小跨度的"+"。小跨度的"+"是大跨度的"+"的试验田，大跨度的"+"是小跨度的"+"基础上的延伸拓展。为此，必须制定"社工+"的系统规划，真正区分轻重缓急，做到推进有序。

第三，推进"社工+"战略，必须提供"社工+"的资源保证。一谈到"社工+"，我们的一些社会工作者就兴奋异常，认为"天下无处不社工"。事实上，"社工+"战略的推行是要受到资源制约的。没有充足的开展社会工作的资源，"社工+"就无法实现；有了充足的开展社会工作的资源，"社工+"才能够真的实现。我们提出"社工+"战略，实际上就是要在现有社会工作发展的基础上进一步拓展社会工作服务领域，而拓展社会工作服务领域就需要追加社会工作的资源。俗话说，"兵马未动，粮草先行"。拓展社会工作服务领域的资源在哪里，能在多大程度上保证拓展社会工作的资源，很有必要计在事先。

第四，推进"社工+"战略，更应吸纳"社工+"的高级人才。"社工+"有一个特性，这个特性类似于费孝通先生所讲的"差序格局"，也就是说，"社工+"从社会工作基础结构来讲，也"好像把一块石头丢在水面上所发生的一圈圈推出去的波纹"，愈推愈远，也愈推愈薄。[①] 这里的"愈推愈远"，是指离社会工作核心领域越来越远；这里的"愈推愈薄"，

---

① 费孝通：《乡土中国》，北京：北京出版社，2005，第32页。

是指社会工作拓展领域的社会工作基础结构愈加薄弱。因此,我们推行"社工+"战略,对社会工作专门化人才、高层次人才的需要将更加迫切。须知,在"社工+"范围内,并非所有人都有充任社工的机会,理当培养和广泛吸纳"社工"的高级专门人才。

第五,推进"社工+"战略,强调建立"社工+"的成套制度。"社工+"是一个新理念、新事物,"社工+"战略是一种新谋略、新行动,它将改变一个地区社会工作的发展格局,加快一个地区社会工作的发展步伐。然而,社会工作推进初期的经验和教训告诉我们,要确保"社工+"取得好的成效,一刻也离不开制度保证。为此,在实施"社工+"战略之前,很有必要建立"社工+"的制度。这种制度应是成套制度,而不是零星的制度或单一部门的制度。要站在整个地区拓展社会工作领域、推进社会工作发展的高度,从人、财、物、信息、时间、空间、组织、环境、社会关系等方面,切实建立完善的"社工+"管理制度。

第六,推进"社工+"战略,重视强化"社工+"的管理协调。正如前述,"社工+"不只是一个系统或一个部门的"+",它的总体发展方向是地区各项社会事业、社会治理、社会建设、社会服务都要逐步地"+",这就涉及地区很多系统与部门。在社会工作发展初期,不少地区已经成立了社会工作协调机构,但其协调功能显得不是特别强,各系统、各部门各自为政的现象仍然存在。在"社工+"的情况下,如不强化管理协调功能,各自为政的现象很有可能更加凸显。为此,必须趁"社工+"战略推行之机,进一步强化社会工作发展协调机构的功能,确保社会工作发展的协调机构更好地适应"社工+"的新格局。

第七,推进"社工+"战略,还应关注"社工+"的创新面向。人类已进入信息社会一个相对高级的发展阶段——网络社会。网络社会也并非纯净天地,需要治理;网络社会的网民中同样存在困难人群,需要关怀;网络社会中同样存在失范人群,需要矫正。因此,无论将互联网作为人们劳动工作的一种先进手段,还是作为人们社会生活的一种社会场域,"社工+"都须对其予以高度关注。如果将互联网作为一种先进手段,那是手段创新,那么就应关注"社工+互联网",以促进社会工作手段的变革;如果将互联网作为人们社会生活的一种社会场域,那是领域创新,那么就应高度关注"网络社会+社工"。

第八,推进"社工+"战略,需要防止"社工+"的过度跨界。社会工作可以拓展,但不能过度"跨界"。[①] 王思斌曾以专文讨论社会工作拓展问题,他主张拓展,但不主张"跨界"。社会工作本质上是一种社会福利事业,与社会福利事业搭不上边的领域,显然都不适于"社工+"的问题。除非在国家或地方的社会福利政策有所改变,相应的领域也实行某种社会福利政策的情况下,或者在相应的领域确需借助社会工作这种社会福利事业支持的情况下,"社工+"或"+社工"才能拓展到相应的领域。推行"社工+"战略,事实上其中也潜存多方面的利益问题,政府应当坚持这个基本的底线,以防止"社工+"过度的跨界。

第二节 社会工作队伍建设策划

社会工作队伍建设也即社会工作人才队伍建设。社会工作人才通常是指社会工作专业人才。社会工作专业人才是具有一定社会工作专业知识和技能,在社会福利、社会救助、慈善事业、社区建设、婚姻家庭、精神卫生、残障康复、教育辅导、就业援助、职工帮扶、犯罪预防、禁毒戒毒、矫治帮教、人口计生、纠纷调解、应急处置等领域直接提供社会服务的专门人员。社会工作人才是社会工作事业的重要组成部分,是社会工作事业发展的重要基础,是中国特色社会主义社会建设的有生力量和重要支撑。党的十六届六中全会通过的《决议》首次提出建设一支宏大的社会工作人才队伍,为社会主义和谐社会建设做出贡献。各部门在推动社会工作事业发展时,首推政策也是加强社会工作人才队伍建设。怎样在社会工作人才缺乏的情况下,建设一支宏大的社会工作人才队伍,就成为一个需要策划的问题。根据我国已采取的措施,可整合出一个简要的策划经验。

一 社会工作人才队伍建设策划状况

社会工作人才队伍建设策划涉及社会工作人才队伍建设规划、社会工

[①] 王思斌:《社会工作的拓展及"跨界"》,《中国社会工作》2017年第10期。

作人才队伍建设计划等。一般说来，社会工作人才队伍建设计划是根据短期内的社会工作人才急需情况而制定的人才引进、人才培训等的具体计划；而社会工作人才队伍建设规划则是根据未来较长时段中对社会工作人才的需求而所做出的具有较强前瞻性和指导性的社会工作人才队伍建设计划。社会工作人才队伍建设规划是社会工作事业发展策划的关键内容和高端体现。按照人力资源管理的经验，要做好人才队伍建设，必须先拿出人才队伍建设的规划。只有拿出人才队伍建设的规划，才能依据规划有效推进，最终达到人才队伍建设的规划目标。

我国社会工作人才队伍建设的规划思路，是在党的十六届六中全会《决定》中提出的。《决定》明确要求建设宏大的社会工作人才队伍，同时进行了展开论述并提出了政策指导，认为造就一支结构合理、素质优良的社会工作人才队伍，是构建社会主义和谐社会的迫切需要。进而要求建立健全以培养、评价、使用、激励为主要内容的政策措施和制度保障，确定职业规范和从业标准，加强专业培训，提高社会工作人员职业素质和专业水平。制定人才培养规划，加快高等院校社会工作人才培养体系建设，抓紧培养大批社会工作急需的各类专门人才。充实公共服务和社会管理部门，配备社会工作专门人员，完善社会工作岗位设置，通过多种渠道吸纳社会工作人才，提高专业化社会服务水平。

在党的十六届六中全会《决定》的指引下，我国国家层面的社会工作人才队伍建设规划于2010年出台，中央发布的《国家中长期人才发展规划纲要（2010—2020年）》（以下简称《纲要》）首次将社会工作人才队伍建设纳入国家中长期人才发展规划，并将社会工作人才提升到与党政人才、企业经营管理人才、专业技术人才、高技能人才和农村实用人才相并列的第六类重要人才地位。《纲要》明确提出，适应构建社会主义和谐社会的需要，以人才培养和岗位开发为基础，以中高级社会工作人才为重点，培养造就一支职业化、专业化的社会工作人才队伍。到2015年，社会工作人才总量达到200万人。到2020年，社会工作人才总量达到300万人。同时还提出我国社会工作人才队伍建设的重要举措。

2011年11月8日，中央组织部、中央政法委、民政部等18个部门和组织联合发布了《关于加强社会工作专业人才队伍建设的意见》（以下简称《意见》），内容包括加强社会工作专业人才队伍建设的重要性、紧迫性、指导思想、工作原则和目标任务，大力加强社会工作专业教育培训，积极推动社会工作专业岗位开发和专业人才使用，切实推进社会工作专业人才评价和激励，加强党对社会工作专业人才队伍建设的领导等。这是中央第一个关于社会工作专业人才的专门文件，在我国社会工作事业发展史上具有里程碑意义。《意见》指出，培养造就一支高素质的社会工作专业人才队伍，为加强和创新社会治理、构建社会主义和谐社会以及巩固党的执政基础提供有力的人才支撑，是当前一项重大而紧迫的战略任务。

在中央出台社会工作人才队伍建设规划后，各地也很快出台了本地区的社会工作人才队伍建设规划。就广东省来讲，不仅省里出台了有关社会工作人才队伍建设规划，各市也出台了社会工作人才队伍建设规划。2010年12月27日广东省出台了《广东省2011-2020年中长期人才发展规划纲要》，该纲要明确指出，"适应率先构建社会主义和谐社会和建设全国高水平、高品质社会事业发展示范区的需要，以人才培养和岗位开发为基础，以中高级社会工作人才为重点，培养造就一大批职业化、专业化的社会工作人才"。到"2015年，专业社会工作者达到5万人，社会工作人才总量达到20万人。2020年，专业社会工作者达到10万人，社会工作人才总量达到30万人"。[1] 2021年4月30日发布的《广东省民政事业发展"十四五"规划（2021-2025年）》提出，"力争到2025年底，我省社会工作专业人才总量达到15万人，实现社会工作专业人才职业水平评价资格与相应系列专业技术职务评聘相衔接，完善社会工作专业人才薪酬体系"。[2]

二 社会工作人才队伍建设质量要求

我国社会工作人才队伍建设的总体目标是规模宏大、素质优良、结构

---

[1] 《中共广东省委广东省人民政府关于印发〈广东省中长期人才发展规划纲要（2010-2020年）〉的通知》（2010年12月27日），广东人才网，2019-10-18，http://web.gdrc.gov.cn/gdrcw/rczc_qs/201910/a3228d1128b94042953f39ca3e25cf08.shtml。

[2] 《广东省民政厅关于印发〈广东省民政事业发展"十四五"规划（2021-2025年）〉的通知》，广东省民政厅官网，2021-04-30，http://smzt.gd.gov.cn/zwgk/zcfg/zhfg/content/post_3287199.html。

合理。规模宏大就是社会工作人才数量众多。我国拥有14亿人口,需要成千上万的社会工作人才去从事社会所需要的社会工作,并且各级政府部门、事业单位、企业单位、社会组织和基层社区业已实际表现出对社会工作人才的大量需要。在社会工作人才队伍建设规划中,必须坚持这一建设目标。现在要讨论的是,社会工作人才队伍建设策划中如何提出社会工作人才队伍建设的质量要求。社会工作人才队伍建设的质量要求是社会工作人才队伍建设策划或规划的重要内容,它主要体现社会工作人才的基本素质和社会工作人才队伍的总体质量。

1. 品质优良的质量要求

在社会工作人才队伍建设的策划与规划中,品质优良的质量要求着重关注的是社会工作人才队伍的思想素质优良和道德素质优良两大方面。一是要确立社会工作人才队伍思想素质优良的建设目标,提出提升社会工作人才队伍思想素质的要求。社会工作是一项以民为本、为民解困、助人自助的社会服务工作,社会工作者如果没有为人民服务的观念,没有奉献思想和献身精神,显然是不称职、不合格的。二是确立社会工作人才队伍道德素质优良的建设目标,提出增强社会工作人才队伍道德素质的要求。社会工作是做人的工作,是助人自助的工作,是帮助困难群体的工作,社会工作者必须具有高尚的道德情操和强烈的社会责任感和使命感,才能全心全意做好社会工作服务,才能得到服务对象的信任,也才能提升社会对社会工作的接受度,从而使社会工作发挥更大作用。

2. 业务精湛的质量要求

业务精湛的质量要求是对社会工作人才业务素质方面的要求。自从社会工作专业化发展以来,社会工作先发国家都对社会工作者提出了很高的业务素质要求。例如,在美国,取得社会工作专业学士学位是进入社工岗位的最低要求,而事实上硕士学位才是大多数社工岗位的最低标准。想要从事社会工作行业的在校生,一般都会继续深造,以拿到硕士或博士学位。而已经进入该行业者,则会接受继续教育。[①] 这表明,现代社会对社会工作人才的业务素质要求很高。社会工作是一门科学,是一门学问,也

---

① 杨克:《美国社会工作》,北京:中国社会出版社,2014,第40~41页。

是一门专业技能。作为专业的社会工作者，必须具有社会工作方面的科学理论素养、专业技术知识、实践工作能力和社会工作经验。在开展社会工作人才队伍建设策划和规划时，很有必要像教育部门对教师提出业务精湛的要求那样，对社会工作人才队伍提出业务精湛的要求。

3. 结构合理的质量要求

结构合理是指社会工作人才队伍应具有合理的结构。社会工作人才队伍的结构是一个整体上的概念，它是由社会工作本身的内容结构决定的，而社会工作本身的结构又是社会对社会工作的需求决定的。[①] 在现实社会中，人民群众对社会工作的需求多样，实际的社会工作内容又异常丰富，社会工作类型多种多样，社会工作层次也有区分。这些不同内容、不同类型、不同层次之间的社会工作存在较大差别，这就既要求社会工作人才的通识化，又要求社会工作人才的专业化；既要求有中高层次的社会工作专业人才，又要求有初级层次的社会工作人才；既要求有服务不同群体的社会工作人才，又要求有服务不同领域的社会工作人才。适应这些要求，社会工作人才队伍建设策划或规划，也当提出社会工作人才队伍结构合理的质量要求，以适应人民群众多样化的社会工作需求。

三 社会工作人才队伍建设可行方式

近几年来，我国社会工作人才队伍建设经过国家和地区党政部门的大力推进，取得了快速的发展，其中就有社会工作人才队伍建设策划的功劳。事实上，在中央各部门发布的各种社会工作方面的文件中，都会强调加强社会工作人才队伍建设的要求，并提出社会工作人才队伍建设的可行方式。那么，作为社会工作人才队伍建设的方式有哪些？如何在社会工作人才队伍建设的可行方式中选择多出人才、快出人才、出好人才的方式呢？这里同样有一个策划或规划问题。就目前来讲，可供选择的社会工作人才队伍建设可行方式主要有四种，社会工作人才队伍建设策划或规划者可以从中选择适合本地区的具体方式。

---

① 谢俊贵：《宏大社工队伍建设与高校社工专业任务》，《北京工业大学学报》（社会科学版）2011年第1期。

1. 依靠高等学校培养人才

无论在哪一个国家或地区，高等学校永远是人才队伍建设的"工作母机"。之所以有如此说法，主要是因为以下几点。第一，高等学校以培养专业技术人才为己任。专业技术人才培养是高等学校的分内事情，不管是哪一所高等学校，都是以培养某一类或某几类专业技术人员作为学校的主业。第二，高等学校以培养多层次多规格人才为己任。既可以培养本科生，也可以培养硕士博士研究生，同时，还可通过继续教育、培训教育等方式培养更多的各类专业技术人才。第三，高等学校以培养培训者为己任。高等学校培养出来的专业技术人才，可以进入大学，成为专业教育的教师，多层次多形式地开展专业技术人才培养，或者进入社会的相关行业后，成为行业内培训或培养专业技术人员的培训者或培养者。

社会工作在国外尤其在发达国家，乃是由高级社会工作专门人才从事的一项专业性很强的工作。社会工作者在我国也被归于专业技术人员的范畴。理所当然，高等学校同样是社会工作人才队伍建设的"工作母机"，尤其是中高级社会工作人才培养的"工作母机"。[1] 依靠高等学校培养社会工作人才，加强社会工作人才队伍建设，是我国社会工作人才队伍建设的基本方式。党的十六届六中全会《决定》指出："制定人才培养规划，加快高等院校社会工作人才培养体系建设，抓紧培养大批社会工作急需的各类专门人才。"《纲要》明确要求："建立不同学历层次教育协调配套、专业培训和知识普及有机结合的社会工作人才培养体系。加强社会工作学科专业体系建设。"

中央组织部、中央政法委、民政部等 18 个部门和组织联合发布的《意见》说得更为具体、更为明确。"大力发展社会工作专业教育。加强社会工作学科专业体系建设，制定科学的专业设置标准，完善社会工作专业教学规范。支持社会工作专业学士、硕士、博士学位授权点基础建设，积极推广社会工作硕士专业学位教育，促进社会工作硕士专业学位教育与社会工作专业人才职业水平考试相衔接。推动社会工作学科重点研究及人才

---

[1] 谢俊贵：《宏大社工队伍建设与高校社工专业任务》，《北京工业大学学报》（社会科学版）2011 年第 1 期。

培养基地建设。"同时，该《意见》还进一步要求，"发展社会工作高等职业教育，改善职业教育结构，逐步形成完善的职业教育体系。改革、完善社会工作专业人才培养模式，提高实践教学在学校教育中的比重，健全实习督导制度，加大实践教学和实习基地建设力度"。

在党中央、国务院的高度重视和关怀下，我国社会工作高等教育已蓬勃地发展起来。据 2019 年的统计，在我国高校中，设有社会工作专科专业的共有 82 所，设有社会工作本科专业的共有 348 所。其中开办社会工作本科专业的大学，从办学水平来讲，包括"985 大学"、"211 大学"和普通大学；从大学类型来讲，有综合性大学和专门性大学。不仅如此，我国还积极推进社会工作硕士专业学位教育。社会工作硕士（简称 MSW）是国家 2009 年增设的一种专业学位。全国首批开展社会工作硕士专业学位教育试点工作的研究生培养单位共有 33 所，2010 年扩充 25 所，2011 年扩充 3 所，2014 年扩充 43 所，2018 年扩充 42 所，至此我国有 152 所大学招收社会工作硕士研究生。据"中国社会工作者"公众号推送资料显示，2019 年我国再扩充了 3 所，从而使我国招收社会工作硕士研究生的大学达到 155 所。[①] 以后还将不断增加。同时，我国具有社会学一级学科博士或硕士点的 90 多所大学还可招收学术型社会工作硕士、博士研究生。社会工作人才培养体系日趋完善。

2. 依靠行业组织培训人才

当社会急需某类专业人才，而此类专业人才又相当匮乏、供不应求的时候，依靠行业组织培训人才应该是一条较好的路子。很多新兴的产业、行业都曾遇到过这类情况。例如，当年计算机刚进入我国的时候，我国计算机专业人才相当匮乏、供不应求，于是，大量的计算机技术或计算机应用培训班就开办起来了。我国改革开放初期，对外贸易活动迅速增加，对外贸易方面的专业人才一时成为我国的紧缺人才，于是，对外贸易部门通过对外贸易协会，迅速启动了对外贸易专业人才的培训，解决了我国对外贸易专业人才匮乏的燃眉之急。从最近几十年我国的发展来看，各个产

---

① 《155 所院校开设社工专业 MSW 发展机制基本建立》，2019-08-01，中国社会工作联合会官网，http://team.swchina.org/degree/2019/0801/34487.shtml。

业、各个行业，基本上都遇到过事业发展在即，而专业人才相当匮乏、供不应求的问题，解决的办法主要是开办培训班。

社会工作行业同样遇到过这一问题。不仅中国遇到过，其他国家也遇到过。事实上，美国早期的社会工作人才培养，就是开始于行业组织的培训教育。19世纪末，"随着社会的发展，社会问题日益多样化、复杂化，社会工作在解决问题的过程中难免遇到一些困难，仅靠原有的未经过培训的慈善志愿者不能满足服务需求，并且会造成服务质量的下降。因此需要发展社会工作教育，培养社会工作人才"。[①] 通过慈善组织协会的努力，1898年，首个社会工作教育课程问世，招收学员30名。当时的社会工作教育采取的是属于短期培训的暑期培训班方式，培训时间为期6周。1903年，培训方式变成冬季培训班，培训时间6个月。直到1904年，培训班改成纽约慈善学院，学习期限由此延长。

我国社会工作人才的培养与美国有所不同。我国在2006年着手推进社会工作之前就有了高等院校的社会工作人才培养，早期称为社会工作与管理专业，中国人民大学、吉林大学等较早开办了这个专业，后来正式称为社会工作专业，有更多的大学开办了这个专业。然而，在正式推进社会工作之前，社会工作专业的学生是很难找到对口工作的。直到2006年中央提出建设一支宏大的社会工作人才队伍以后，各地大力推进社会工作，积极开发社工岗位，社会工作人才很快变成"香饽饽"，供不应求。为了保证社会工作人才队伍建设的顺利进行，同时为了保证众多社会工作岗位有专业社工到位，各地社会工作行业协会积极承担了社会工作人才的短期培训工作，培训了大批的社会工作人才。

社会工作行业协会在培训社会工作人才方面有自己的优势和特色。其优势在于：社会工作行业协会汇集了一个地区从事社会工作教育、社会工作研究、社会工作实务的各种专业社会工作人才，有能力开展社会工作人才培训；社会工作协会是一个地区社会工作行业中各个社会工作机构的协作机构，具有较强的组织动员能力；社会工作行业协会与海内外社会工作界联系密切，有利于请到好的培训教师。其特色在于：一是以社会需求为

[①] 杨克：《美国社会工作》，北京：中国社会出版社，2014，第43页。

导向培训社会工作人才；二是以职业能力为导向培训社会工作人才。广州市社会工作协会就是如此。近十多年来，我国各地的社会工作行业协会事实上充当了社会工作人才应急培育者的角色，为我国社会工作的开展和宏大社会工作人才队伍建设做出了重要的贡献。

3. 依靠基层实践锻炼人才

人力资源管理相关理论认为，人才成长不光靠教育培训，也要靠实践锻炼。依靠基层实践锻炼人才，也是加强人才队伍建设、促使人才尽快成长的一条重要途径。《纲要》对依靠社会实践锻炼人才给予了高度重视，并提出了一些通过基层实践锻炼人才的具体措施。一是为促进边远贫困地区、边疆民族地区和革命老区加快发展，实现基本公共服务均等化目标，在职务、职称晋升等方面采取倾斜政策，每年引导10万名优秀教师、医生、科技人员、社会工作者、文化工作者到边远贫困地区、边疆民族地区和革命老区工作或提供服务。二是着眼于解决基层特别是中西部地区基层人才匮乏问题，培养锻炼后备人才，积极引导和鼓励高校毕业生到基层创业就业。

社会工作人才是国家中长期人才发展规划纲要确定的人才系列，各级党委和政府及其社会工作人才队伍建设主管部门，都有必要把依靠基层锻炼社会工作人才纳入社会工作人才队伍建设规划中。正因为如此，在18个部门和组织联合发布的《意见》中，便有了"实施社会工作专业人才服务新农村建设、社会工作专业人才服务边远贫困地区、边疆民族地区和革命老区等计划，鼓励社会工作专业人才到基层建功立业"。紧接着，民政部、中央组织部等部门出台了《边远贫困地区、边疆民族地区和革命老区人才支持计划社会工作专业人才专项计划实施方案》（以下简称《"三区"社工人才专项计划方案》），第一批选派1000名社会工作专业人员到"三区"提供专业服务，同时为"三区"培养社会工作专业人才500名。[①]

社会工作人才到基层进行实践锻炼，有着特定的含义，主要是指到边远贫困地区、边疆民族地区和革命老区锻炼，到农村锻炼。通常来讲，一

---

① 《民政部要求做好首批"三区"社会工作专业人才支持工作》，《公益时报》2013年3月19日，第3版。

般人可能会有这样一个概念,社会工作人才本身就是做基层工作的。那么,他们在城市的街道、社区开展社会工作服务算不算基层实践锻炼?就同一个类型的城市地区而言,"基层"确实就是指街道、社区,在街道社区开展社会工作服务,确实属于基层实践锻炼。然而,这里所讲的基层,是就城市与农村、发达地区与欠发达地区、富裕地区与贫困地区而言的,在这一方案中,"基层"专指上面提到的"三区"和农村,或者也可以说是指那些相对贫困地区。到"三区"和农村开展社会工作服务,才算是基层实践锻炼。

社会工作人才到"三区"和农村开展社会工作服务,是真正可以锻炼人的。那里的困难群众较多,工作压力可想而知;那里的条件比较艰苦,社会压力明显较大。那里不像在城市或城市周边,要借本参考书,要找个专业社会工作者请教,要链接各种解决当地群众问题的社会资源,困难都不小。同时,社会工作人才在那里不仅要设法为当地群众提供优质的服务,而且要为当地培育社会工作者。这些都是要求很高、很锻炼人的工作,因而参与过"三区"计划的社会工作人才,可谓得到了锻炼,能够茁壮成长。2017年来,广东省为了进一步加强社会工作人才队伍建设,除了"三区"计划之外,又开展了"双百计划"。"双百计划"也已成为广东依靠基层实践锻炼社会工作人才的重要途径。

4. 依靠人才政策吸引人才

人才政策是国家和地区依据不同时期经济社会发展规划对人才的需要而制定的,有利于培养、选拔、留住、引进、使用各类专业人才的一系列政策及其配套保障措施的总称。人才是具有一定的专业知识或专门技能,进行创造性劳动并对社会做出贡献的人,是人力资源中能力和素质较高的劳动者。人才概念有三个方面的内涵:一是专业性,具有一定的专业知识或专门技能;二是价值性,能够进行创造性劳动,产生新增价值,能对社会做出贡献;三是时代性,即不同时期对人才会有不同的理解和不同的需求。我国正处于加快建设创新型国家、大力推进中国式现代化建设的新时代,认真贯彻落实"人才资源是第一资源"理念,制定先进的人才政策,依靠人才政策的有效落实,切实推进人才队伍建设,促进经济社会高质量发展,显然具有重要现实意义。

人才政策就像一根指挥棒，有多种多样的作用。一是有利于教育部门培养国家或地区急需的各类专业人才。通常来讲，有好的政策激励和扶持人才的专业，就会成为高等学校招生或就业的热门专业。二是有利于组织人事部门选拔人才。具体意思就是人才政策为选拔人才提供导引。三是有利于各地区各单位留住人才。有了好的人才政策，各地区各单位就能依据政策更好地挽留现有的各类人才。四是有利于各地区各单位吸引外部的专业人才。有了好的人才政策，就能吸引国内外的优秀人才，甚至国家级、世界级的顶尖专家。五是有利于充分发挥专业人才的作用。好的人才政策及其保障配套措施的落实，对使用人才，充分发挥专业人才的作用，让专业人才为社会做出重要贡献是极为有利的。人才政策的这些作用，归根结底是借由一种"磁力效应"而得以实现的。

社会工作人才队伍建设同样要制定社会工作人才政策，要依靠社会工作人才政策的"磁力效应"吸引社会工作人才。在我国社会工作起步不久，仅仅取得阶段性发展，而且人民群众对社会工作的价值和作用还不十分了解的情况下，这一点显得尤其重要。针对社会工作领域的实际情况，我们认为，当前要借由社会工作人才政策的"磁力效应"吸引社会工作人才，应设定两个方面的策划取向：一是紧紧吸住已有的社会工作人才；二是深深吸引外部的社会工作人才。就前者而言，目前出于多方面的原因，高校社会工作专业毕业生多数不太愿意从事社会工作，"毕业即改行"现象非常普遍。已经从事社会工作的人也并非都很安心，对于这批社会工作人才，应该拿出何种社会工作人才政策来留住他们，很值得研究和策划。

对于后者，即通过社会工作人才政策吸引外部的社会工作优秀人才进入某个地区或某个城市工作，也要深入研究、精心策划。北京市借由特定的社会工作人才政策，尤其是"落户口"政策，吸引了一批社会工作人才进入北京市工作。我们知道，北京的户口含金量高，对不少社会工作人才，尤其是年轻的社会工作人才具有很大的吸引力。北京市推出这一策划的结果是吸引了不少社会工作高学历者进入北京市的社区当社工，这不仅提升了北京市社会工作人才队伍建设的水平和质量，而且提升了北京市社会工作实务的水平和质量，给许多国内外的社会工作同人留下了十分深刻的印象。

第三节 社会工作机构培育策划

2011年18个部门和组织联合发布的《意见》高度重视社会工作机构培育问题，提出"适应政府职能转变、建设服务型政府的要求，按照培育发展和管理监督并重原则，完善培育扶持和依法管理政策，积极发展民办社会工作服务机构"。此后，各地都出台了相应的政策与措施，加强了社会工作机构的培育，取得了较好成效。然而，对社会工作机构的培育并非单纯的阶段性的工作，社会工作机构年年都有新增，肯定需要培育；对已经上路的社会工作机构，随着社会工作的不断发展，也还需要加强培育，促进社会工作机构的高水平、高质量发展，以提升本地社会工作的服务水平。如何对社会工作机构进行培育，这就牵涉到一个策划的问题。

一 社会工作机构培育策划的必要

美国学者威特默尔认为，社会工作是有组织的机构或团体为解决个人所遭遇的困难而实施的一种援助，是为协助个人调整其社会关系而实施的各种服务。[1] 威特默尔在此所讲的机构抑或团体，实际上就是我们通常所说的社会工作机构。在我国，所谓社会工作机构，又称为社会工作服务机构或民办社会工作服务机构，简称社工机构。2014年4月，民政部《关于进一步加快推进民办社会工作服务机构发展的意见》对民办社会工作服务机构做出了一个解释，即以社会工作专业人才为主体，坚持"助人自助"宗旨，遵循社会工作专业伦理规范，综合运用社会工作专业知识、方法和技能，开展困难救助、矛盾调处、权益维护、人文关怀、心理疏导、行为矫治、资源链接等服务的民办非企业单位。[2]

社会工作机构有以下几个方面的重要特征。一是民间性特征。社会工

---

[1] Helen Leland Witmer, *Social Work: An Analysis of a Institution*, New York: Farrar & Rinehart, 1942. 转引自葛道顺《社会工作制度建构：内涵、设置与嵌入》，《学习与实践》2012年第10期。

[2] 民政部：《关于进一步加快推进民办社会工作服务机构发展的意见》，2014-04-09，法律图书馆，http://www.law-lib.com/cpd/law_detail.asp?id=450650。

作机构是一种民间发起成立的社会组织，属于非政府组织。还是在早些年，我国一直称之为民间组织或民间社会组织，属于民政部门的民间组织管理局进行登记和管理，在国外则属于"第三部门"的范畴。二是非营利性特征。社会工作机构属于非营利性组织，与企业组织不同，在民政部门登记时，其登记类型是"民办非企业单位"。三是公益性特征。社会工作机构主要为社会提供公益性社会服务，正因如此，有学者将社会工作机构界定为"以利他主义为指导，以科学的知识为基础，运用科学的方法进行助人活动的现代社会组织"。[①] 四是自治性特征。社会工作机构依法登记后，按照章程规定进行自我管理、自我约束、自我服务。

这里需要讨论的一个问题是，我国为何要对社会组织进行培育。要回答这一问题，得先来了解几个基本事实。第一，自新中国成立以来，我国没有专业的社会工作服务，更没有专业的社会工作机构，人们对社会工作机构到底怎样开办、怎么运作甚为生疏，所以需要培育。第二，我国社会工作机构与英美国家早期的社会工作机构发展有所不同。英美国家社会工作机构的发展是一种"自下而上"的发展，而我国是一种"自上而下"的推动，[②] 这不仅需要动员，而且需要培育。第三，我国的社会工作机构是民办的社会工作服务机构，民间社会资源不够丰富，因而需要政府的培育，包括经费、场地、项目等方面的扶持。第四，我国需要大量的社会工作机构开展社会服务工作，不培育很难达到工作目标。

那么，为何有必要进行社会工作机构培育策划呢？社会工作机构培育之所以有必要进行策划，主要是因为以下几点。首先，社会工作机构成长的目标需要策划。也就是说，政府需要将社会工作机构培育成何种性质、何种特征、何种类型、何种格局、何种功能等的机构，需要经过深入细致的调查研究才能确定。其次，社会工作机构培育的方式需要策划。具体来讲，政府打算如何来培育社会工作机构，以何种方式、方法来培育社会工作机构，必须经过科学的调研、运筹、谋划和设计，要反复比较各种不同培育方式的针对性和有效性。最后，社会工作机构培育的政策需要策划。

[①] 郭景萍主编《社会工作机构的运作与管理》，北京：北京大学出版社，2015，第1页。
[②] 方英：《政府培育下的社工机构发展》，北京：社会科学文献出版社，2016，第22页。

要看政府能够拿出何种资源、多少资源来培育社会工作机构，主要是通过场地提供、资金扶持、项目支持还是其他方面的支持。上述三个方面，都成为我们进行社会工作机构培育策划的理由。

二 社会工作机构培育目标的确立

由于我国社会工作机构的发展是"自上而下"的推动，政府在其中扮演了主导者、推动者的角色，因而政府希望将社会工作机构塑造成何种情形的机构，便成为我们具体策划和具体培育的依据。将社会工作机构塑造成何种情形的机构问题，实际上是一个社会工作机构的培育目标问题。但在最初的启动阶段，其实各级政府尤其是基层政府，心里也是没有多少底的。当时，到底是采取"草鞋没样，边织边像""摸着石头过河"的方式，还是先进行深入的调查研究工作，再开展专业的科学策划，其实意见并不十分统一。一些城市是"草鞋没样，边织边像"，而另一些城市是走专业路线，通过深入细致的调查研究开展科学的策划。到今天，两种路径已融为一体，从而可总结出社会工作机构培育的三大目标。

第一大目标是通过培育塑造具有中国特色的社会工作机构。党的十六届六中全会要求，建设一支宏大的社会工作人才队伍，为社会主义和谐社会建设做出贡献。社会主义和谐社会建设是中国特色社会主义建设的重要内容，社会工作机构是聚集各类专业社会工作人才并在社会主义和谐社会建设中充分发挥他们的重要作用的社会服务型社会组织。从社会工作机构发展的角度来讲，对社会工作机构进行培育，目的就是将社会工作机构培育成具有鲜明中国特色的社会工作机构，让社会工作机构有能力聚集和培养品质优良、业务精湛、结构合理的专业社会工作人才，并依靠这些专业社会工作人才，为广大人民群众提供高质量的社会服务，不断满足广大人民群众对社会服务的迫切需要。

第二大目标是通过培育塑造体现专业水准的社会工作机构。所谓专业水准，指的是一个行业在业务和服务方面为行业所认可的专业标准和专业水平。社会工作在我国是一个新的行业，过去我们没有这方面的专业实践，也没有相关的专业标准，了解这个行业相关专业技术知识的人不多。

新创办的一些社会工作机构,事实上大多数都不太专业,更难以体现出专业水平,达到专业标准。在这种情况下,必须依靠对社会工作机构的培育,让社会工作机构能够通过行业培训、出国进修、参访机构、调查研究和试点项目的实施等,尽快熟悉社会工作的专业标准,尽快进入作为专业社会工作服务机构的角色,不断提升社会工作机构的专业水平,为有需要的基层群众提供社会工作专业的优质服务。

第三大目标是通过培育塑造符合规范运作的社会工作机构。社会工作机构作为一种社会组织,具有明显的自治性特征。然而,在过去一段时间里,我国各类社会组织的自治性并未充分显示出来,而社会工作机构又是新兴的社会组织,因而要求社会工作机构落实自治,使这些机构一时确实难以适应。为此,在对社会组织进行培育的过程中,必须将依法自治、法人治理、规范运作作为社会工作机构培育的一个重要目标。要通过各种培训、研讨、学习考察形式,让社会工作机构的法人、理事、业务人员、财务人员等都能按照机构章程规定的结构运作,在依法核准的业务范围内开展活动,实行政社分工,依法管理,不断增强机构的自我管理、自我发展、自我服务意识,使这些社会工作机构成为符合规范运作的机构。

三 社会工作机构培育方式的选择

社会工作机构的培育方式是由社会工作机构的性质决定的。社会工作机构的民间性、非营利性、公益性和自治性,决定了社会工作机构的建立不是一种投资,也并非可以融资的,多数社会工作机构的开办可说是"一穷二白",有的只是有一颗服务社会、服务基层群众的心,正是因为这样,社会工作机构才需要加以培育。社会工作机构培育可以有多种多样的方式,但各种方式都须围绕一个"启动之力"的问题来考虑。2011年18个部门和组织联合发布的《意见》指出,要"采取财政资助、提供服务场所等方式支持民办社会工作服务机构更好地开展工作"。根据此文件精神的指引和各地的创新落实,我国各地对社会工作机构的培育可概括为以下几种方式。

1. 提供财政资助的方式

提供财政资助的方式简称为财政资助,也就是政府从地方财政中拿出一笔专项经费，用于开展社会工作机构的培育。如前所述，多数社会工作机构的开办，基本上是"一张白纸"，用"一穷二白"来形容社会工作机构创办初期的情形一点也不为过。记得某社会工作机构在当年申办的时候，总共3万元的注册费是富有强烈的社会责任感并具有社会工作专业领域经历的几个发起人分别拿出5000元钱凑起来的，注册地点是向开明务实的单位领导申请来的，人力资源管理是几个发起人充分利用业余时间来做的，基本上是个"三无机构"。在当年社会工作机构创办初期，这还不是最艰难的。因此，社会工作机构的创办，确实需要政府财政资助。没有政府财政资助，社会工作机构显然举步维艰。

可喜的是，政府部门很快便发现了这一问题，迅速启动了关于资助社会工作机构的政策文件的讨论与咨询。在讨论咨询过程中，有关社会工作机构都汇报了机构创办过程的困难。这些机构认为经费问题是一个需要首先加以解决的问题。主要的原因在于，注册资金虽凑了起来，但注册资金是不可动用的资金。要使社会工作机构运行起来，必须有人，那么人员工资可说是不可或缺的；要使机构运行起来，还要有场所，房屋的租金也是不可或缺的；要使机构运作起来，还要有一定的办公设施，那么，办公设施的购置经费也是不可或缺的；如此等等。这说明当时那些心肠很热、经费不足的社会工作机构创办者确实遇到了经费问题。于是，政府部门迅速出台了有关财政资助社会工作机构发展的文件。

以广州市为例，2010年7月出台了《广州市财政支持社会工作发展实施办法（试行）》和《广州市扶持发展社会工作类社会组织实施办法（试行）》，前一个办法提出，"财政支持社会工作发展主要通过政府购买社会服务和政府资助社会工作发展两种方式实现"。在政府资助社会工作发展方式下进一步明确，"政府资助社会工作发展（以下简称财政资助）是指市、区（县级市）两级政府，对于以社会工作为主要方法提供社会服务的公益服务性社会组织或有关服务机构，在开办费、教育培训及工作经费等方面给予财政补助和支持"。[①] 后一个办法则确定了支持的具体方式，包括一次性资助、基本经费支持、以奖代补、专项补贴等。广州市的这些举

---

① 广州市民政局编印《广州市社会管理改革创新及社会工作文件汇编》，2010，第40~48页。

措,就像冬日的阳光夏日的甘露,迅速纾解了各新办社会工作机构的启动经费问题,促进了社会工作机构的发展。

2. 提供注册地点的方式

社会工作机构是按照社会组织中的民办非企业单位进行注册的。要注册社会工作机构,就得有合乎社会组织登记要求的合法的住址。这个住址不是像我们在通信的时候随便写一个方便收发信件的地址那样就可以的,而是要求提供合法的房产证明。这个房产证明到哪里去弄,对于早前想创办社会工作机构者来说显然也是一件很有难处的事情。事实上,有的城市为了大力推进社会工作机构的发展,在某些方面的登记准入要求还适当地降低了一些,如法人代表自家的房产证明可以,有合法租赁合同的房产证明也可以。但对部分想创办社会工作机构的人来说,难处仍然是存在的。即使是自家有房产证的人,同样也存在一个问题,虽然注册登记这关可过,但办公却不适合在家里。

针对上述问题,一些社会工作发展较早的城市采取了具体有效解决的办法。其中上海市的办法很值得重视。上海市在总结浦东公益服务园建设经验的基础上,创建了上海市社会创新孵化园,各区县也紧跟其上,相继成立了一批孵化基地。上海市社会创新孵化园位于丽园路,由老厂房改造而成,内有办公室、大小会议室、多功能厅和手工作坊,配套设施齐全。孵化园由市民政局立项,福利彩票公益金提供资金支持,场地通过租赁取得,并以招标方式选择孵化园项目的委托管理方。着眼于解决残疾人就业这一现实社会问题,孵化园不断发现、发挥身心不便者的各种优势,通过政府、社会组织、企业跨界互动,探索解决该群体就业的全新方案,为建立社会创新机制提供可复制的实践经验。[①]

上海的经验确实是值得借鉴的。当时很多社会工作专家、政府有关部门的干部都相继去上海市社会创新孵化园参观、考察、学习,笔者也有幸去该孵化园参观学习,觉得该孵化园确实解决了很多社会工作机构发展中遇到的问题,其中最重要的是可以解决社会工作机构注册登记中的住址和

[①] 《文汇报》:《上海社会创新孵化园积极探索社会组织培育发展机制》,《杭州(我们)》2012年第4期。

办公空间的问题。后来，广州市也学习、借鉴上海市的经验，在广州市社区服务中心大楼建立了广州市社会组织培育基地，只要用很低的租金就可以租赁一个办公室，这个办公室可以用作社会工作机构注册登记，可以用作社会工作机构日常办公。这一举措，较好地解决了在大城市中社会工作机构注册登记地点的合法手续问题，不少社会工作机构纷纷迁入社会组织培育基地，并将培育基地的办公室作为机构总部。

3. 提供服务平台的方式

这里的服务平台是指社会工作服务平台，简称社会工作平台，是指社会工作机构为特定服务对象提供社会工作服务的服务场所和服务设施，通常以某街道或某社区社会工作服务中心、家庭综合服务中心、社工站等命名。社会工作平台在本质上具有载体性，它能够承载社会工作服务的主体、客体、媒体和相关服务活动；社会工作平台在功用上具有设施性，同图书馆、博物馆、医院、诊所等一样，是一种设施，而且是一种公共设施，属于社会工作服务基础结构的范畴；社会工作平台在时间上具有常设性，提供社会工作服务的机构和人员可以流动，但社会工作平台一般不会变动；社会工作平台在空间上具有地域性，不同城市都会建立有自己特色的社会工作平台，体现出不同的社工文化。

社会工作机构与商业服务机构不同。商业服务机构是营利性机构，按理来讲，它们有能力建设自己的服务平台，至少人们可以做出这种假设；社会工作机构是社会服务机构，属于非营利性机构，它们显然没有能力建设自己的服务平台。基于这一情况，要求社会工作机构像商业服务机构那样，自己建设自己的服务平台是不现实的；在政府购买社会服务的经费中没有建设社会工作服务平台的预算，而要求社会工作机构自己解决服务平台建设资金问题的想法也是不切实际的。况且社会工作机构的服务是要落地的，要进街道、进社区，为社会弱者主动提供社会服务，不像商业服务机构那样可以在特定服务平台等待顾客上门。不顾社会工作机构的这种特殊性，而要求社会工作机构自建服务平台，明显难行得通。

根据这一情况，在社会工作发展的初期，各地采取了不同的思路和方式来解决社会工作机构的服务平台建设问题。一种是散点式社会工作服务平台，其典型代表城市是深圳市。深圳市采取政府购买服务岗位的方式，将社会工作服务平台分散于各个单位和社区中，以社会工作岗位的形式建设社会工作服务平台。这种方式的最大优点是不需要建集中的社会工作平台，回避了集中建设社会工作平台的困难，节省了财政经费的开支，而且能够让社会工作者直接深入基层，在基层单位和基层社区中迅速发现问题，及时提供服务。但这种散点式社会工作服务平台也有明显的缺点，那就是社会工作机构的社工人员零散，服务力量分散，机构管理麻烦，很难集中力量解决较大的基层社会问题。

与深圳市的散点式社会工作服务平台形成鲜明对照的另一种社会工作服务平台是集成式社会工作服务平台，其典型代表是广州市。广州市采取政府购买服务项目的方式，将整个街道的社会工作服务打包成为项目，并在每个街道建立 1~2 个称为街道家庭综合服务中心的社会工作服务平台，无偿提供给承接本街道社会工作服务的社会工作机构使用。这种社会工作服务平台由政府统一安排房源，要求每个社会工作平台不少于 $300m^2$，而且要求街道在征求社会工作机构意见的前提下做好有社工特色的装修，配备必要的社会工作服务装备。这种集成式的社会工作服务平台，不仅克服了散点式社会工作服务平台的不足，而且表现出服务集成、管理集成的许多优势，广为其他城市学习和借鉴。

4. 提供服务项目的方式

社会工作机构培育策划是政府部门主持和实施的一种政策性策划。站在社会工作事业发展的角度讲，这种策划的目的就是想方设法拿出具体的方式方法，帮助社会工作机构解决初创时期的一些具体问题，使社会工作机构尽快地成长起来，为推进社会工作事业的发展做出重要的贡献。上文所述的三种社会工作机构培育方式，从社会工作机构启动策划的角度来评价都很有针对性，解决了我国社会工作机构启动乏力、力不从心和力所不及等一连串的组织性弱势问题，将社会工作机构扶上马，并且还送上一程，这很有必要，因而广受社会工作机构的好评。然而，若是从社会工作机构成长策划的角度来看，仅仅采取上述三种培育方式仍然是不够的，还必须采取一种更加积极有为的方式来对社会工作机构进行培育，这种更加积极有为的培育方式就是提供社会工作服务项目。

提供社会工作服务项目的培育方式之所以更加积极有为，主要是因为，社会工作机构作为一种社会服务机构，它与生俱来就是要提供社会服务的，至少它的成长总是要与社会服务直接结合在一起才能实现的。一个不能承接社会服务的社会工作机构，即使给它以空间、场地和经费，这个机构事实上也没有办法真正成长起来，甚至无法谈及成长性。现实中的某些社会工作机构，如果没有承接社会工作项目，便成了僵尸机构。所以，最有效的社会工作机构培育方式，莫过于给社会工作机构提供社会工作服务项目。按照广州的做法，一个社会工作机构如果获得了社会工作服务项目，经费有了、空间有了、平台也有了，大多数问题就都可以解决了，只需再找一个合适的注册地址。更进一步说，因为社会组织孵化基地的开设，注册地址也不是什么问题了。

为社会工作机构提供服务项目有两种方式：一是招标，二是委托。一般应采取招标方式。但是，对于一些专业能力强、业务成长性好、服务水平较高的社会工作机构，在其没有服务项目的时候，则可实行委托方式，支持专业机构的发展。在政府购买社会服务项目的招标中，也要重视竞标的专业性，对这种专业机构实行一定的保护性措施。不能眼睁睁地看着这种专业机构在竞标中被一些形式化严重而内涵缺乏的机构"逆向淘汰"。为了实现这一目标，招标单位在制定社会工作服务项目的招标文件时，一定要高度重视社会工作机构的专业性，拿出更加公平合理的竞标规则。在社会工作机构的专业性评价方面要强调进取性指标，而非合格性指标。有的地方规定，如有3名具备高校3年教师经历者做督导，不管采取何种方式，只要拿到3名教师的3年高校教学经历证明，相关机构就可得7分，多于3名则并不加分，而且不问这些教师是何种专业。这种规则不利于高校社会工作专业自办的社会工作机构，值得有关部门加以注意和调整。

第四节　社会工作行业管理策划

自我国正式推进社会工作开始，我国社会工作机构就被纳入了非营利性组织行列，按民办非企业单位进行登记注册，成为一种自治性社会服务组织，为了维护整个新兴的社会工作行业内各社会工作机构和社会工作者的合法权益,同时也为了塑造整个新兴的社会工作行业的良好形象,各种社会工作机构在努力实现自身自治的同时,逐步实行了协作,成立了社会工作协会或联合会,截至2015年底,全国共成立455家社会工作行业协会,其中有30个省级行业协会,129个地市级行业协会,296个县级行业协会,[①] 整个社会工作行业逐步走向了行业协作、行业管理、行业自治。社会工作行业管理不仅适应了我国深化改革的思路,而且符合国际上的通行惯例。然而,我国社会工作行业毕竟太过年轻,要有效地实现社会工作行业管理,必定有大量的行业管理工作要做,必定有大量的行业发展问题要考虑,从而必然需要开展大量的且卓有成效的策划工作。

一 社会工作行业管理理念策划

行业管理有广义与狭义之分。广义的行业管理是指管理者借助一定的管理形式和管理手段,对全行业的有关活动进行统筹、规划、协调、监督并为之提供各种服务的管理活动。这种管理包括政府职能部门对特定行业实行的政府管理和行业组织自身对本行业实行的自我管理。狭义的行业管理也即行业组织自身对本行业实行的自我管理,通常称为行业治理或行业自治。社会工作行业管理也就是社会工作行业的一种自治,其独特之处在于社会工作行业组织的管理者以社会工作行业的行业理念或行业规范来具体指导和支配本行业的服务活动。

1. 行业管理、理念与行业管理理念

社会工作行业管理理念策划至少涉及三个需要做出解释的概念,首先来看什么是行业管理。所谓行业管理,最新的说法也叫行业治理,是指借由行业协作组织的建立,经由行业规划、行业组织、行业协调、行业沟通、行业协作的管理方式对某一特定行业进行的管理或治理。行业管理也是一种管理体制,称为行业管理体制。这种体制包含着行业管理的两个层次的管理内容。一是通过行业协会自我管理,统一规划、协调、指导和沟通各个同行企业或同行社会组织的生产经营或社会服务活动,促进行业的

---

① 彭秀良:《我国社会工作行业组织的发展现状与未来走向》,《重庆工商大学学报》(社会科学版)2017年第4期。

发展。二是与政府部门密切配合，根据政府确定相应事业及行业的发展方向和目标，对行业进行规划、协调和指导。实现这种行业管理的主体通常是行业协会或者相关行业的联合会。

社会工作行业管理理念策划涉及的一个核心概念就是理念。什么是理念呢？1989 年版《辞海》对"理念"一词做出了这样的解释：一是"看法、思想。思维活动的结果"；二是"理论，观念（希腊文 ιδέα）。通常指思想。有时亦指表象或客观事物在人脑里留下的概括的形象"。① 理念与观念是具有关联的一组概念。理念也是一种观念，上升到理性高度的观念就叫理念。从哲学的角度来讲，人类以自己的语言形式来诠释现象——事与物时，所归纳或总结出的思想、观念、概念与法则，就称为理念。从实际应用的角度来看，理念就是指理性化的想法、理性化的思维活动模式或者说理性化的看法和见解。它是客观事实的本质性反映，是事物内性的外在表征，是人类行动的指导思想。

社会工作行业管理理念属于行业理念的范畴。要理解行业管理理念，必先知道什么是行业理念。所谓行业理念就是一个行业的共同理念，它来源于一个行业中各个行业机构及其从业人员所持的专业理念，但又不是各个行业机构及其从业人员所持的专业理念的复制，而是各个行业机构及其从业人员所持的专业理念在行业协作、行业合作层面的升华。从某种角度也可以说，它是一个行业共同生存、共同治理、共同成长，以推进整个行业共同发展的理念。行业理念与事业发展理念有着密切的关系，从某种意义上来说，行业理念是一个国家或地区相应事业发展理念在行业组织层面的落地化。行业理念可以促进一个国家或地区事业发展理念的贯彻和落实，推进一个国家或地区某项事业的顺利发展。

行业管理理念作为行业理念的一个从属概念，是从行业管理体制出发而延伸出的一种理念。行业管理理念有三层含义。一是行业组织自治理念。行业组织自治理念是一种行业组织依据有关法律法规和行业组织的章程规定，在行业组织内部实行自我管理、自我约束、自我服务、自我发展的理念。二是行业组织合作理念。行业组织合作理念是为了维护行业内各

---

① 参见辞海编辑委员会编《辞海》，上海：上海辞书出版社，1989，第 1367 页。

个机构及其从业人员的合法权利，通过行业组织有效的管理和服务，确保行业良性运行和有序发展的一种共建共治共享理念。三是行业组织协同理念。行业组织协同理念是为了构建我国"党委领导、政府负责、民主协商、社会协同、公众参与、法治保障、科技支撑"的社会治理格局，由行业组织出面，加强与政府部门和社会公众等协同工作的理念。

2. 社会工作行业管理理念影响因素

我国正在推行社会工作行业管理。推行社会工作行业管理不能不建立起社会工作行业管理的理念，以指导社会工作行业管理的有效实行。那么，社会工作行业管理理念是由哪些因素影响的，或者说，有哪些因素在形成社会工作行业管理理念中发挥了重要作用呢？我们知道，理念本身是客观事物在人脑中留下的概括的形象，是通过思维的加工上升到理性高度的相关观念，是理性化的思维活动模式或者说理性化的看法和见解。社会工作行业管理理念的形成受到多方面因素的影响，如专业理念因素、社会发展因素、国外参照因素、体制改革因素等，都或多或少地影响着社会工作行业管理理念的形成。因此，我们在肯定专业理念因素具有重要影响的基础上，考察一下其他因素。

一是社会发展因素。通常来讲，社会工作行业是否能够推行行业管理，与一定社会历史时期社会发展的状态密切相关。这种相关往往体现在三个方面：首先，社会越是发展，社会对社会工作服务需求不断增多，对社会工作专业化水平的要求不断提升，单靠政府对社会工作进行管理，已很难满足社会的这种新的需要，推行社会工作行业管理在所必需；其次，社会越是发展，社会工作行业越是发达，社会工作越需要专业化的管理，需要借助于社会工作行业组织来对社会工作进行行业化的管理；最后，社会越是发展，社会工作机构的发育程度越高，社会工作行业组织的发育程度也随之提高，社会工作行业管理便有了基础。所以，推行社会工作行业管理，乃顺应我国社会发展而为之的事情。

二是国外参照因素。从目前可得的文献来看，很多国家都已推行了程度不同的行业管理或行业协会管理体制，但行业（协会）管理体制与各国的历史传统、政府管理模式相关，并受到行政干预理念的影响。根据各国法律特征、文化背景和国情，发达国家行业协会管理体制可以分为三种模式，即英美模式、大陆模式、混合模式，① 这实际上体现了不同国家行业管理或行业协会管理推行程度的不同。在社会工作行业管理方面，美国是一个高度重视社会工作行业管理的国家，美国实行政府购买服务和"多元投入"制度，行业事务由行业协会来承担管理责任，如全国社会工作者协会不仅推行了执照制度，建立了一套完整的社会工作法规，而且制定了一系列社会工作实务标准来保证社会工作的开展。②

三是体制改革因素。改革开放以来，我国首先进行了经济体制改革，近些年来，我国又推进了社会体制改革。在社会体制改革的过程中，所遇到的一个重要问题就是行业管理问题。一般认为，我国的行业协会在推进所属行业发展中的重要作用不言而喻，并起到了相应的行业管理作用，这使行业协会有可能成为我国行业管理体制推行的承担者和某些政府职能转移的承接者。同时，我国社会体制改革事实上也要推进政府与社会关系的合理调整，因而希望行业协会日趋完善和成熟，对其实行行业管理并承接政府转移的各项职能寄予很大期望。我国的社会工作推进的时机，恰逢我国社会体制改革，在这种情况下，社会工作行业管理理念在我国体制改革的过程中也就顺其自然地形成了。

3. 社会工作行业管理理念策划要点

行业管理理念是由思想、观念、心理等因素经长期的相互渗透、影响而逐步形成的一种内含于特定行业管理活动中的主导意识。行业管理理念表现为一个行业中群体的理想、信念、价值观、道德标准、心理等。它一旦形成，则不易发生变化，具有相当长的延续性和结构稳定性。行业管理理念代表着最基本的精神含义。有社会工作管理部门的人士撰文认为，"如果说政府监管是促进社会工作行业规范发展的最直接手段，人民群众日益增长的服务需求是行业发展的主要动力，那么行业组织则是沟通政府、社会和社会工作组织的桥梁和纽带，是实现行业自律、规范行业行为、开展行业服务、保障公平竞争的重要平台"。③ 为此，在我国社会工作

---

① 王健：《制度环境与中国产业的动态比较优势》，上海：上海人民出版社，2016，第110页。
② 杨克：《美国社会工作》，北京：中国社会出版社，2014，第167页。
③ 邓明国：《社会工作发展应正确处理促进发展与规范管理的关系》，《中国社会工作》2018年第13期。

领域，事实上应循着这样的思路做好以下社会工作行业管理理念的策划。

第一，行业发展理念策划。任何行业都是希望有所发展、有所前进的。行业管理最重要的目标就是通过行业协会开展的行业管理来促进行业的发展。因而行业管理理念策划必须将行业发展理念的策划作为重要内容和关键内容来优先策划。每个行业都有自己的发展理念，社会工作行业也该有自己的发展理念。社会工作行业协会要站在整个社会工作行业发展的高度思考行业发展的问题，形成正确的社会工作行业发展理念。在策划社会工作行业发展理念的过程中，策划者必须根据党和国家制定的经济社会发展理念，根据经济社会发展尤其是社会发展对社会工作的需求，结合社会工作行业的实际情况，提炼出社会工作的行业发展理念。当前，我国一些社会工作行业协会凝练出有关的行业发展理念，如行业成长理念、行业合作理念、行业协进理念、行业共建理念等，均值得参考。

第二，行业服务理念策划。社会工作在本质上是服务性的，其基本任务或职能是对有困难、有需求者提供有效服务，帮助他们走出困境，以便使其正常生活和发展。① 这说明，社会工作行业本身就是一种服务性行业。作为社会工作行业组织的社会工作行业协会，当然要把服务理念作为行业管理的重要理念加以高度重视。但社会工作行业管理中的服务理念是有层次之分的。从整个社会工作行业的基本层面上来讲，社会工作行业协会应指导和推进本行业社会工作机构和社会工作者形成优质服务理念，不断提高社会工作服务的水平和质量。从社会工作行业协会的特殊层面来讲，则应形成一种"行业服务理念"，这种行业服务理念就是"服务服务者"的理念。确切地说，就是要形成一种为社会工作行业，包括社会工作机构和社会工作者服务质量与服务水平的提高提供切实指引的理念。

第三，行业自治理念策划。行业自治是我国较早推行的基层自治三个领域（农村的村民自治、城市的社区自治和行业自治）之一。"行业自治是社会低成本、平稳运行的保障，能有效避免产生大的社会动荡。"② 我国社会工作行业也积极推行行业自治，其缘由在于，社会工作行业是有专业

---

① 王思斌主编《社会工作导论》，北京：北京大学出版社，1998，第13页。
② 张晓玉：《行业协会的自治与转型》，《瞭望》2005年第41期。

理念、专业方法、专业规范的行业，但在社会工作行业中，同样有并不专业的"南郭先生"，有不遵从行业规范的"越轨者"，有贪图经济利益而行走于边缘的"行业败类"等。对这些不专业、不规范、不规矩的所谓社会工作服务机构，同样需要社会工作行业协会切实加强治理。所以，在社会工作行业管理理念的策划中，必须高度重视社会工作行业自治理念的凝练。这种社会工作行业自治理念应该是指导和推进社会工作行业自我净化、自我约束、自我监督、自我完善、自我提高的理念。

二 社会工作行业管理组织策划

行业管理不是一盘散沙的多个社会工作机构所能做到的。社会工作行业要实现真正的行业管理与服务，必须有效地组织起来，形成一定的社会工作行业组织，并在此基础上加强社会工作行业管理组织和行业管理体系建设，树立社会工作行业管理组织的威望，塑造社会工作行业管理组织的形象，这样才能真正形成社会工作行业管理的先进理念，不断深化社会工作行业管理的内涵，有效实现社会工作行业管理的目标。目前，我国虽然已有好几百家社会工作行业组织，但并非所有的社会工作行业组织都能够承担社会工作行业的管理责任。这就给我们提出了一个问题，要推行社会工作行业管理，必须设法将社会工作行业组织通过不断加强建设，使之转化为社会工作行业管理组织，方能达到目的。

1. 重视社会工作行业组织功能建设

功能是指一个事物潜在的做功本领。现在的社会工作行业组织很多，"一般情况下，社会工作行业组织主要包括社会工作（者）协会、联合会、促进会、委员会等"，[①] 但它们的功能却有区别。对于社会工作行业组织的功能，戴均良有一个较好的表述，即"社会工作专业人员和机构进行自我管理与服务的平台"，"加强社会工作专业人才队伍建设，推动社会工作事业发展的重要力量"。[②] 这是社会工作行业组织担负起行业管理主体责任的

[①] 冯元、彭华民：《治理与服务：社会工作行业组织功能定位》，《社会工作与管理》2015年第1期。

[②] 戴均良：《关于加强社会工作行业组织建设的思考》，《社会与公益》2012年第3期。

基础。但是，很多的社会工作行业组织在实际功能上并没有达到社会工作行业管理的要求。有的社会工作行业组织基本上就像一个民办非企业单位，仅仅做自己的服务。因此，要使社会工作行业组织成为行业管理的重要主体，必须加强其组织功能的建设。

一是要重视加强社会工作行业组织的自身基本功能建设。"打铁必须自身硬。""从自己做起"，是社会工作行业组织自身服务行业功能建设的关键一环。柳拯曾就社会工作行业组织的内生发展提出两点意见：一是要"赢得行业认同"；二是要"突出自身特色"。要赢得行业认同，就"必须不断加强能力建设，提高社会工作专业管理和服务水平"。[①] 这里讲的能力建设，就是社会工作行业组织基本功能建设，如联络团结业界功能建设、服务业界发展功能建设、化解业界矛盾功能建设、解决业界发展问题建设、塑造业界形象功能建设、沟通政府社会功能建设、当好政府参谋功能建设等。社会工作行业组织要真正成为社会工作行业管理组织，就必须不断地加强这些方面的基本功能建设。

二是要重视加强社会工作行业组织的行业服务功能建设。行业服务功能是社会工作行业组织最重要最突出的一项基本功能。一个号称社会工作行业组织的社会组织，往往是建立在本行业社会工作机构和社会工作人员的共同愿望和获得服务的现实需求之基础上的。一个社会工作行业组织如果不能有效地为社会工作行业的社会工作机构提供服务，那么，这个社会工作行业组织就得不到行业内社会工作机构和社会工作人员的信赖，当然也就不能成为真正的社会工作行业管理组织。因此，社会工作行业组织，必须切实加强行业服务功能建设。这些行业服务功能有人才培训功能、业务指导功能、问题化解功能、矛盾调处功能、项目争取功能等。

三是要重视加强社会工作行业组织的政社沟通功能建设。当前，我国的社会工作事业，已经逐步走向政社协力的发展过程。在这个过程中，政府与社会（主要指社会工作机构、社会工作人员等）之间，虽然可以有直接的沟通协调等，但这种沟通协调的效率通常较低。如果在社会工作行业

---

① 彭秀良：《我国社会工作行业组织的发展现状与未来走向》，《重庆工商大学学报》（社会科学版）2017年第4期。

内,有一个沟通协调功能很强的行业组织担负这种沟通协调的中介,政社沟通的效率和层次就会明显提高。基于这一道理,社会工作行业组织的功能建设,事实上绝不能离开政社沟通功能的建设。政社沟通不仅是社会工作行业组织的功能,而且是社会工作行业组织的职能。能否担负政社沟通的功能,既当好政府的参谋又当好机构的顾问,是社会工作行业组织能否成为社会工作行业管理组织的关键所在。

2. 重视社会工作行业组织威望建设

社会工作行业组织如果单纯具有社会工作管理的功能,仍然是不够的,还要在社会工作行业中有威望。一个没有威望的行业社会组织也很难成为社会工作行业管理组织。原因在于,社会工作行业组织是自愿组成的,如果没有威望,一些社会工作机构和社会工作者就不可能参加,即使参加也可能不去积极落实社会工作行业组织的相关要求,这样的社会工作行业组织显然无法真正实现社会工作行业管理。针对诸如此类的情况,社会工作行业组织的主办者、策划者等,必须通过提升社会工作组织的管理功能,加强行业自治与服务,促进社会工作机构与人才发展,增强社会工作主体力量,并充分与政府部门加强沟通,才能树立起自身在社会工作行业的威望,成为名副其实的社会工作行业管理组织。

第一,要在社会工作行业中充分发挥行业引领作用。在社会工作行业中充分发挥引领作用,是社会工作行业组织树立威望的重要途径和具体方式。所谓引领作用,就是引导和带头作用。社会工作行业组织可以在社会工作行业发挥哪些方面的引领作用呢?具体地说,可以从以下十个方面发挥引领作用:一是观念转变的引领;二是行业规划的引领;三是专业导向的引领;四是服务创新的引领;五是标准制定的引领;六是机构管理的引领;七是政策推动的引领;八是社会责任的引领;九是研究开发的引领;十是对外合作的引领。一个社会工作行业组织如果能在这十个方面或其中的多个重要方面起到好的引领作用,那么这个行业组织就自然会有较高的威望,并能得到社会工作行业的广泛认同。

第二,要在社会工作行业中有效发挥行业服务作用。这里的行业服务作用是一个具有特定含义的概念,具体指的是社会工作行业组织服务本行业的社会工作机构和社会工作人员的作用。在一段时间里,有个别社会工作行业组织,不仅不能有效发挥行业服务作用,而且与社会工作机构争项目。这种本末倒置的行为,不仅不能使其在社会工作行业中获得较高的威望,反而矮化了社会工作行业组织,激起行业内的异议与批评。真正具有较高威望的行业组织是那些专守本分、潜心服务于本行业社会工作机构和社会工作人员的社会工作行业组织。在社会工作机构和社会工作人员有需要的时候,它们就是倚靠,并能实际地为社会工作机构和社会工作人员释疑解难。这样的社会工作行业组织才受人尊重。

第三,要在社会工作行业中积极发挥桥梁纽带作用。这里的桥梁纽带作用也是一个具有特定含义的概念,它指的是社会工作行业组织能够在政府部门与社会工作机构之间、政府部门与社会工作人员之间、政府部门与社会工作对象之间,以及社会工作机构与社会工作机构之间,具体充当桥梁的角色,有效发挥纽带的功用。社会工作行业组织在登记注册时,通常都是按照行业协会注册的,而不是按照民办非企业单位注册的。这就表明,社会工作行业组织虽然也是社会组织,但它和社会工作机构不一样,它既不是政府部门等官方机构,也不能把自己混同于一般的民办非企业机构,而是要以自身的沟通和协调能力,沟通政府与行业内的社工机构及其人员,这样才能在行业内获得较高的威望。

3. 重视社会工作行业组织形象建设

组织形象是指社会公众对一个组织综合认识后形成的印象和评价。[1]组织形象对于社会组织来说非常重要。在现代社会中,一个社会组织的形象如何,会直接影响到这个社会组织的生存与发展。社会工作行业组织也有一个形象问题。比较而言,社会工作行业组织的形象比一般社会组织的形象或社会工作机构的形象更显得重要。一般社会组织的形象和社会工作机构的形象好坏直接影响的是这个社会组织或社会工作机构自身,间接影响的是这个社会组织所在的行业;而社会工作行业组织的形象好坏,不仅直接影响这个社会工作行业组织,并且会直接影响社会工作这个以"助人自助"为宗旨的社会工作行业。因此,社会工作行业组织要成为社会工作行业管理组织,必须塑造良好的行业组织形象。

---

[1] 谢俊贵主编《公共关系学》,北京:工商出版社,2002,第 87 页。

按照公共关系学的基本原理，组织形象由三个要素构成，即组织行为、公众期望和传播状况。在这三要素中，组织行为是第一位的，它决定组织形象的性质；公众期望居于第二位，社会组织的行为是否符合公众的需要、达到公众的期望，也会直接影响一个社会组织的形象的性质；而传播学家所大力推崇的形象传播状况，虽然在社会组织的形象塑造中也非常重要，但事实上只居于第三位，它只能改变社会组织形象测评指标的量度，不能改变社会组织形象的性质。因此，社会工作行业组织在塑造自身形象的过程中，必须把不断改善自身行为摆在第一位；把满足公众的需要、实现公众的期望与不断改善自身行为结合起来，摆在重要的位置。当然，也不能光做不说，形象传播也是不可或缺的。

从组织形象识别角度来讲，CIS 理论认为，社会组织形象是社会组织各种识别标识为公众有效识别的结果。一个完备的社会组织识别系统应该包括三类识别标识（3I），即理念识别（Mind Identity）、行为识别（Behavior Identity）、视觉识别（Visual Identity）。社会组织形象就是这三类识别标识为社会公众识别而综合构建的。具体到社会工作行业组织来讲，在这三类标识中，社会工作行业组织的理念定位如何、社会组织的行为表现如何，显然是最重要的，这些都是社会工作行业组织切合行业理念、具有足够功能和威望的体现。但在视觉识别上，形象信息的传达也非常重要。社会工作行业组织要扮演社会工作行业管理组织者的角色，需要从上述三个方面塑造系统的识别标识。

三　社会工作行业管理模式策划

模式是一种认识论意义上的确定思维方式，是人们在实践中所积累经验的抽象和升华。一般来说，模式就是从不断重复出现的事件中发现和抽象出的规律，是解决问题、形成经验的高度归纳总结。只要是一再重复出现的事物，就可能存在某种模式。Alexander 认为，每个模式都描述了一个在我们的环境中不断出现的问题，然后描述了该问题的解决方案的核心。[①] 通过这种方式，人们可以利用那些已有的解决方案，减少重复的工作。可

---

① 李垒垒：《城市品牌的网络传播模式探索》，《广告大观》（综合版）2010 年第 1 期。

见,社会工作行业管理策划者对社会工作行业管理模式开展学习和研究是很有必要的。

1. 社会工作行业管理模式的基本来源

按照上述关于模式的基本含义界定,我们可以通过演绎的方式对社会工作行业管理模式进行必要的解释。所谓社会工作管理模式,事实上也就是从不断重复出现的社会工作行业管理实践中发现和抽象出的规律,是解决社会工作行业管理问题所形成的相关经验的高度归纳总结。一旦社会工作行业管理形成了一种模式,而且实践证明这种社会工作行业管理模式是可用的、有效的,人们就可以无数次地重复使用它。当然,一旦发现某种社会工作行业管理模式存在不足或有所缺陷,就应当对其进行模式修正,使社会工作行业管理模式更适合于社会工作行业管理的实际需要;有的社会工作行业管理模式在社会工作发展过程中已成为一种落后的模式,那就要设法改革社会工作行业管理模式。

社会工作行业管理模式的来源有多种情况,第一种也是最基本的一种来源是社会工作行业组织的亲历实践。这种社会工作行业管理模式是社会工作行业组织在行业管理中,通过不断的、反复亲历实践而摸索、总结、归纳、概括和提炼出来的一种管理模式。然而,我国社会工作的推进只有十几年的时间,社会工作行业管理虽在社会工作领域有所推进,但基本上还没有完全形成的社会工作行业管理模式出现。与之相关的只有一些社会组织行业管理主体结构模式的探索,有学者据此总结出"北京模式"、"鞍山模式"和"广东模式"三种模式。至于真正的社会工作行业管理模式,也即由社会工作行业组织来管理社会工作机构和社会工作人员的模式,至少目前还没有加以总结推广并见诸报端。

社会工作行业管理模式的第二种来源是移植借鉴,也就是社会工作行业组织从国内外相应领域移植借鉴过来的社会工作行业管理模式。我国社会工作的推进不过十几年时间,而我国社会工作成为一个"行业",满打满算不会超过15年。一般认为,我国社会工作勉强称得上"行业",大概是从2010年前后开始的。2008年,我国开始社会工作试点推进,并于当年首次举办社会工作专业水平考试,2010年才有较多的社会工作机构成立,才初步形成一个社会工作"行业",各地才陆续建立社会工作行业组织。直到现在，社会工作行业组织并没有形成自己的行业管理模式，因而移植借鉴国内外相应的或相关的社会工作行业管理模式，成为目前的一种常见做法。

社会工作行业管理模式的第三种来源是科学策划。科学策划是社会工作行业管理模式的一种重要来源。人们通常讲社会工作行业管理模式来源于反复的实践与总结，这显然是正确的，但这种说法也并非一味排斥通过社会工作策划来建构某种社会工作行业管理模式这一来源。通过社会工作策划来建构社会工作行业管理模式，不是要否定社会工作行业管理实践的基础作用，而是要在国内外社会工作行业管理已有实践经验的基础上，通过社会工作策划者深入细致的调研、比较，结合本地区的实际情况和现实需要，通过开动脑筋、运筹谋划，拿出适合于一定区域社会工作行业管理的模式建议，再在社会工作行业管理中透过实践不断完善、不断优化。这可以说是社会工作行业管理模式的重要来源。

2. 社会工作行业管理模式的经验借鉴

采取何种模式来实现社会工作行业的有效管理，我国社会工作领域少有相关研讨文献，也很少听到有关专家学者的发言。大致感觉是，我国社会工作领域实践比理论稍显"超前"，在人们对社会工作理论并不熟悉的时候，社会工作实务就已经轰轰烈烈地搞起来了，很多人也搞不清楚什么是真正的社会工作。在社会工作行业管理中，也有诸如此类的情况，也是实践比理论稍显"超前"，具体表现是至今都很难找到国内有关社会工作行业管理相关理论文献或工作经验总结。所以，在此只能根据相应的零散资料，对于社会工作行业管理模式的外部经验做一个大致的梳理，以对社会工作行业管理模式的建构或策划提供某些方面的借鉴经验，也为本书对这方面的某些论述提供必要的依据。

就目前获得的相关文献来看，论述比较完备的社会工作行业管理模式是香港模式。香港社会工作的行业管理是有层次、成体系的行业管理，分为三种情况。第一种是政府的社会福利署，它在社会服务工作中的职责就是三条：一是招标，二是拨款，三是评估。第二种是社会工作者注册局，根据法律规定其职责就是两条：一是注册登记，二是受理投诉。第三种是社工团体机构，每个社工团体机构的职责也非常明确，它们各自都有自己的工作理念和行为守则。例如，香港社工协会是香港较有代表性的社会工作行业管理组织之一，它以"提高社会工作专业水准、培养优秀的专业道德和守则，就社会工作的专业地位及有关福利政策向有关当局提供意见"为己任。① 总体来讲，在香港社会工作行业管理中，社工行业协会在政府和社会工作机构或社会工作者之间起纽带与桥梁作用。

可见，香港社会工作行业管理模式是一种相对典型的"中介模式"。在社会体制改革中，我国在不断探索社会组织的行业管理的模式。例如，2018年8月公布的《广州市社会工作服务条例》规定："社会工作行业组织应当依法推动行业的规范管理，建立健全社会工作者的培训教育、行业管理等措施和职业道德规范指引、职业服务规范，推动行业自律管理。""社会工作行业组织可以按照国家、省、市有关规定承接各级政府部门委托的与社会工作服务有关的专业培训、继续教育、项目评估与业务指导等日常管理事务。""鼓励社会工作行业组织参与相关法律法规、行业规划、行业标准、服务协议范本的研究制定，为社会工作服务机构、社会工作者提供诉求反映、政策咨询、规划指导、项目推介、信息发布、矛盾调处、权益维护、能力建设、合作交流等服务。"② 可见，就广州市而言，社会工作行业管理乃是一种法律赋予的实权型管理模式。

3. 社会工作行业管理模式的现实选择

社会工作行业管理总体来讲乃是一种社会工作行业自治。作为社会工作行业自治，其模式在现实中并非千篇一律，而是各有特色，甚至是"八仙过海，各显神通"。概括起来，当前我国社会工作行业管理模式大概可从以下两种角度进行分类：一是从社会工作行业组织与政府社会工作部门的关系来讲，有政务延伸型管理模式和政社中介型管理模式；二是从社会工作行业组织与社会工作服务机构之间的关系来讲，有紧密型管理模式和松散型管理模式。

社会工作行业管理的政务延伸型管理模式和政社中介型管理模式之不

---

① 上海市社会治安综合治理委员会办公室编著《"社工"必读》，上海：文汇出版社，2004，第42页。
② 《广州市社会工作服务条例》（2018年8月6日公布），2018-08-06，国家法律法规数据库，https://flk.npc.gov.cn/detail2.html?MmM5MGU1YmI2NGZhODMxMzAxNjViMWNlYTIxNTEyNDc。

同在于，前者是指社会工作行业组织基本上依附于政府社会工作部门，社会工作行业管理基本上属于政府对社会工作行业管理的延伸，或者说社会工作行业管理实际上是政府政务管理的"二传手"。这种管理模式的一种典型特征是各地最重要的行业协会的会长基本上由政府社会工作部门的官员担任。这种社会工作行业管理的主动性较弱，自治性不强，谈不上有多少治理创新。后者是指社会工作行业组织作为一种中介组织，在政府社会工作部门与社会工作服务机构之间架起一座桥梁，而这座桥梁具有自身的独立性，能够依法依规对社会工作行业开展灵活机动、不断创新的管理。在我国社会工作发展初期，多数社会工作行业组织的管理模式基本上属于前者。而随着我国推行行业治理或行业自治，社会工作行业管理基本走上了政社中介型社会工作行业管理之路。

社会工作行业管理的紧密型管理模式和松散型管理模式更有着明显的不同。通常来讲，紧密型管理模式是指社会工作行业组织对社会工作服务机构的管理，是通过形成一种紧密的结构关系而组成社会工作行业协会以实施行业组织管理的。这种管理模式下，社会工作服务机构与社会工作行业协会之间有密切的往来。社会工作协会对社会工作服务机构在信息的上传下达、业务的指导工作、社工的登记注册、社工的教育培训、督导的教育培训等方面都会提供具体的服务。社会工作服务机构也会将社会工作协会的各项事务当成自己的事务，能够按时按质地完成协会布置的各项任务，同时也会积极参加协会举办的各种重要行业活动和社会活动。松散型管理模式是指社会工作行业组织对社会工作服务机构的管理是一种松散的管理，一般来讲，只有社会工作服务机构有事情找社会工作协会时，或者社会工作协会有事找社会工作服务机构时，才能看出两者间存在某种协作关系。

第六章

社会工作服务项目策划

在社会工作领域，根据我国的国情和特色，尤其是随着政府购买服务的推行，我国实行了社会工作项目制管理，社会工作服务项目成为我国社会工作领域的一个新概念和专业术语。政府购买社会工作服务，是政府以社会工作服务项目的形式来向社会工作机构购买服务。社会工作机构如要向政府、企业或慈善机构争取支持，也往往是以社会工作服务项目的形式去向相应的机构申请。社会工作服务项目成为我国推进社会工作事业发展、社会工作人才队伍建设和社会工作服务质量评估的基本载体。在我国社会工作项目制管理的情况下，切实加强社会工作服务项目的科学策划，不断提升社会工作项目策划水平，成为我国社会工作发展和社会工作水平提升的一个关键环节，很值得我们高度重视。

第一节 项目与项目制管理的意义

近些年来，社会工作服务项目已成为社会工作领域的一个专业术语，并在社会上流行起来。随之而来的是社会工作服务项目策划成为社会工作领域的一项要务。透过从属关系角度来看，社会工作服务项目策划属于项目策划的范畴，要对社会工作服务项目开展策划，必先对项目等基本概念进行必要的了解，方能深入理解社会工作服务项目策划的必要性和可行性、有效把握社会工作服务项目策划的出发点和关键点，科学地开展社会工作服务项目策划。

一 项目的含义与特征

在当今社会中,"项目"一词可以说是人们耳熟能详的词语,在很多情况下,人们都会接触到一些有关项目的说法,并对项目有某些基本的认识和了解。例如,一个建筑队必须承接基建项目,即使这个建筑队里的农民工也能说出这个基建项目的大致内容;一个社区可能上马一个城改项目,即使这个社区的普通居民也会知道这个城改项目的价值。至于工程技术人员、科学研究人员、经营管理人员等,他们对项目的接触面更广,从而对项目的认识更深。其中,还有一部分人,只有获得一定的项目才能开展自己的工作,才会有收入,进而才会有自己的事业;没有项目,他们可能失去工作的机会。

1. 项目的基本含义

在国际上,关于"项目"的定义很多,比较流行的权威定义或解释大致有以下几种。国际标准《质量管理——项目管理质量指南(ISO10006)》对项目的定义是,项目有着特殊的过程,有结束时间和开始时间,由互相受控及互相协调的活动组成。该过程实施的目的是将规定的目标实现,主要包括满足资源、费用和时间的约束条件。美国项目管理协会(PMI)推出的项目管理知识体系(PMBOK)将项目定义为为了将某种独特的服务或工作完成而做出的一次性努力。德国国家标准 DIN69901 认为:"所谓项目结题指的是总体上与以下条件相符合的且具备唯一性的一种任务,即具备具体的时间、预定的目标、人力财务以及其他约束条件,同时还有着专门的组织机构。"[1]

在国内,《辞海》对"项目"一词的解释是,事物分成的种类或条目。同时,《辞海》对"建设项目"也做了解释,即在一定条件约束下,以形成固定资产为目标的一次性事业。一个建设项目必须在一个总体设计或初步设计范围内,由一个或若干个互有内在联系的单项工程所组成,经济上实行统一核算,行政上实行统一管理。这一解释对理解项目的含义有重要

---

[1] 张红年:《探析现代工程项目管理的方法》,《城市建设理论研究》2013 年第 23 期。

参考价值。邓国胜认为，项目是在一定时间内为了达到特定目标而调集到一起的资源组合，是为了取得特定的成果而开展的一系列相关活动。① 曹力认为，项目实质上是指一种工作方法、一种组织他人完成任务的方法。项目在一个特定的时刻启动，在某个特定的时刻终结，在达到项目预期结果时，项目也就宣告完成。一般来说，实现这一预期结果所投入的资源——通常主要是资金和时间往往是有限的。②

国内除了上述对项目的解释外，近几年，也有学者在社会工作项目管理以及相关管理的讨论中对项目进行了解释。王思斌认为，项目是指为了达到特别指定的目标，获得特别指定的效果，在一定的时间阶段内，调动集中相关资源而实施的一系列相关活动。③ 罗峰认为，项目是指一系列独特的、复杂的并相互关联的活动，这些活动有着一个明确的目标或目的，必须在特定的时间、预算、资源限定内，依据规范完成。④ 董伟明在其主编的《社会工作项目管理》中指出，项目是"在一定的资源条件下，组织为实现特定的目标而开展独特的、一次性的工作的活动或过程"。⑤ 秦莹、韩勇强在其主编的《社会工作项目管理》中指出，"项目是在一定的时间、空间和资金条件下，为实现某一类特定的具体目标所采取的一系列行动，这一系列行动包括项目内容、项目活动和项目服务等"。⑥

综合上面有关项目的多种定义和解释，我们认为，项目（Item）这一概念，至少包含这样几层含义。第一，项目是一项特定的任务，是具有明确目标的一次性任务。无论是建设项目、服务项目还是科研项目等都是如此。第二，项目是具有一定约束条件的一次性任务，这些约束条件主要包括限定的时间、指定的地点、规定的资源（人、财、物等）、设定的标准（数量标准、质量标准等）。第三，项目是由特定的组织机构立项并由专门

---

① 邓国胜：《公益项目评估——以"幸福工程"为案例》，北京：社会科学文献出版社，2003，第2页。
② 曹力：《项目经理知识体系与工作界定》，《合作经济与科技》2007年12月号下。
③ 王思斌主编《社团的管理与能力建设》，北京：中国社会出版社，2003，第183页。
④ 罗峰：《WBS在社会工作项目管理中的应用研究》，《社会工作》（学术版）2011年第3期。
⑤ 董明伟主编《社会工作项目管理》，北京：中国商务出版社，2022，第14页。
⑥ 秦莹、韩勇强主编《社会工作项目管理（实务篇）》，昆明：云南大学出版社，2022，第1页。

的组织机构实施完成的。这里专门的组织机构，既可以是某一个组织机构，也可以是几个组织机构联合而成的组织机构联合体。所以，所谓项目就是由特定的组织机构立项并由专门的组织机构实施完成的具有明确目标且受到相应约束条件制约的一次性任务。第四，项目也是一种工作方法，是可以有效利用和组织社会力量完成任务的方法。

2. 项目的主要特征

从范畴归属来看，项目本质上是一种任务。但是，人们从事的日常工作是任务，组织自行规划的工作是任务，上级指派的工作也是任务。项目这种任务与日常的工作任务、组织自行规划的工作任务、上级指派的工作任务等是有所不同的。这些不同，恰恰就是项目所具有的一些典型特征。

（1）项目立项的重要性。项目最基本、最显著的特征不在于别的，而在于它的立项。立项是一套特定的程序。只有按照这套程序和要求进行立项的工作任务，才能称为项目。没有按照这套程序和要求进行立项的工作任务，如日常担负的工作任务、组织自行规划的工作任务、上级指派的工作任务等都不能称为项目。通常来讲，通过特定的程序立项所形成的每一个项目都是唯一的。

（2）项目目标的特定性。任何项目都有其明确具体的目标。所谓项目目标，是指特定的组织机构在立项时所确定的项目预期目标或项目预期成果，实际上也可说是特定的组织机构对项目实施结果的一种明确的预期。这些目标和预期结果可以是一种特定组织机构期望得到的产品，也可以是一种特定组织机构期望得到的服务，还可以是特定的组织机构期望得到的智力性成果。

（3）项目资源的约束性。每一个项目都需要运用各种资源来实施，这些资源包括人、财、物等方面的资源，而从整体上来讲，这些资源是有限的，尤其是其中的经费，是受到严格的约束的。举例来说，广州市的街道家庭综合服务中心（社工站）整体运营项目，最早规定的经费是200万元，2018年起是240万元，人员规定是20人；国家社会科学基金一般项目规定的资助金额是20万元。

（4）项目时间的确定性。项目在实施的时间上是确定的，有确定的起点，也有确定的终点。工程项目有规定的开工时间，有规定的竣工时间；

服务项目同样有规定的进场时间，有规定的结束时间。在项目实施过程中，外部和内部因素总会发生一些变化，而可能影响项目实施的时间。但当项目目标因时间变化而发生实质性变动时，这个项目可能不再是原来的项目，而是成为一个新的项目。

（5）项目任务的一次性。通常来讲，一个项目只做一次，有时间的限制，有工期的规定。项目作为具有明确目标且具有一定约束条件的一次性任务，它本身是不能重复的。不论项目运行情况如何，项目结束了，结果也就确定了，而不能这样说，这个项目我做得很不错，我还要接着再做若干年。即使没有实施完成，需要延期完工，这个虽经批准延期的项目也不再是原来的项目。

（6）项目结果的整体性。凡属于总体策划的项目，无论是主体任务还是附属任务，无论是由一个组织机构还是由多个组织机构联合体实施，无论是同期实施还是分期实施，从总体上看都是一个统一的整体。作为一个项目整体，其结果也必须从整体的高度来进行验收评价，而不能因为某一部分做出了特色，就可以不完成整体任务，或不整体地验收和评价。

二 项目的要素与功能

任何一个项目都是一个整体，不管这个项目是大项目还是小项目，也不管这个项目是工程建设项目还是社会服务项目或是科学研究项目。项目整体往往是由一定的要素构成的。同时，作为一个整体，项目也有其特定功能。在此，我们先来考察项目的基本要素，然后再对项目的主要功能进行分析。

1. 项目的基本要素

所谓要素，就是指构成某一类事物或某一类活动的必需的、重要的结构性因素。项目是各种要素的系统集成。无论是工程建设项目还是社会服务项目，无论是科学研究项目还是智库咨询项目，只要它是一个项目，它都离不开一些必需的、重要的结构性因素，这些必需的、重要的结构性因素，就是项目的基本要素。一般来讲，项目的基本要素包括六个，即项目内容范围、项目组织管理、项目时间规定、项目成本预算、项目质量要求和项目实施环境。

（1）项目内容范围。项目内容范围主要体现为对某一项目的工作任务内容界定，实际上也就是为了实现项目目标、取得项目成果必须完成的所有工作任务。一般通过项目约定交付物和交付物标准来定义项目内容范围。项目内容范围的表述可以先在项目策划书（计划书、规划书）的标题中概括体现，再在项目策划书的正文"项目目标"和"项目内容范围"部分具体呈现。

（2）项目组织管理。项目组织管理主要体现为项目的组织形式、人员配备、工作职责、管理流程及组织文化。目前，参与项目组织管理的组织机构至少包括三类，即项目委托组织机构、项目受托组织机构、第三方组织机构。第三方组织机构主要承担项目策划、项目招标、项目监管、项目评估等工作任务，它们也是项目组织管理工作中发挥重要组织管理作用的组织机构。

（3）项目时间规定。项目时间规定是保证项目按时实施并有效完成的要素。项目时间规定主要体现为项目实施周期和项目实施进度控制。在项目时间规定中，项目实施周期可以用起讫时间进行描述，与项目时间规定相关的其他细节则可用项目进度计划描述。进度计划不仅能说明完成项目工作范围内所有工作所需要的时间，而且能规定每个活动具体的开始和完成日期。

（4）项目成本预算。项目成本主要体现为项目实现最终目标的各个阶段和结束时的费用，包括人力成本、原材料与设备添置费用、场地租金、分包费用和咨询费用等。项目的总成本以预算为基础，项目结束时的最终成本应控制在预算内。有的同类项目成本预算采取的是总额统一预算，如广州市街道家庭综合服务中心（社工站）预算是总额统一预算，分项预算由各承接机构自行编列。

（5）项目质量要求。项目质量主要体现为项目实施后达到对项目利益相关者各方的性能要求，是指项目满足明确的或隐含的需求的程度。项目质量是项目的生命线，在项目基本要素中处于极端重要的位置。项目委托组织机构不仅要提出项目运作中数量方面的要求，而且要提出质量方面的要求。同时，还要在项目的合同文件中规定对参与项目组织管理各方组织的监管和评估的要求。

（6）项目实施环境。项目实施环境是项目的基本要素之一。在一个项目实施前通常需要对项目所依存的大环境有着敏锐的认识和正确的理解。多数项目在通常情况下对环境有着极大的影响，但同时也为环境所制约。项目实施环境既有项目实施的内在环境和外在环境，也有项目实施的经济环境和社会环境，还有项目实施的自然环境和人文环境等，项目实施必须对实施环境加以重视。

2. 项目的主要功能

项目作为由特定的组织机构立项并由专门的组织机构实施完成的具有明确目标且受到相应约束条件制约的特定工作任务，现在已经越来越受到政府部门的重视和社会各界的关心。"项目制""项目制管理""项目为王"的说法也在社会流行开来。这主要是因为，项目具有自身特定的社会功能。

（1）解决特定问题的功能。项目通常是以问题为导向而策划出的一次性任务，这种一次性任务实际上是为解决特定问题而策划出来的。这些特定问题包括供需矛盾突出而投入有限、社会急需而普遍供应不足、常规化的工作浪费严重、分散化的实施难以达到整体预期目标、新的任务缺乏实践经验等。通过项目的运作，则可以找寻到愿意并有能力承接项目的组织机构甚至个人，它们能够帮助政府、企业、社会组织等特定组织机构集中解决特定的问题。

（2）促进知识转化的功能。项目具有的促进知识转化的功能可以理解为通过项目可以将知识转化为经济社会效益的功能。知识产生新的创意，形成某种具有创意的项目，这些项目可以是基础设施建设项目，可以是科学研究项目，可以是企业开发项目，也可以是社会服务项目等，而这些项目又是由那些具有专门知识和能力的组织机构或组织机构联合体来承接和实施，从而最终形成一个完整的知识转化链条，使知识转化为社会生产力和社会服务力。

（3）提高投资效益的功能。项目有助于优化经费投资管理。项目的这一功能主要来自项目目标的明确性和项目资源的约束性。透过项目目标的明确性，可以一开始就明确项目的预期结果和预估项目的效益，未能取得预期结果和实现预期效益的项目就属于失败项目，可以追责或严格结项。透过项目资源的约束性，则可以通过严格的项目预算来控制投资或经费投入额度，避免各种随心所欲的投资或经费投入行为，确保项目投资效益的最大化。

（4）强化专业运作的功能。无论何种工作任务，一旦策划成一定的项目，便使这些工作任务的专业性得到较好的凸显，从而不仅可以吸引一些具有特定专业技能的专门组织机构前来投标，而且可以使一些非专业的组织机构依据自身的情况主动放弃这种项目的投标，项目委托单位则可以更为坦然地在那些具有特定专业技能的专门组织机构中优中选优，从而更有效地强化了专业运作的功能。

（5）益于规范管理的功能。通过项目来对特定的工作任务进行管理，既是精细管理的体现，也是规范运作的体现，还是社会监管的体现。推行项目制度事实上有益于各项事业的规范管理。通常来讲，几乎所有的项目都是通过精心策划设计出来的，精细化程度很高；几乎所有的项目都是以公开招标和公开议标的形式进行的，有利于规范运作，有利于社会监督，并能调动企业和社会广泛参与监督的积极性，有利于构建良好的政商关系和政社关系。

三 项目的策划与管理

项目是人们为了更有效地工作、更实在地完成特定任务，并且更节约政府的公共财政成本、更适应市场经济发展的需要，通过运筹谋划而开发出来的一种特定的工作任务。从管理角度来讲，项目是项目制的产物。项目制意味着项目化，是将工作任务转化为项目加以管理。项目策划在项目制运作的实践中具有十分重要的地位和作用。当然，要推行项目制运作，不仅要有项目策划，而且要有适应项目制运作的项目管理，这是项目制运作的必然要求。

1. 项目策划的理念与过程

从某种角度来讲，项目是围绕一定论题的各种相关工作任务的系统集成。由此可以表明，项目不是自发产生的，常规化的工作任务并不是项目，真正的项目是由有关行业的管理人员和专业人员开发出来的，或者说项目是由有关行业的管理人员和专业人员中的策划团队策划出来的。从实践中我们知道，包括工程建设项目、产品开发项目、社会服务项目、科学研究项目等在内的所有项目，都不是自然而然地产生的，都是有关的策划者科学策划的产物。举例来说，广州市推行的街道家庭综合服务中心（社工站）的社工综合服务项目，就是在全市大力推进社会工作发展和社会工作人才队伍建设过程中，由广州市社会工作部门的管理者和社会工作专家根据广州市党政部门的社会服务要求、人民群众的社会服务需求，以及广州市所具有的各类资源条件等，经过认真策划得出的智力成果。

项目策划其实是有它的先进理念的，或者说，项目策划是建立在一整套先进理念基础上的一种工作任务运筹谋划。这些先进的理念包括论题管理理念、问题导向理念、需求为本理念、思想解放理念、体制创新理念、政商协力理念、政社协力理念、资源节约理念、执行到位理念、整体绩效理念、勤政廉政理念等。项目策划与一般的工作任务安排有很大的不同，一般的工作任务安排往往是沿着科层制的路径，层层分派任务，层层细分资源，而项目策划考虑的是更好地回应重大论题，以解决具体问题和满足具体需求为导向，倡导思想解放，进行体制创新，充分调动政府部门、企事业单位和社会组织等方面的积极性，以有限的资源投入、特定的政策供给、可靠的制度保障、广泛的社会监督、专业的第三方评估，确保有关工作任务切实执行到位，从而实现整体工作效益的全面提升。

项目策划是科学决策的基础，项目策划有其科学的程序。有专家认为，"计划一个项目顺序包括：想法—主题—相关利益者分析—问题分析—目标分析—项目策略—逻辑框架—资源输入—预算—计划书/方案—申请/投标—得到批准—协议—项目执行—项目管理—检测和评估"。[1] 事实上这里包括一个项目从想法到结项的整个过程，不是单纯就项目策划而言的。真正的项目策划过程也就是项目开发的过程，应该是基本论题提出—具体问题分析—社会需求评估—项目目标设定—项目策略构建—资源输入计划—执行标准研制—管理措施配套—相关实验测试—策划文本制定。这就是一个相对完备的项目策划过程或项目开发过程。当然，项目策划的过程并非一成不变和不可调整的，由不同的策划者开展的不同的项目策划，其过程或程

---

[1] 郭景萍主编《社会工作机构的运作与管理》，北京：北京大学出版社，2015，第183页。

序是可以视情况随时加以调整的。

2. 项目管理的目标与内容

项目管理作为一门学科，它是"管理科学与工程"学科的一个分支，是介于自然科学、工程技术和社会科学之间的一门边缘学科。项目管理有着多种定义，美国《项目管理手册》将"项目管理"定义为在项目活动中运用知识、技能、工具和技术，以满足或超过项目相关者对项目的需求和期望的过程。我国项目管理学界也对项目管理做出了界定，认为项目管理就是以项目作为对象的管理，即通过计划、组织、人事、领导和控制等职能，设计和保持一种良好的环境，使项目参加者在项目组织中高效率地完成既定的项目任务的工作。项目管理是基于被接受的管理原则的一套技术方法，这些技术或方法用于计划、评估、控制工作活动，以按时、按预算、依据规范达到理想的最终效果。

项目管理是以项目为对象的系统管理方法，通过一个临时性的、专门的柔性组织，对项目进行高效率的计划、组织、指导和控制，以对项目进行全过程的动态管理，最终实现项目的目标。项目管理特别重视坚持目标导向，说到底它就是一种地道的目标管理方式。那么，项目管理的目标是什么呢？通常来讲，项目管理的基本目标就是保证项目实施的过程能够实现项目的目标，借用工程管理科学的话来说，就是"满足或超过项目相关者对项目的需求和期望"。[①] 项目管理的具体目标主要有四个：（1）满足项目立项者提出的要求与期望；（2）满足项目利益相关各方不同的要求与期望；（3）满足项目已经识别或已经确立的要求和期望；（4）满足项目尚未识别或尚未确立的要求和期望。

项目管理的内容非常丰富，从项目构成要素来讲，有项目内容管理、项目组织管理（包括人力资源管理）、项目时间管理、项目费用管理、项目质量管理、项目环境管理等。从项目推进过程来讲，有项目论题管理、项目策划管理、项目立项管理、项目采购管理、项目招标管理、项目合同管理、项目执行管理、项目验收管理、项目结项管理等。从项目主体构成来讲，则有项目委托方的管理、项目受托方的管理、项目执行方的管理、

---

① 杨雪主编《工程项目管理概论》，北京：北京理工大学出版社，2012，第4页。

项目监管方的管理、项目评估方的管理等。从项目实施保障来讲，有沟通管理、风险管理、安全管理、法治管理、综合管理等。总之，项目管理的内容很多，大凡项目所涉及的事务性、规程性、组织性、规范性的行为和领域，都有项目管理要涉及的管理内容。

第二节 社会工作服务项目的兴起

自我国正式推进社会工作及其人才队伍建设以来，在社会工作专业领域，经常能听到服务项目、社会服务项目和社会工作服务项目等的提法。如果你成立了一个社会工作机构，人们便会问你，现在你的机构都做了哪些项目。政府有关社会工作的文件中，也经常会出现社会工作项目和社会工作服务项目的概念。社会工作服务项目的基本含义是什么，社会工作服务项目到底包括哪些，社会工作服务项目在我国兴起的历程以及为何会在我国快速兴起，这些都是我国社会工作发展的重要知识信息，很值得社会工作者加以了解。

一 社会工作服务项目的基本含义

关于社会工作服务项目的概念，虽然在我国相关文献中较多用到，但真正对其做出明确解释的文献较少。这表明，对于社会工作服务项目这一概念，业界的认识总体上仍然处于一种感性认识向理性认识过渡的阶段。从目前查得的文献来看，业界对社会工作服务项目的解释大概有两种。一是虞果在其硕士论文中指出，"社会工作服务项目主要是指社会组织承办的由政府发包的社会工作服务项目，即政府通过招投标、资助和外包等方式，将本应由政府负责实施的相关服务，通过一定的形式外包给社会组织，社会组织在一定的时间内为达到政府的目标而开展的一系列相关活动"。[1] 二是董明伟在《社会工作项目管理》中认为，"社会工作服务项目

---

[1] 虞果：《青少年社会工作服务项目的实施与评估——以苏州工业园区"护航青春"项目为例》，硕士学位论文，苏州大学，2017，第5~6页。

是由专业社会工作者主导，遵循社会工作专业价值，运用社会工作专业方法，为满足特定服务对象需求，在一定的时间内，运用一定的资源，按照预订的服务目标、服务内容和服务要求所实施的一项系统任务"。[1]

上述有关社会工作服务项目的界定和解释对社会工作服务项目的某些特征虽有一定考虑，但也存在不足。虞果的解释窄化了社会工作项目的立项、招标、资助、发包主体，很容易让人觉得社会工作服务项目就是"由政府发包的社会工作服务项目"，同时还有一个不足是将社会工作项目视为"一系列相关活动"，而不是一系列相关任务。董明伟的定义虽强调了"社会工作项目"是"一项系统任务"，但又过分凸显了社会工作项目的专业主导和专业化实施问题，而对社会工作服务项目的立项主体（如政府等）的主导性缺乏明确的表述。就笔者的理解，社会工作服务项目简称社会工作项目或社工项目，属于社会服务项目的一种特定类型，是为了推进社会工作的发展，满足特定人群的服务需求，由特定的组织机构（如政府机构、企事业单位、行业协会、慈善机构、社会工作机构等）立项资助，由社会工作机构依法承担，并运用社会工作专业方法具体实施的，具有明确的社会工作服务目标、服务对象、服务内容和服务要求，且有时间、空间、资源、成果等相应条件约束的社会工作任务的系统集成。

关于社会工作服务项目的这一定义，有几点值得注意。首先，这个社会工作服务项目定义，既强调了"社会工作"和"社会工作服务"，又强调了"项目"和"服务项目"，体现了概念定义的"种差+属"基本结构范式。正如戴维·罗伊斯等在《公共项目评估导论》一书中所指出的，社会工作项目与一般意义上的项目有所不同，社会工作项目是旨在通过一系列有组织的行为，有望对项目参与者（即服务对象）产生某些类型影响的干预或者服务。[2] 其次，强调了社会工作服务项目"立项"环节的重要性。通常来讲，没有经过立项的社会工作服务及其任务，都不能称为"项目"。即使是人们所说的"自选项目"，也需经过"立项"的环节才能成为真正

---

[1] 董明伟主编《社会工作项目管理》，北京：中国商务出版社，2022，第14页。
[2] 戴维·罗伊斯等：《公共项目评估导论》，王军霞等译，北京：中国人民大学出版社，2007，第5页。

的"项目"。就像科研工作者做科研一样，自选课题是可以的，但没有经过正式立项环节，就不能成为"项目"。再次，立项的组织机构可以是政府机构、企事业单位、行业协会、慈善机构、社会工作机构等，社会工作机构也可以在本机构内部自行立项，自我实施。最后，社会工作项目是根据一种特殊人群的具体需求而完成的有限社会工作服务任务，它也是在一定时间内，满足一系列特定社会工作目标的相应社会工作任务的系统集成。

同时，理解社会工作服务项目的含义还有必要注意以下两点。一是社会工作服务项目的类型区分问题。社会工作服务项目有大有小，有宽有窄，有综有专，也就是说，社会工作服务项目是可以区分为多种不同类型的，并非千篇一律的。按项目内容特征分，有专项社会工作服务项目和综合社会工作服务项目；按项目规模分，有大型社会工作服务项目和小型社会工作服务项目；按服务对象分，有单群类对象社会工作服务项目和多群类对象社会工作服务项目；按执行时间分，有一年期社会工作服务项目和多年期社会工作服务项目；按获得方式分，有委托型社会工作服务项目、申洽型社会工作服务项目和竞标型社会工作服务项目；等等。二是社会工作服务项目的内容范围问题，也即社会工作服务项目除了在几个传统的社会服务领域可以立项外，在其他的社会服务和社会治理领域是否也能立项的问题。这可说毫无疑义，"社工+"理论已经说明了这一问题。[①]

二 社会工作服务项目的形成轨迹

无论从作为一个专业的概念来看还是从作为一种体制的载体来看，"社会工作服务项目"在我国的推出，虽说经历的时间不是太长，其间也没有多少跌宕起伏的情节，但也涉及一个不断实践和思考的推进和发展过程。考察社会工作服务项目在我国的形成轨迹，对我国深入理解社会工作服务项目的含义，充分认识社会工作服务项目的功用，完善社会工作服务项目制的配套政策，更好地策划出有价值的社会工作服务项目，无疑具有

---

① 谢俊贵：《社会工作拓展视域的"社工+"论析》，《广东社会科学》2018年第1期。

理论与实践的意义。

1. 社会工作服务项目的形成背景

社会工作服务项目的形成背景，事实上也就是社会工作项目制的形成背景，主要涉及经济社会发展情势、社会工作发展需要和国家治理体制机制创新等有关方面。正如渠敬东所说："项目制的形成，是一定的历史情势和社会条件的产物，也有着既有国家体制所提供的支配性的结构基础。"① 社会工作服务项目作为我国体制机制创新、实行项目制治理体制的一种产物，反映了我国经济社会发展的历史情势，明确体现了我国社会建设与社会治理在主客观上的需要和条件，同时也创造性地适应了我国国家体制所提供的支配性的结构基础。也恰恰是这几个方面，综合地构成了我国社会工作服务项目的形成背景。

首先，我国经济社会发展的情势。自改革开放以来，我国的经济获得了迅速发展，国力明显增强，人民的生活尤其是物质生活得到了明显的改善，这种经济上的发展已经势不可挡。然而，社会发展在一定时期内则明显滞后于经济发展。正因为如此，2004 年党的十六届四中全会提出"加强社会建设和管理，推进社会管理体制创新"的任务。2006 年党的十六届六中全会做出了《决定》，将社会建设提到了我国重要议事日程。2007 年党的十七大发出了"加快推进以改善民生为重点的社会建设"等号召，社会建设与社会治理创新受到特别的重视。2012 年党的十八大进一步提出并强调了"在改善民生和创新管理中加强社会建设"。

其次，我国社会工作发展的需要。2006 年党的十六届六中全会《决定》提出建设一支宏大的社会工作人才队伍的要求，提出这个要求的基本目的是通过社会工作人才队伍建设，大力推进社会工作的开展，切实改善和加强社会管理，为社会主义和谐社会建设做出重要贡献。要建设一支宏大的社会工作人才队伍，不仅是一个如何依靠高等学校加强培养的专业教育问题，而且更是一个能否提供社会工作岗位让高等学校培养出来的社会工作专业人才有业可就、有事可做且真正为有需要的群众提供社会工作服务的实践培养问题。这样，社会工作人才队伍建设事实上就转化成了社会

---

① 渠敬东：《项目制：一种新的国家治理体制》，《中国社会科学》2012 年第 5 期。

工作服务的推进和社会工作就业岗位的开发，从而形成了一种对社会工作服务领域和项目开发的迫切需要。

最后，国家治理体制机制的创新。改革开放以来，我国治理体制机制发生了重大变革。按照渠敬东的梳理，其中一个重要变革是推行了"项目制"的社会治理体制机制。项目制可说是我国社会主义市场经济发展的客观要求，它的形成"不仅表现在经济增长的结构压力上，也表现在政府提供公共产品和公共服务的事业要求上"。项目制的实行，改变了我国过去需要发展某项事业都必须建立相应的事业单位或国有企业的"单位制"管理体制，它"既可强化国家体制对自由市场的引导和规制，亦能尽可能规范、合理、有效地提供公共产品和服务"。① 正是因为我国治理体制机制创新的这种变革要求和变革趋势的引导，在社会工作发展的推进中，我国同样采取了"项目制"而非"单位制"。

2. 社会工作服务项目的文献依据

社会工作服务项目的形成轨迹，不仅可以从社会工作服务项目提出的背景来考察，而且可以通过相关文献来具体发现和适当描述。当然，这里也存在一个当年孔夫子讨论夏礼殷礼时遇到的文献供求关系问题。子曰："夏礼，吾能言之，杞不足征也；殷礼，吾能言之，宋不足征也。文献不足故也。足，则吾能征之矣。"不过，我们现在有很多的文献库。尤其是"中国知识资源总库"，它是当前我国收录各种文献最多、时效性最强的一个文献库。通过查询该文献库，② 我们可以获得社会工作项目或社会工作"项目制"管理的一些文献依据，并从这些文献中看出社会工作服务项目和社会工作"项目制"管理的形成轨迹。

首先，关于社会工作服务项目的文献总量。截至2022年底，从"中国知识资源总库"的篇名途径搜索，以"社会工作服务项目"为篇名的文献有126篇，以"社会工作项目"为篇名的文献有108篇，以"社工项目"为篇名的文献有60篇。从主题途径搜索，涉及"社会工作服务项目"这一主题的文献为1074篇，涉及"社会工作项目"这一主题的文献有

---

① 渠敬东：《项目制：一种新的国家治理体制》，《中国社会科学》2012年第5期。
② 中国知识资源总库，查询时间：2020年8月15日。

1265 篇，涉及"社工项目"这一主题的文献有 13002 篇。从关键词途径检索，包含"社会工作服务项目"这一关键词的文献有 294 篇，包含"社会工作项目"这一关键词的文献有 116 篇，包含"社工项目"这一关键词的文献只有 6 篇。从这些文献可知，我国社会工作服务项目、社会工作项目、社工项目三个概念是并用的，而且都有不少的文献。

其次，关于社会工作服务项目的较早文献。以"社会工作服务项目"为篇名的第一篇报道是《湘川情社会工作服务项目正式启动》，① 以"社会工作服务项目"为篇名的第一篇论文是《构建流动儿童的社会支持网络——以南宁市 W 村流动儿童的社会工作服务项目为例》。② 以"社会工作项目"为篇名的第一篇报告是《借助专业力量架起回归的桥梁——北京市大兴区社区矫正引入专业社会工作项目报告》，③ 以"社会工作项目"为篇名的第一篇论文是《WBS 在社会工作项目管理中的应用研究》。④ 以"社工项目"为篇名的第一篇报道是《重点开发社会最需要的社工项目》，⑤ 以"社工项目"为篇名的第一篇论文是《社工项目进社区，开创社会管理新模式——基于济南市四里村办事处引进社工服务项目的调研》。⑥

最后，关于社会工作服务项目的文献简析。从上面简要的描述可以看出，无论是"社会工作服务项目"、"社会工作项目"抑或"社工项目"，也无论是从篇名途径、主题途径还是关键词途径搜索，在"中国知识资源总库"中都可以找到相应的文献。从这些文献发表的时间来看，发表于 2007 年之前的文献，基本上都是在海外相关情况的介绍中涉及此类概念的，真正从本土化的角度出发而涉及此类概念的文献是 2007 年和 2009 年的两篇报道性文献，即《重点开发社会最需要的社工项目》和《湘川情社

---

① 《湘川情社会工作服务项目正式启动》，《阿坝日报》2009 年 5 月 19 日，第 3 版。
② 蓝振松：《构建流动儿童的社会支持网络——以南宁市 W 村流动儿童的社会工作服务项目为例》，硕士学位论文，华中农业大学，2012。
③ 刘颖、郭伟和：《借助专业力量架起回归的桥梁——北京市大兴区社区矫正引入专业社会工作项目报告》，《人民调解》2013 年第 2 期。
④ 罗峰：《WBS 在社会工作项目管理中的应用研究》，《社会工作》（学术版）2011 年第 3 期。
⑤ 《重点开发社会最需要的社工项目》，《深圳商报》2007 年 11 月 27 日，第 A04 版。
⑥ 杨丽娟：《社工项目进社区，开创社会管理新模式——基于济南市四里村办事处引进社工服务项目的调研》，《中共济南市委党校学报》2021 年第 6 期。

会工作服务项目正式启动》)。这一方面表明,在我国真正使用"社会工作服务项目""社会工作项目""社工项目"这些概念,是从 2007~2009 年开始的,当时人们已经采用了这些概念,且有的地方已开始了社会工作服务项目的开发、策划与实施;另一方面也说明,当时很少有人具体讨论这些概念的含义,更未形成社会工作服务项目的理论研究热潮。

3. 社会工作服务项目的实践应用

在我国,社会工作服务项目或其同义概念在实践层面的反映快于在理论层面的反映,这是非常客观的说法。前述两篇报道性文献所反映的情况,都来自实践中的社会工作服务第一线。2007 年,《深圳商报》报道显示,深圳鹏星社会工作服务社总干事易松国接受了该记者采访,他谈到了社工项目的开发问题,并表示:"将来除了政府购买的服务以外,我们将重点开发社会上最需要的社工服务项目。项目产生有两种方式,一种是政府开发项目发包给社工机构;另一种是社工机构提出项目,如果政府觉得好就购买。香港、国外都是这样。"他还进一步解释说,项目的服务应该是今后社工发展的主要方向,因为社会服务最重要的就是专业的项目服务。从长远来看,从社工的发展、机制上说,政府购买服务是一种趋势,而社工可以介入并提供专业服务。[1]

2009 年,《阿坝日报》的一篇报道显示,湖南省对口支援理县灾后重建工作队仔细策划、认真筹备,组建了"湘川情社会工作服务队"。[2] "湘川情社会工作服务队"不仅是一队服务人马,而且是一个地地道道的社会工作服务项目。这个社会工作服务项目的策划者和立项者都是湖南省对口支援理县灾后重建工作队,而实施者则是长沙民政职业技术学院社会工作系师生和娄底市残疾人爱心互助会残疾人心理援建大队,该团队拥有专家和工作人员 26 名,不仅免费为普通群众、学生进行心理援助服务,对残疾人士进行康复训练和就业指导,全力帮助学生、群众早日摆脱灾后阴影,振奋精神,重树信心,而且尝试着定期为理县党政干部职工进行心理辅导,有效缓解理县广大干部的工作压力,激励干部群众以健康积极的心态

---

[1] 《重点开发社会最需要的社工项目》,《深圳商报》2007 年 11 月 27 日,第 A04 版。
[2] 《湘川情社会工作服务项目正式启动》,《阿坝日报》2009 年 5 月 19 日,第 3 版。

投身到灾后重建,更好地服务灾区重建。

事实上,在2008~2010年,我国在社会工作服务三大试点区域(上海、深圳、万载)取得初步成效的基础上,由于四川赈灾社会工作服务多是以各省市采用社会工作服务项目购买方式服务灾区群众并取得好的收效,因而一些社会工作推进较为先进的城市,便选择了社会工作服务的"项目制"途径。这里应该提到的是广州。广州市在2009年开始的社会工作试点中,就推出了33个社会工作服务项目。到2010年,广州市有关社会工作发展及其人才队伍建设的文件中,也确定以"项目"为单位购买社会组织的社会工作服务。到2023年为止,在广州,无论是街道家庭综合服务中心(社工站)的整体运营,还是其他不同部门开展的社会工作服务,都是以"社会工作服务项目"的形式来推进的。

以后,"项目制"一直成为我国社会工作发展、社会工作服务、社会工作运作、社会工作管理的最主要形式,而"单位制"虽然在18个部门和组织出台的《意见》中有"明确相关事业单位社会工作专业岗位"一条,但在后来的实践中少有人提起。事业单位设立社会工作专业岗位一事,除了民政部门直属的一些社会福利事业单位之外,更多的都是通过项目开发,以政府或单位向社会工作机构购买社会服务的方式加以了统筹。尤其是2012年民政部、财政部《关于政府购买社会工作服务的指导意见》出台后,"坚持立足需求、量力而为,从人民群众最基本、最紧迫的需求出发设计、实施社会工作服务项目",[①] 项目制已然成为我国社会工作发展的基本导向。

三 社会工作服务项目时兴的原因

我国为何会有社会工作服务项目这一概念的出现,并且这一概念还能很快进化为一种称为"项目制"的制度,除了我们在前面讨论中所涉及的社会工作服务项目提出背景和相关实践的影响外,具体到社会工作服务领域或社会工作服务行业,显然还有其他一些具体原因。综合起来讲,社会

---

① 民政部、财政部:《关于政府购买社会工作服务的指导意见》(民发〔2012〕196号),2012-11-14,法律图书馆网,http://www.law-lib.com/cpd/law_detail.asp?id=403070。

工作服务项目的兴起或社会工作服务"项目制"的时兴，主要有四个方面的原因。

1. 海外早已有了社会工作服务项目之说

根据陆士桢对美国社会工作的介绍，美国社会工作有三点令人印象深刻：一是众多的社会工作团体；二是多种多样的服务项目；三是人数众多的案主队伍。美国的社工服务项目很多，有政府机构主办的，有社会服务团体主办的，还有私人主办的。虽然其中有不少是有偿服务，但都不以营利为目的。美国社会工作服务项目化，也是其社会工作发展的一个特色。[①]另外，据有关资料，我国香港地区社会工作服务主要采取项目制。香港社会工作服务的资金来源很多，社会工作服务项目也很多，政府和慈善机构是项目和经费资助的主要来源。政府给予非社工机构承担社会工作服务项目的资助，在2000年前实行标准成本资助制度，2000年以后则实行整笔拨款津贴制度。同时，香港还有完善的社会服务项目竞标制度。我国内地的社会工作项目制管理，与香港经验关系密切。

2. 深圳模式探索催生了社工项目的概念

深圳是我国社会工作的试点城市之一。在试点期间，深圳采取了政府购买社会工作服务的方式，但不是政府"购买社会工作服务项目"的模式，而是社会工作界通常认为的"购买社会工作服务岗位"的模式。早期深圳社会工作推进基本上是采用这种模式。这种模式是"岗位打包"，而非"事务打包"，与后来18个部门和组织出台的《意见》中的"明确相关事业单位社会工作专业岗位"的吻合度较高。不过，深圳试点期间采用的"购买社会工作服务岗位"的模式，确实体现出了一些不足。但这些不足反而促进了"社工项目"这一想法的出现。易松国等专家就提到要"重点开发社会上最需要的社工服务项目"的观点。这里的"社工服务项目"，基本含义当与后来在全国广泛推行的"项目制"的"社会工作服务项目"颇为一致。

3. 震后赈灾强化了社会工作项目化管理

2008年四川发生8.0级的地震，不仅造成了人、财、物的重大损失，

[①] 陆士桢：《浅说美国社会工作及其教育》，《中国社会工作》1998年第6期。

而且对当地人民群众而言是一场严重的精神打击。当时,来自全国各地甚至国际范围的赈灾者络绎不绝。国内各省市对口支援灾区成为一种规制行动,志愿服务组织机构纷至沓来。一些省市动员了社会工作机构前往灾区开展社会工作,有的还在灾区驻扎多年,取得了很好的效果。那么,这些社会工作机构的服务是以何种方式获得资助的呢?据了解,它们的服务尤其是后来驻守式的服务,大部分是政府、企业和慈善机构等以项目资助方式专项资助的。前面所讲的湖南支援理县是如此,广州支援汶川也是如此。这样一来,在我国社会工作试点推进的初期,四川灾区赈灾社会工作的经验,客观地说,对我国实行社会工作服务项目化管理起到了强化作用。

4. 社会工作项目化符合我国改革的思路

我国需要建设宏大的社会工作人才队伍,但在体制内却无法安置一支宏大的社会工作人才队伍,这是一个显在的矛盾,这一矛盾显然需要通过体制机制创新来解决。那么,怎样才能既建设一支宏大的社会工作人才队伍,又不需要增加新的社会工作事业单位或过度增加事业单位的编制呢?针对这一问题,我国一是吸收了改革开放以来政企分开、建立新型政企关系的经验,将社会工作机构列入民办非企业单位,建立了新型政社关系构架,参照政企业务交往中项目制管理的做法,试行了政社业务交往中的项目制管理;二是参考美国、我国香港地区等社会工作服务项目制的有益经验,推行了社会工作服务项目化管理。这样,作为民办非企业单位的社会工作机构,也就如政企分开一样,能够更好地实行政社分开,一方面解决了我国体制内因宏大社会工作人才队伍建设而公职人员大量增加的问题,另一方面解决了我国社会工作专业人员的就业和发展问题。

第三节 社会工作服务项目的策划

社会工作服务项目策划已成为从事社会工作服务的一门特殊本领,属于社会工作领域多数社会工作者认可的两门高大上的专业"功夫"(个案工作和项目策划)之一。社会工作服务项目策划是项目策划的一种特定类型。前面我们已经讨论了项目策划的某些基本问题，形成了一些基本观点，现在将有关知识移植到社会工作服务项目策划可说是顺理成章的事情。然而，社会工作服务项目策划毕竟是项目策划大类中的一种特定类型，是特定类型必然有其独特之处，需要从特殊的角度做出相应的研讨，必须做出一些特殊的说明。为此，本节除了略谈一般项目策划的共性问题之外，将重心放在对社会工作服务项目策划的特殊性以及由这些特殊性而引申的有关讨论上。

一 社会工作服务项目策划的特点

社会工作服务项目策划是指策划者为了加强社会工作服务的科学运作和规范管理、提升社会工作服务的实施质量和社会效益，以项目化的方式对社会工作服务而进行的一种社会工作策划。在所有的项目策划中，社会工作服务项目策划当属于社会工作策划的范畴，而再往上追溯，则属于社会服务策划的一种重要类型，可谓一种专门策划类型中的特殊策划类型。同一般的项目策划比较，甚至与社会服务项目策划比较，它在很大程度上都体现出某些特殊性，有着自己的某些明显特点。充分认识社会工作服务项目策划的特点，对于顺利开展社会工作服务项目策划，提升策划专业水平具有重要的理论价值和实践意义。

1. 重视以人为本的特点

从理论上讲，社会工作是遵循"以人为本、助人自助、公平公正"的专业价值观，在社会服务和社会治理领域，综合运用社会工作方法，帮助有需要的个人、家庭、群体、组织和社区等，整合社会资源，协调社会关系，预防和解决社会问题，恢复和发展社会功能，促进和维护社会和谐的工作。以人为本是社会工作的基本价值理念，贯穿于包括社会工作服务项目策划在内的社会工作各个环节。从实践上看，与一般的项目策划比较，社会工作服务项目策划的出发点和落脚点都是以人为本，策划工作自始至终重视的是"人"而不是"物"，以人为本是社会工作服务项目策划的基本特点，也是社会工作服务项目策划的基本原则，任何脱离以人为本原则的项目策划都不能算是社会工作服务项目策划。也就是说，在社会工作服务项目的策划中,策划者始终必须考虑的是对以人为本理念的坚持,并想方设法为有需要的人们提供必要的、可行的、有效的服务。

2. 增进社会福利的特点

社会福利也称社会福祉。广义的社会福利是指旨在解决广大社会成员在各个方面的福利待遇问题,提高广大社会成员生活水平的各种政策和社会服务。狭义的社会福利是指对儿童、老人、残疾人、慢性精神病人、单亲家庭等特殊群体的社会照顾和社会服务。社会工作服务是一种提供社会服务、加强社会照顾,从而增进社会福利、解决社会问题的工作。社会工作服务项目策划高度重视项目的社会福利性质,对任何以营利为目的的项目和组织机构均具有明显的排斥性。在社会工作服务项目策划过程中,策划者必须把握好项目的社会福利性质。一是项目委托机构对项目的支助须以助人自助,改善社会福利,解决需要帮助的困难人群和问题人群的困难和问题,提高他们的社会适应性为目的,强调服务的社会福利特性;二是项目承接机构必须是社会工作服务机构或具有从事社会工作服务能力的社会服务机构和有关慈善机构。

3. 讲求社会效益的特点

社会效益是与经济效益相对的一个概念。社会效益是指人们的社会实践活动对社会稳定、社会进步所起的积极作用或产生的有益效果。社会工作本身是一项重视社会效益的社会事业,它以促进社会稳定与社会进步为重要功能。这就决定了社会工作服务项目策划无疑要讲求项目的社会效益。在社会效益和经济效益发生冲突时,往往要将社会效益摆在第一位。在项目经费的确定上,以足够保质保量完成项目为标准,其中包括社会工作机构发展的相应经费预算和社会工作人才队伍建设的相应经费预算,无须考虑承担项目组织机构的利润问题。以香港 2000 年以前的经费预算为例,其甚至可以实报实销。在广州,社会工作服务项目的经费预算,主要是社会工作机构的人员工资、人员培训费、督导费、社会工作服务过程的直接支出、必要的设备费用,另加 10% 的机构管理费。10% 的机构管理费也主要是用于机构的发展,而绝对不能成为利润。

4. 重视服务质量的特点

服务质量是服务能够满足规定的和潜在的需求的特征和性状的总和,

或服务工作能够满足被服务者需求的程度。社会工作服务是一项重视服务质量的工作，这不仅是现实对社会工作服务的要求，而且已成为社会工作的一个优良传统。正因为如此，社会工作服务项目策划特别重视项目服务实施的质量，并将项目服务实施质量的提升作为一种专业目标和行业追求对待。在社会工作服务项目策划中，虽然策划者也会考虑项目服务实施相关方面的数量要求，但更为追求的是项目服务实施的质量提升。策划者着重考虑的是社会工作服务是否能够真正帮助服务对象提升能力、链接资源、缓解困难、协调关系，以及有效增强服务对象的身心健康和社会适应；是否能够真正帮助社区解决突出矛盾和突出问题，有效推进和谐社区、平安社区、生态社区、幸福社区等的建设和发展；是否能够真正提升人们对社会工作服务的认知度、好感度、信任度、参与度和满足度。

二 社会工作服务招标型项目策划

社会工作服务项目策划有不同的类型之分。依据项目策划主体，可区分为政府部门社会工作服务项目策划、社工机构社会工作服务项目策划、慈善机构社会工作服务项目策划等。依据项目策划特性，可区分为社会工作服务采购型项目策划和社会工作服务实施型项目策划。依据项目策划用途，可区分为社会工作服务招标型项目策划、社会工作服务应标型项目策划和社会工作服务非标型项目策划。依据项目策划取向，可区分为主动型社会工作服务项目策划和被动型社会工作服务项目策划。在当前社会工作服务项目策划的实践中，比较具有时代特点、中国特色和实用价值的社会工作服务项目策划大致有三种类型：一是社会工作服务招标型项目策划，二是社会工作服务应标型项目策划，三是社会工作服务申洽型项目策划。这里先来讨论社会工作服务招标型项目策划。

社会工作服务招标型项目策划是指由政府部门和其他有意提供社会工作服务支助的组织机构主导或实际进行的，用作开展社会工作服务项目招标工作的社会工作服务项目策划。这类社会工作服务项目策划，从某种角度来讲，既是一种采购型项目策划，也是一种主导型项目策划。也就是说，无论是政府部门还是有意提供社会工作服务支助的组织机构（如企业单位、事业单位、群众团体、社会组织等），它们从事这类社会工作服务项目策划的目的都是实现对社会工作服务的采购，以找到好的社会工作机构来实施这类社会工作服务项目，从而达到服务社会的目标。同时，在这类社会工作服务项目策划中，其主导者也就是政府部门或有意提供社会工作服务支助的组织机构。当前，我国政府部门开展的社会工作服务项目策划大都属于此种类型。

开展社会工作服务招标型项目策划，首先必须做到理念正确、目标清晰和任务明确。社会工作服务与其他的社会服务是有区别的，社会工作服务尤其重视专业价值和行业理念，也就是"以人为本，助人自助，公平公正"的价值理念，在开展社会工作服务招标型项目策划中，需要对这一理念加以明确的表述，以确立正确的社会工作服务项目的价值理念导向，引导社会工作服务不至于偏离轨道。社会工作服务招标型项目策划还要做到目标清晰。这一社会工作服务项目应达到什么服务目标，包括专业服务目标和社会效益目标，必须清晰地描述出来，如果是一个目标体系，也应得体地加以表达。同时，社会工作服务招标型项目策划要做到任务明确，要开展哪些服务，这些服务的数量规定或质量要求，都要做出明确的规定，以便于应标者进行应标型项目策划。

开展社会工作服务招标型项目策划，其次必须做到标的明确、支助经费和预算统一。尤其是对于社会工作服务的政府招标项目，策划时更应加以注意。政府招标不同于一般的"一手交钱，一手交货"的简单采购，政府招标项目是按照政府采购预算进行的有组织、有计划、合法规的采购，必须受到政府采购预算的严格管控。《政府采购法》明确规定，政府采购必须严格按照批准的预算执行。因此，政府部门的社会工作服务招标型项目策划，必须以政府招标或采购的预算为基础，不得超越政府招标或政府采购的预算金额限度，不得擅自扩大或擅自缩减政府采购预算中的采购规模；更不得抛开采购预算中的采购标准，擅自提高或降低采购项目的采购档次。在进行招标型项目策划时，必须完整地落实采购预算，对采购预算表规定的服务内容范围须做出明确规定。

开展社会工作服务招标型项目策划，最后必须做到行文规范、表述清楚、简明扼要。就社会工作服务招标型项目策划而言，无论是政府部门开展的社会工作服务招标型项目策划,还是其他有意提供社会工作服务支助的组织机构开展的社会工作服务招标型项目策划,在表述上都是有严格要求的。既然是招标型项目策划,那么,这种策划的最后文案就应该是某项社会工作服务的采购计划书。作为一项社会工作服务采购计划书,最基本的要求是能够让社会工作服务项目的承接方或供应方便于接受和便于理解,因此,必须做到行文规范、表述清楚、简明扼要。行文规范就是不能有任何"花架子",要参照公文的规范和要求来具体行文。表述清楚就是不能模棱两可、词不达意或产生歧义,要条理清晰地加以表述。简明扼要就是不能啰啰唆唆,要做到简洁明了、突出要点。

三 社会工作服务应标型项目策划

社会工作服务应标型项目策划也称为社会工作服务投标型项目策划,是指社会工作机构在获悉社会工作服务招标或服务采购的邀标信息后,针对招标或采购文件确立的有关社会工作服务招标项目的目标、内容、任务、经费、要求等,根据机构自身条件而进行的旨在做出投标反应并争取承接该社会工作服务项目的策划。社会工作服务应标型项目策划是与社会工作服务招标型项目策划相对的一个概念,没有招标就没有应标或投标,没有招标型项目策划也就没有应标型项目策划。所以,社会工作服务应标型项目策划,从策划主体来讲,是一种社会工作机构开展的项目策划;从策划特性来看,是一种社会工作服务实施型项目策划;从策划取向来说,是一种被动型社会工作服务项目策划。从事社会工作服务应标型项目策划,必须根据这些基本特性来运筹谋划。

开展社会工作应标型项目策划,最基本的是要进行投标响应策划。简单地说,投标响应就是针对项目招标文件或邀标书上提出的要求,对需要应答的部分一一做出应答。通常来讲,项目招标文件或邀标书一般都会将需要应答的要求编列成一个"响应情况"表格,在该表格中,需要应答的要求都会有秩序地编列出来,并为应标的机构留有应答情况填写的空格,由应标的机构根据情况填写具体的响应或不响应、响应的程度等投标响应术语。目前,社会工作服务招标型项目策划往往都备有"响应情况"表格，所罗列的要求很多。一般情况是，在政府社会工作服务项目招标过程中，应标者需要对这些招标要求全部做出"响应"。当然，有的社会工作服务项目招标仅需对关键性要求做出"响应"。策划者一般应按照招标文件或邀标书的要求建议投标者全部做出响应。

开展社会工作服务应标型项目策划，最重要的还不是在"响应情况"方面，而是在标书的编写方面。标书分为"经济标""商务标""技术标"三个部分。"经济标"主要是投标报价。通常来讲，政府购买社会工作服务属于政府采购的范畴，由于政府采购必须严格按照预算执行，所以，经济标往往只需在"响应情况"栏目中加以"响应"即可。当然，也有的社会工作服务项目的"经济标"并非十分确定的预算，而是具有一定弹性空间的预算，在这种情况下，社会工作机构仅仅给出单纯的"投标响应"还不足以与其他的投标者比拼，因而必须对"经济标"部分进行周密的策划。对"经济标"进行周密的策划有几个要领：一是要对某一服务项目的招标报价情况有明确理解；二是要对某一服务项目的投标竞争态势有足够了解；三是要设法拿出真正可行的项目投标报价。

"商务标"部分包括机构资质与营业执照、相关获奖证书、证明机构业绩的相关文件，有的还需要安全生产许可证和机构简介，具体看招标文件要求。主要包含的内容为：（1）社会工作机构法定代表人身份证明；（2）社会工作机构法人授权委托书（正本为原件）；（3）社会工作机构的投标函；（4）社会工作机构的投标函附录；（5）社会工作机构投标保证金交存凭证复印件；（6）社会工作机构对招标文件及合同条款的承诺及补充意见；（7）社会工作机构登记证书、资质证书、安全生产许可证等。"商务标"部分的作用主要是供评标专家对社会工作服务机构的法人资质、机构能力、社会信誉、相关承诺等方面进行考查。策划者在对"商务标"部分进行策划时，除了相关文件必须齐全并有效之外，最重要的是要通过有关文件表明社会工作机构的能力和信誉。

"技术标"部分包括社会工作服务项目的总体概况、社会工作服务项目的运营方案、社会工作服务项目的实施队伍、社会工作服务项目的实施计划、社会工作服务项目的评价标准等。"技术标"部分的作用主要是供评标专家对社会工作服务机构承接该服务项目后如何有效地实施完成该服务项目的任务，如何达到该项目招标策划的要求，编制的方案、计划、措施等所体现的运作能力和实务水平等进行评审。"技术标"部分的策划是社会工作服务应标型项目策划最为关键的部分。不过，现在的社会工作服务项目招标文件中一般都有"技术标"部分要求撰写的各项内容的导引，策划者可以针对这些要求出主意、想办法，拿出最佳的项目总体服务方案，定出可行的分项服务计划，采取恰当的服务保障措施，组织专业的社工人员队伍，采取有效的组织管理方式，增强技术标的竞争力。

四 社会工作服务申洽型项目策划

社会工作服务申洽型项目策划属于非标型项目策划的范畴，是指某一社会工作服务机构向政府部门或有意为社会工作服务机构提供社会工作服务支助的组织机构（如企业单位、事业单位、群众团体、社会组织等）申报和洽商某一社会工作服务项目而开展的社会工作服务项目策划。社会工作服务申洽型项目则是社会工作服务机构向特定组织机构申报或与特定组织机构洽商而获得的社会工作服务项目。社会工作服务申洽型项目有其特点：第一，社会工作服务申洽型项目是无须招投标便可获得的社会工作服务项目；第二，社会工作服务申洽型项目的下达或分包方式多种多样，主要包括委托方式、合作方式、议标方式等；第三，社会工作服务申洽型项目的获得在很大程度上取决于特定社会工作服务项目的策划水平和社会工作机构的服务实力。

正因为社会工作申洽型项目具有这些特点，申洽型项目策划才更富有社会工作服务项目策划的策划意蕴，更体现出社会工作服务项目策划的策划韬略。与社会工作服务招投标项目策划比较，社会工作服务申洽型项目策划更有利于社会工作策划者策划才华的施展，有时甚至包括社会工作服务项目的服务主题选择、服务对象选择、实施地点选择、实施方法选择、实施策略选择等，都具有更大的择优空间和显著的灵活性。政府部门或有意对社会工作服务进行支助的组织机构也可以通过更加灵活的机制和方式对这些服务项目进行挑选，不仅能够做到优中选优，而且能够通过商洽和沟通的方式，提出修改意见和建议，对这些社会工作服务项目的策划文本做出调整，以拓展社会工作服务的领域和对象，提升社会工作服务的质量和水平，彰显社会工作服务的优势和特色。

社会工作服务申洽型项目策划的关键在于选题。社会工作服务申洽型项目策划的选题方式主要有两种：一是指南选题，二是自行选题。指南选题就是从政府部门或其他组织机构发布的社会工作服务项目指南中选题。指南选题的优势在于，社会工作服务项目指南在一般情况下是由社会工作管理者和社会工作专家拟定的选题，这些选题通常具有比较重要的现实意义和比较明确的导向性，对社会工作服务项目策划者的策划工作具有较强的指导作用。自行选题则是社会工作服务项目策划者根据自己对社会工作事业发展的理解和对社会工作服务需求的了解而自行确定的选题。自行选题与指南选题比较，其明显的优势在于，选题具有更大的灵活性，更能体现项目策划者的兴趣与爱好，更能体现项目实施机构的优势与特长，更能体现项目在地服务的社会适应性特征。

社会工作服务申洽型项目策划，尤其是其中的社会工作服务商洽型项目策划，最重要的工作在于沟通与协商。所谓沟通与协商主要指社会工作服务机构的项目策划者与社会工作机构和社会工作服务项目的支助者之间的沟通与协商，特别是与社会工作服务的支助者之间的沟通与协商。项目策划者要使自己策划出来的社会工作服务项目受到有意为社会工作服务项目提供支助的组织机构的青睐，缺乏有效的沟通与协商显然是很难的。沟通与协商的途径很多，有直接的沟通与协商，有间接的沟通与协商，还有类似于会展形式的沟通与协商。至于类似会展形式的沟通与协商，在我国主要是借助"慈博会"等来实现。社会工作机构的项目策划者可以通过参加慈博会，将策划文案拿去"慈博会"展出和分发，以获得与慈善机构等沟通与协商的机会，达到获得项目支助的目的。

第七章

社会工作服务实施策划

　　社会工作服务实施策划也称为社会工作服务行动策划或社会工作服务活动策划，简称社会工作服务策划，是指社会工作机构将承接的社会工作服务项目规定的总体任务进行分解，形成一个一个的具体任务后，由社会工作者根据某项具体任务的基本要求及其指向的特定社会工作服务对象的具体情况而进行的，旨在提高社会工作专业服务水平和效益的具体服务行动策划。这里的"具体情况"包括基本状况、实际问题和具体需求。社会工作服务项目策划主要重在社会工作服务的论题性、整体性和任务性，社会工作服务实施策划则主要重在社会工作服务的实操性、针对性和服务性，是对社会工作服务项目策划中确立的某项具体服务任务应当如何具体落实和有效落实的策划。① 通常来讲，社会工作服务实施策划包括个案社会工作服务策划、小组社会工作服务策划、社区社会工作服务策划和大众社会工作服务策划等。

第一节　个案社会工作服务策划

　　个案社会工作也称为社会个案工作（Social Case Work），简称个案工作（Case Work）。它是采用直接的、面对面的沟通与交流，运用有关人际

---

① 在当前的社会工作领域，确实有不少社会工作者将社会工作服务项目策划和社会工作服务实施策划相混淆，将一个小组社会工作服务策划也称为社会工作服务项目策划，这显得有点欠妥。

关系与个人发展的各种科学知识与专业技术,针对案主(个人或家庭)问题开展工作。① 个案社会工作服务事实上是社会工作者为特定个人或家庭提供社会工作服务。这里的"特定个人或家庭",用社会学家米尔斯的话说就是有"个人困扰"或"个人麻烦"②的个人及其家庭。从这层意义上来说,个案社会工作服务策划是社会工作者针对以个案工作方式来帮助特定具有"个人困扰"的个人或家庭解决特定"麻烦"的社会工作服务实施策划。一般来讲,个案社会工作重在社会工作者的专业经验,若说到个案社会工作策划,关键是要做好以下几方面的事情。

一　案主发现与个案确定

在社会工作服务中,大多数社会工作者往往假定个案社会工作服务对象——案主是主动上门提出服务申请的,并将个案社会工作服务过程的第一个步骤定名为"申请与接案"。③ 这一假定在某种程度上仿照了医疗机构的"接案"和"立案"方式,即假设个案社会工作的案主恰似病人主动到医院"挂号"和"就诊"一样,会主动走进社会工作服务机构或社会工作服务平台来申请社会工作服务。可是,正如布拉默所指出的,要人们自动地寻求协助,并不是一件容易的事。布拉默甚至将此排在了他所讲的社会工作者应该了解的有关助人关系的一些事实(六个事实)中第一的位置。由此或者不一定由此,人们根据自己的经验也应该想到,在现实社会中,特别是在中国社会中,具有"个人困扰"的人大多并不会主动上门寻求社会工作者的帮助,除非他非这样做不可。

根据上述情况,我们感觉到,在个案社会工作服务策划中,采用"申请与接案"的首位程序表述并不见得很得体,从社会工作策划的角度来讲,倒不如采用"案主的发现和个案的确立"来表述个案社会工作服务的第一步骤更符合现实的情况,这不仅能体现社会工作服务的主动性,而且

---

① 张雄编著《个案社会工作》,上海:华东理工大学出版社,1999,第2~5页。
② C.赖特·米尔斯:《社会学的想象力》,陈强、张永强译,北京:生活·读书·新知三联书店,2005,第6页。
③ 张雄编著《个案社会工作》,上海:华东理工大学出版社,1999,第50页。

能体现社会工作服务与医疗服务的差异。采用这样一种表述,显然也给个案社会工作服务第一步骤的策划留下了相应的功能发挥空间。个案社会工作服务的第一步骤也是需要策划的,这里的策划要务,实际上就是针对社会工作如何有效地发现案主,进行方式方法的选择或展开发现行动的创意。从我国近年来的个案社会工作服务实践来看,"申请与接案"确实难以表达个案社会工作服务首位程序的实际内容,透过适当的方式方法去有效发现案主已成为个案社会工作服务的要务之一。

发现案主的方式方法很多,主要有调查研究、实地研究、扶贫档案、服务档案、组织转介、机构转介、上门求助等。调查研究是发现案主最基本的方式,通过调查研究,可以从较大的范围中去发现案主,比如家计调查可以发现贫困家庭,个人基本情况调查可以发现文盲等。实地研究是到实地去观察、访谈,比如到村社去观察、访谈,可以更具体地发现案主。扶贫档案是扶贫办和街道社区为贫困群体和问题人群建立的档案,具有较强的针对性。服务档案是社会工作机构建立的服务记录,其参考价值较大。组织转介是指由各级各类政府部门和社区居委会等转来的案主及相关资料,组织转介不仅针对性强,而且问题非常清楚,服务任务明确。机构转介是指相关的社会服务机构转来的案主,其问题和任务更为明确。上门求助是案主主动寻求帮助,这种情况应特别重视。

发现案主之后,紧接着就是要进行个案确定。要知道,并非所有社工发现的或上门求助的案主都会成为个案工作服务的实际案主。这里有两种情况需要了解:第一,社会工作机构发现的案主或其他组织机构转介而来的案主并不愿意成为个案工作服务的实际案主;第二,上门求助的案主经由社会工作机构的科学分析和专业判断得出其并不需要个案工作服务。因此,个案确定的过程,实际上是一个社会工作机构的专业判断与案主的实际选择相互作用的过程。在这个过程中,如果社会工作机构的专业判断结果和案主的选择结果相吻合,就说明这个个案可以确定下来。当然,个案确定按规定还要办理相应手续,按照"案主自决"原则,案主需要填写有关的个案工作服务立案申请,社会工作机构也要按程序分级填写意见,得到相应层级领导批准后方能正式确定。

二 个案调查与问题诊断

个案工作服务立项后,接下来的一个环节是个案调查与问题诊断。个案调查与问题诊断是个案社会工作服务的一个重要环节。这一环节类似于医疗机构为病人看病或诊病的过程。在医疗机构中,病人通过挂号,被分派到相应的医生那里,医生通过望闻问切等传统医学方法和其他先进技术设施对病人做相关的了解、测试,进而依靠自己掌握的医学知识和积累的诊疗经验做出是否有病、有什么病、病的程度如何等的诊断。社会工作机构也具有大致相同的情况,案主在个案确定后,也会被分派到相应的社会工作者那里,社会工作专业人员同样要通过观察、访谈、调查、测量和其他信息交流的方式对案主做相关的了解、测试,进而依靠自己掌握的社会工作专业知识和社会工作实践经验做出案主是否存在个人麻烦或问题、有什么个人麻烦或问题、麻烦或问题的程度如何等的诊断。

人们通常认为,社会工作者就是"社会医生",从上述情况来看,这话一点不假,社会工作者,尤其是其中主攻治疗性社会工作服务的社会工作者就是一个社会医生,他要为患有"社会病"和受到某种社会性"伤害"的人看病查伤。人们作为社会人在社会环境中生活,有如他们作为自然人在自然环境中生活一样,都有可能患上各种"疾病"。医生能帮助病人诊疗的疾病是身体意义上的"疾病",社会工作者能帮助病人诊疗的疾病是社会意义上的"疾病"。社会意义上的"疾病"可以像身体上的"疾病"一样多,一样厉害,也会给病人带来痛苦。社会意义上的"疾病"主要有经济贫困、无业失业、身残智障、孤立无助、人际摩擦、关系紧张、心理失调、精神抑郁、社会排斥、违法犯罪等。

个案调查作为这一环节的第一阶段,是一个基础工作阶段。所谓个案调查是指为了解或解决某一具体问题而针对特定的个别对象及其与之相关的人或事进行的调查。社会学中所讲的特定的个别对象可以是一个人,一个小型团体,一个社会产物。正如米尔斯所说,个案调查是指"对一个人、一个家庭或诸如政治示威这类'事件'的详细研究"。① 在个案社会工作中，特定的个别对象则主要是一个人或一个家庭。个案调查是对案主的深度调查，"打破砂锅问到底"是它的突出特点。个案调查也并非局限于对案主本身情况的了解，还需要搜集各种相关的资料，如案主的历史成长资料、案主的社会关系资料、案主的社会交往资料和案主的社会环境资料等。个案社会工作要借由多种调查方法对案主的相关情况开展全面深入的了解，为对案主进行问题诊断打下坚实基础。

问题诊断是这一环节的第二阶段。这一阶段在个案社会工作服务中具有十分重要的地位。在这一环节中，社会工作者要像医疗机构的医生深入分析病人的身体状态和所得疾病那样，要通过涉及案主各种资料的系统、全面、深入的分析，发现案主问题之所在，找出问题的症结，确定案主的社会"疾病"，并提出解决问题的思路与措施。具体来讲，也即要对案主做出是否存在个人麻烦或问题，有什么个人麻烦或问题，个人麻烦或问题的程度，这些个人麻烦或问题对案主及其相关者带来了哪些困扰、造成了何种影响等的诊断，从而形成解决特定个人麻烦与问题的思路。问题诊断是专业性很强的工作，通常需要社会工作师以上职称的社会工作者担任。如果一个社会工作者难以做出科学合理的诊断，就要像医疗机构那样，由社会工作机构的领导召开专家会议进行"会诊"。

三 目标确立与方法选择

社会工作者可以通过个案调查和问题诊断，深入发现案主的个人麻烦或个人困扰之所在，在此基础上，社会工作者需要为案主提供具有针对性的具体社会工作服务，以帮助案主解决具体麻烦、排除具体困扰。按照社会工作服务的一般规程和工作经验，社会工作者在提供有针对性的具体社会工作服务之前，还应当为案主有关麻烦（困扰）的解决及其社会性恢复拿出一个具体的社会工作服务方案。其中最需要考虑的问题是服务目标确立和服务方法选择。在个案社会工作服务策划中，服务目标确立和服务方

---

① G. 罗斯：《当代社会学研究解析——社会学调查报告的系统分析》，林彬、时宪民译，袁方校，银川：宁夏人民出版社，1988，第329页。

法选择是最具策划性的环节之一。

1. 服务目标的确立

服务目标的确立是根据个案调查与问题诊断的结果，确立为案主提供社会工作服务的目标的过程。个案社会工作服务不是随心所欲的，在具体服务之前，必须确立社会工作服务的目标；个案社会工作服务也不是千篇一律的，在具体服务之前，必须确立与服务对象客观现实和主观需要相适应的目标。社会工作者要根据对案主个人麻烦或个人困扰（问题）的诊断结果确立服务目标。个案社会工作服务目标是制定个案社会工作服务计划的基本导向，也是个案社会工作服务计划的关键内容之一。服务目标一旦确立，服务计划就顺理成章。

个案社会工作服务目标可以分为功能性目标、形式化目标等。功能性目标是指有利于发挥个案社会工作服务功能，帮助案主解决个人困扰或个人麻烦等问题的目标。如增能目标、救助目标、矫治目标等。形式化目标是指确定在多长的时间、多大的空间、怎样的进程上帮助案主解决个人困扰或个人麻烦等问题的目标，如年度目标、节段目标等。个案社会工作服务目标的确立既要体系化，也要具体化。所谓体系化，就是要将不同类型的目标整合为一个统一的目标体系；所谓具体化就是要将比较抽象的目标具体化为可以操作的目标。

2. 服务方法的选择

个案社会工作服务是以个人或者家庭为对象而开展的社会工作服务，面对的案主各不相同，案主所面对的问题（麻烦或困扰）多种多样，因而在个案社会工作服务中，服务方法的选择非常重要。方法选择得当可以事半功倍；反之，则事倍功半，定然收不到好的效果甚至造成某些负面效应。一直以来，社会工作研究者和个案社会工作服务者都在不断地探寻个案社会工作服务的方法，他们基于一定的学术理论和实践经验，从社会工作方法论的角度概括出了个案社会工作服务的一些工作模式，形成了个案社会工作服务的"模式集""方法库""工具箱"。从而使当今的社会工作者在个案社会工作服务中有了备选服务模式、备选服务方法而不必凡事都需要通过冥思苦索去探寻服务方法的可能。

在个案社会工作服务的"模式集""方法库""工具箱"中，国内不同学者对不同派别的个案社会工作模式和方法的重视程度显然具有一定区别。宋林飞等详细介绍了心理社会治理模式、功能处理模式、问题解决模式、行为修正模式、危机调适模式等五种模式及其运作方法。[①] 张乐天等介绍了功能派、心理与社会学派、问题解决派、行为修正派的实施模式和方法，并对危机导向的短期治疗方法和任务中心方法进行了简要介绍。[②] 王思斌等介绍了功能派、心理暨社会学派、问题解决派、行为修正派的模式和方法，并对任务中心方法和有选择的折中主义方法做出了精要介绍。[③] 庄勇主要介绍了心理支持治疗学派、解决问题学派、功能派、行为修正派、行为训练治疗派的个案工作派别和方法。[④]

事实上，按照1965年美国出版的《社会工作百科全书》的梳理，当时美国把社会个案工作或个案社会工作的派别分为四个，即功能学派、心理与社会学派、问题解决学派、行为修正学派。[⑤] 由此看来，在个案社会工作服务的"模式集""方法库""工具箱"中，最基础也是用得较多的个案社会工作服务模式及方法主要有四类，也就是功能派的模式及方法、心理与社会学派的模式及方法、解决问题学派的模式及方法、行为修正派的模式及方法。当然，需要加以注意的是，这里所引证的个案社会工作服务模式及方法的"四分法"乃是美国1965年综理性文献中的表述，至今已过了半个多世纪的时间。在这半个多世纪中，个案社会工作服务的模式和方法定然已经取得新的发展，如危机调适方法就是如此。

在个案社会工作服务的方法策划中，应选择何种模式及方法开展个案社会工作服务，这个问题很值得策划者深入思考。通常来讲，个案社会工作服务策划者需考虑四个因素：一是学术理论因素，二是现实需要因素，三是社工能力因素，四是策划主体因素。策划是理论与实践紧密结合的重要平台，个案社会工作学术理论的创新定然对个案社会工作的实践具有指导作用，运用先进的学术理论指导个案社会工作服务策划，是个案社会工

---

① 宋林飞主编《社会工作概论》，南京：南京大学出版社，1991，第87~95页。
② 张乐天主编《社会工作概论》，上海：华东理工大学出版社，1997，第98~103页。
③ 王思斌主编《社会工作导论》，北京：北京大学出版社，1998，第211~214页。
④ 庄勇：《社会工作管理学概论》，贵阳：贵州民族出版社，1998，第99~102页。
⑤ 张乐天主编《社会工作概论》，上海：华东理工大学出版社，1997，第98页。

作中不可忽视的一环。个案社会工作服务策划是服务于具体个人及家庭的运筹、谋划和设计，因而必须根据案主的现实需要来选择合适的服务模式及方法。同时，不同社工具有不同的能力，这也成为影响个案社会工作服务模式和方法选择的一个因素。此外，作为个案社会工作服务的策划者，除在个案社会工作服务"模式集""方法库""工具箱"中选择模式及方法外，还须具有创新精神，积极探索和创新个案社会工作服务模式及方法。

四　服务过程与评估方式

个案社会工作服务的策划者不仅要做好案主发现与个案确定、个案调查与问题诊断、目标确立与方法选择的工作，而且要对服务过程与评估方式进行精心的设计。社会工作作为一门科学，其服务的过程应当有科学的程序做指引，这样才能使社会工作的服务细节更到位、服务质量更有保证；其服务的评估也应当按科学的方法来进行，这样才能具体检测社会工作的服务目标是否真正达成。个案社会工作服务作为社会工作服务中最早出现的一种基本服务，历来都对服务过程和服务评估给予了高度关注，个案社会工作服务策划者有必要高度重视。

1. 服务过程的设计

个案社会工作服务策划一般都会有一个服务过程设计。这个服务过程设计不是广义的服务过程设计，而是狭义的服务过程设计，具体来讲就是对个案社会工作服务的具体实施过程进行设计。开展个案社会工作服务的具体实施过程设计主要出于三个目的：一是更好地协助案主提升自我认知，探索困扰自己的问题，认清自己存在的某些优势，然后通过促进人格发展发挥自身潜能，以解决案主自身的"个人困扰""个人麻烦"问题；二是更好地协助案主调整社会关系、参与社会活动、加强社会交往，以解决案主自身存在的社会关顾不足的问题；三是更好地协助案主排除环境阻力，积极争取各方面的社会支持，不断改善案主自身的社会生存环境，以解决自身的适应环境及有效生存能力不强的问题。

根据个案社会工作服务的惯例，个案社会工作的服务过程设计一般按节段划分，划分的原则是循序渐进，划分的思路是根据前述的个案调研与问题诊断的结果，按照由人到事、由浅入深、由易到难、由稳到放、由生存到发展的基本服务规程开展相应的服务工作。按照李培林、王春光主编的《当代中国社会工作总论》对个案社会工作干预一般进程的认识，可以将个案社会工作服务过程大致区分为以下节段：（1）疏导情绪；（2）澄清观点；（3）鼓励支持；（4）改变行为；（5）环境改善；（6）提供信息；（7）危机干预。其中第 1~6 项构成一般个案社会工作服务的完整服务过程，第 7 项是一项比较特殊的个案工作服务内容，是案主出现某些特殊危机情绪时，社会工作者见机行事的服务事项。[①]

个案社会工作服务过程设计中的具体节段数需根据案主的"个人困扰""个人麻烦"的基本性质、主要特征、社会联系、改变难度以及案主的实际需要来具体安排，同时应充分考虑个案社会工作服务者的服务能力、服务习惯和服务策略并进行必要调整。在进行个案社会工作的服务过程设计时，在一般情况下往往安排 6~8 个节段，在特殊情况下则可以超过 10 个节段，而在个案调研与问题诊断阶段已经完成了一些服务任务的情况下，也可以只安排 4~5 个阶段。这里必须指出的一点是，一些缺乏经验的社会工作者往往以为节段数越多越好。笔者曾经见过一位初入社工行业的社会工作者在某一个案社会工作服务的过程设计中，大笔一挥安排了 28 个节段，其中近 20 个节段是上门访问，这是没有必要的。

2. 评估结案的设计

评估结案是个案社会工作服务总体程序中的最后一个阶段，这一阶段事实上可以区分为两项分立但具有密切联系的事务：一是评估，二是结案。一旦个案社会工作服务的具体服务过程完成，就应开展评估；而通过评估获悉案主的问题较好地得到解决后，或者案主通过个案社会工作服务具备了较好的应付和解决自身问题的自助能力后，就可以结案。评估、结案在整个社会工作服务的通用程序中都是必不可少的环节，具体到个案社会工作服务中更显得十分重要。当前，有的社会工作者重服务、轻评估，认为完成了服务任务便罢，不必搞什么评估和结案。这是一种很不理智的

[①] 李培林、王春光主编《当代中国社会工作总论》，北京：社会科学文献出版社，2014，第 144 页。

想法。须知，评估结案的工作不仅需要开展，而且需要根据不同个案社会工作服务的实际需要，通过精心的策划有效地开展。

依据李培林、王春光等的观点，个案社会工作服务的评估，是指运用系统的、科学的方法和手段，评价和估量个案社会工作过程的结果与效能是否到达了预期目的。评估对于个案社会工作服务的意义在于，评估是个案社会工作实施成效的依据，是社工或机构对服务购买单位（政府）、赞助者以及社会实施责信机制的依据和保证，它便于上级及主管机构的监督与业务督导，有助于社工专业能力的发展和提高，并能提供专业发展和研究的实务依据。[①] 所以，在某一个案社会工作服务告一段落后，对该个案社会工作服务进行评估，不仅是对个案社会工作服务的对象即案主负责，而且是对承接个案社会工作服务的机构的信誉负责，延伸来讲，还是对个案社会工作服务的购买单位或赞助者负责。

个案社会工作服务的评估策划，重点要考虑以下一些事情。一是评估的内容。评估的内容一般包括服务的效果如何、工作的效能怎样、服务过程是否科学、服务手法是否专业等。二是评估的类型。评估的类型主要有两种，即过程评估和结果评估，过程评估是对整个服务过程的阶段性监测，结果评估是在工作过程的最终阶段进行的评估。只有两者结合起来，才能更好地做评估工作，从而使评估起到对个案社会工作服务的促进作用。三是评估的方式方法。评估的方式是个案社会工作服务评估中最需要开展策划的内容。通常的评估方式包括社工自评、案主评价、承接服务机构评估、第三方机构评估、行业及主管部门评估等。究竟采用何种方式方法来评估，显然需要精心策划。

对结案的简单理解就是结束个案社会工作服务。按照全国社会工作者职业水平考试指导教材的说法，"一般情况下，结案是当介入计划已经完成，介入目标已经实现，服务对象的问题已经得到解决，或者服务对象已有能力应付和解决问题，即在没有社会工作者协助下可以自己开始新生活时，社会工作者和服务对象双方根据工作协议逐步结束工作关系所采取的

---

① 李培林、王春光主编《当代中国社会工作总论》，北京：社会科学文献出版社，2014，第145~146页。

行动"。① 个案社会工作服务的结项不应是一个戛然而止的过程,而应是一个有情有义、有礼有节的过程,因而也需要精心策划。从策划的角度来讲,个案社会工作服务的结案可以安排为服务过程的一个节段,这一节段的工作内容可以这样进行:同案主共同回顾整个个案社会工作服务的历程;与案主讨论他最关心的几个问题;对案主谈一些勉励和希望的话语;最后,告诉案主该个案社会工作服务到此告一段落。对于需要转介的案主,则应说明转介的缘由,并告诉案主转介以后的注意事项。

第二节 小组社会工作服务策划

小组社会工作通称为小组工作(Group Work),在国外一般称为社会小组工作或社会团体工作(Social Group Work),在我国也有学者称之为团体社会工作或群体社会工作,② 美国社会工作专家威尔逊与赖兰认为,社会小组工作(即小组社会工作)"是由受过训练的社会小组工作者,在其所属的机构或社团的支持下,依据社会小组工作的原理和方法,以及工作者对于个人、团体和社会的了解,运用工作者与小组、小组成员及社会的交互关系,以促进个人、小组与社会发展为目的的专业工作"。③ 小组社会工作是社会工作服务的重要方式方法之一,它在社会工作服务中具有举足轻重的作用。有效开展小组工作服务策划,对于调动小组成员参与小组活动的积极性、增进小组成员的凝聚力、强化小组成员之间的互补效应、帮助小组成员增强社会功能具有重要的作用。

一 小组社会工作服务对象的确定

小组社会工作服务与个案社会工作服务的对象不同,个案社会工作服

---

[1] 全国社会工作者职业水平考试指导教材编写组编写《社会工作实务(中级)》,北京:中国社会出版社,2010,第81页。
[2] 张乐天主编《社会工作概论》,上海:华东理工大学出版社,1997,第117页。
[3] G. Wilson and G. Ryland *Social Group Work Practice*, Boston: Haughton Mifflin, 1949. 参见张乐天主编《社会工作概论》,上海:华东理工大学出版社,1997,第117页。

务一般是以个人为着手点,通过对个人及其所处环境开展有效的调适,以促进其人格的成长。"个案工作是一种一对一的方法",它是"通过一对一的专业关系,帮助案主处理其与环境之间的关系,从而增进案主的社会福利"。当然,"个案工作同时也把家庭视为自己的工作对象,试图通过同家庭一道工作来解决个人的问题"。① 而小组工作是以"小组中的个人"为服务对象的。正如王思斌在《社会工作概论》一书中所言:"小组工作是社会工作的一种方法,其对象是小组中的个人,通过小组过程及小组工作者的协调,使这些个人获得小组经验、行为的改变及社会功能的恢复与发展,并达到个人、小组、社区及社会的发展。"②

小组社会工作与个案社会工作的服务对象之所以会有不同,与小组社会工作的开发背景以及社会动力有关。科诺普卡说,小组工作是在睦邻取向和自主运动中发展起来的,它接近案主的基本取向是以小组内的人际关系为主,而且它很重视小组内的相互作用和小组所具有的群体力量。③ 基于睦邻运动兴起而开发的小组社会工作服务方法,其服务对象已不再像个案社会工作服务那样,仅仅局限于某一个人及其家庭,而是在特定社区或特定群体中组合起来的一个"小组"或"小群体"。通常来讲,小组社会工作的服务对象可以是"几人到几十人的小群体","这些小群体的成员都是有某些问题或困难的人"。④ 小组社会工作可说是充分发挥案主个体动力与群体动力的一种自主工作方法。

正是基于上述认识,小组社会工作服务对象的确定,显然不能像个案社会工作服务对象的确定那样简单易行。小组社会工作服务对象的确定比个案社会工作服务对象的确定更有难度,或者说小组社会工作服务对象的确定,其科学知识含量或专业学术含量更高。具体来讲,要开展小组社会工作服务,其服务对象的确定是要经过科学的"扫描""招募""匹配"等才能完成的。首先是"扫描",即发现特定社区或特定群体中多人存在的某一问题或困扰,将这一问题或困扰定义为一个"社会工作问题";其

---

① 王思斌主编《社会工作导论》,北京:北京大学出版社,1998,第 207~209 页。
② 王思斌主编《社会工作导论》,北京:北京大学出版社,1998,第 215 页。
③ 参见王思斌主编《社会工作导论》,北京:北京大学出版社,1998,第 217 页。
④ 庄勇:《社会工作管理学概论》,贵阳:贵州民族出版社,1998,第 102 页。

次是"招募",即从特定社区或特定群体中招募几个或几十个对解决这一"社会工作问题"有愿望的个人;最后是"匹配",即根据个体动力和群体动力原理通过科学的匹配组成"小组"。

小组社会工作服务中的"小组",从社会工作策划的观点来看,有同质性小组、异质性小组两种。同质性小组是指小组成员之间在所具有的经历、所存在的问题甚至面对问题的态度等方面都基本相同。同质性小组能够使成员较快地产生小组认同,形成强大的小组凝聚力,可以"抱团取暖"。但同质性小组可能造成小组成员社会经验的单一和有限,因而在面对共同问题时其解决方案往往难以突破和创新。异质性小组是指小组成员之间在所具有的经历、所存在的问题甚至面对问题的态度等方面都存在明显差异。异质性小组因其具有差异性而常常具有互补性,小组成员之间可以取长补短,但也可能因各自之间的差异而"同床异梦",尤其是在各自之间的差异过大时,较难形成一种小组凝聚力。

在小组社会工作服务对象的确定中,到底是建立同质性小组好还是建立异质性小组好,这是小组社会工作策划可能经常面对的问题。比如,在青少年社会工作的学习小组策划中,有的社会工作者比较重视同质性学习小组的建立,原因是这样可以缩小小组成员间的"鸿沟",形成小组成员间的凝聚力和群体动力;有的社会工作者则比较重视异质性学习小组的建立,原因是这样可以发挥某些小组成员的个体动力,从而使小组成员之间相互学习、取长补短,产生小组成员之间的互补效应。事实上,一些经验丰富的社会工作者在策划青少年社会工作的学习小组时,往往遵循的是同质性和异质性平衡的法则,这样既可保证群体凝聚力的适当形成,也可发挥差异产生动力以至"先进带后进"的作用。

二 小组社会工作服务模式的选择

小组社会工作经过长期的实践和发展,在相关理论的指导下形成了一些特定的服务模式,如社会目标模式、治疗康复模式、互助互动模式,以及其他一些服务模式。这些特定的服务模式,为后来的社会工作者提供了有效的参考。然而,不同的小组社会工作服务模式具有不同的服务功能,适应不同的服务对象，要有效开展小组社会工作服务，必须对这些特定的小组社会工作服务模式有比较深入的了解，从而在小组社会工作服务策划中做出合适的模式选择。为了实现这一目标，这里从策划学的角度，对几种主要的模式加以简要介绍。

1. 社会目标模式及其选择取向

社会目标模式起源于睦邻运动时期。该模式的主要理论基础是新弗洛伊德主义的人格理论、机会论、无权论、文化贫乏论、政治经济学理论和杜威的教育理论。其基本假设是，如果一个小组及其成员能够在一位社会工作者的影响下找出一个共同目标，并且能在该共同目标的引导下养成一种自我主动的行为以推动小组历程，那么，小组成员便能自我发展，并能运用可能的技巧去参加有意义的社会活动，从而促进社会目标的实现。因此，社会目标模式把小组工作的目标确定为促成社会行动、实现社会变迁，认为人类往往是通过群体的力量达成社会行动的，强调增强和发展群体本身的功能，强调小组成员在群体性的活动中学习群体的规则，培养群体活动能力以及通过群体达成社会行动的能力。

社会目标模式在小组社会工作服务中具有较广的适应范围，它往往偏重于社会事务，通常依托于社区或单位开展服务。在小组社会工作服务中，大凡涉及社会参与的调动、社会行动的激活、社会教育的开展、社会权利的争取、基层民主的推进、美好社区的建设等社会工作论题的推进事务，大都可以选择社会目标模式开展小组社会工作服务。社会目标模式的小组社会工作服务对小组社会工作服务者的要求较高。服务者需要承担使能者和促进者的角色，必须是一个能够影响他人并使他人积极行动起来的人，可凭着自身的社会意识和社会责任感积极鼓励小组成员都承担起确定的社会责任，进而有效实现确定的社会目标。所以在小组社会工作服务的策划中，必须高度重视社会目标模式的这些特点。

2. 互助互惠模式及其选择取向

互助互惠模式又称为互动模式、互助模式和互惠模式。这种模式的理论基础是系统理论、场论、互动理论、完形心理学、存在心理学和群体动力学等。其基本假设是，人们具有的麻烦、困扰或问题依靠个人的能力往往难以解决，若在小组成员之间建立一种互助体系，通过小组成员之间的相互影响、相互帮助，小组成员便能在归属和依从中获得某种满足感，实现人际关系、社区关系、社会关系的和谐，从而较好地解决个人的问题。该模式将小组社会工作的注意力集中于小组成员间为满足共同需要所产生的互动过程，同时强调小组成员和有关社会环境系统之间的互动互助。在互助互惠模式的小组社会工作服务中，服务者主要扮演协调者角色，重点协助小组成员形成一个开放的互动系统。

互助互惠模式主要适用于在人际关系、社会适应等方面存在麻烦、困扰和问题，而靠单纯的个人能力又难以排解的人群。举例来说，一些离退休的老人，他们离开工作岗位后离群索居，美其名曰可以安享晚年，事实上其人际关系渐渐断裂，社会权利明显收缩，社会适应不断衰减，在无所事事的退休生活中容易产生焦虑、苦闷、抑郁等情绪，这对其身心健康显然会产生一种严重的影响。此时，社会工作者若能协助他们建立一种互助互惠模式的小组，将会大大改善他们的人际关系，提升它们适应退休生活的能力，保障他们应有的权利，从而使他们因离退休生活所带来的一些麻烦、困扰和问题得到较好的解决。互助互惠模式对在人际关系、社会融入、社会适应等方面存在问题的青少年等，也具有改善作用。

3. 发展过程模式及其选择取向

发展过程模式也称为发展模式或过程模式，这种模式的理论基础是存在主义哲学、发展心理学、米德和帕森斯的社会学。其基本的观点是，小组的发展是小组不断成熟的过程，在这一过程中，小组成员既给小组提供力量，又随小组发展而得到成长。通过建立小组，给每个小组成员提供社会学习和社会成长的机会，便可以在达到小组目标的过程中促使每个成员成为合格的社会成员。发展过程模式强调小组工作是一个过程，有一个又一个的发展阶段，每个发展阶段都有着不同的目标与任务，并且每个发展阶段都相互衔接。小组社会工作服务实施者的职责在于根据小组发展不同阶段的特点来指导小组工作，根据新的情况修正小组目标，协调小组与小组成员的关系，并提出各种意见和建议。

发展过程模式是一种以正常人为服务对象，通过小组活动以实现小组目标和促进小组成员发展的小组社会工作服务模式。策划者应抓住两个方面开展策划。在服务内容方面，重视发展小组成员的自我认知、自我评价以及自我行动能力；重视发展个人对他人的认识、评价及与他人正常交往的能力；重视发展小组成员对小组的认识、评价以及个人对小组的适应能力。在服务策略方面，妥善考虑小组成员的内心感受，以促成小组成员对小组生活的积极态度；设法让小组成员得到群体心理支持而获得充分的自尊心，以有效激发其潜能；引导小组成员观察他人表现和正确认识自己，了解他人对自己的看法；帮助小组成员确认自身角色，提升重新评价自身和他人的能力，提升对社会生活的适应性。

4. 治疗康复模式及其选择取向

治疗康复模式又称为治疗模式、康复模式和临床模式。该模式的理论基础是行为矫正理论、学习理论、自我心理理论、社会角色理论和小组动力理论。其基本的假设是，如果一个小组社会工作者能够用其专业知识去影响小组历程及小组动力，使小组成员去改变他们的一些具体行为，那么小组成员便可以证明他们能通过参与小组而获得再教育和再社会化的机会，参与小组的经验可以协助他们解决自己对社会不够或不能适应的某些问题。该模式认为，小组社会工作服务的目标在于通过群体经验来解决个人心理、社会与文化的适应不良问题，其关注的重点是如何运用小组工作来治疗人的功能丧失和行为偏差，协助个人恢复社会功能和纠正不良行为，从而使小组成员在小组工作服务中有效获得康复。

治疗康复模式的小组社会工作服务不仅把小组视为一种治疗康复的环境，而且把小组视为一种治疗康复的工具。它以治疗个人为目标，帮助个人借助于治疗康复小组这一具有双重功能的社会平台实现心理、社会和文化的适应。以这一模式建立起来的小组，其成员通常具有比较严重的情绪问题、人格问题和行为偏差。治疗康复模式主要适用于对精神疾病治疗、心理疾病治疗和对各种不良行为进行的矫治，尤其能在司法矫正社会工作服务、青少年网络成瘾矫治等社会工作服务中发挥重要作用。这里值得一提是，在治疗康复模式的小组社会工作服务中，服务者所扮演的应是专家的角色或社会医生的角色，其任务在于研究、诊断和治疗。所以，开展这种小组工作的社工必须有足够的专业能力去推动小组成员的治疗与康复。

三 小组社会工作服务过程的策划

小组社会工作服务是依据一定运作逻辑不断推进的一个过程,具有过程性。小组社会工作服务的过程性,一方面需要严格的科学程序加以保证,另一方面也需要灵活的艺术策略加以调适。正因为如此,小组社会工作服务的过程明显需要策划,这种策划可称为小组社会工作服务的过程策划。通常来讲,一个小组社会工作服务的过程可以分为三个基本阶段,即小组组建阶段、小组活动阶段、小组结项阶段。小组社会工作服务的过程策划,其实也就是对这三个基本阶段的服务工作进行运筹、谋划和设计,以提高小组社会工作服务的效益。

1. 小组组建策划

在小组社会工作服务中,小组组建阶段是小组社会工作服务最具学术性、研究性和探索性的一个阶段,同时也是一项小组社会工作服务需要重点策划的阶段。所谓小组组建策划,就是社会工作者在小组还没有组成的时候,对如何创设一个小组,包括小组成员的构成范围、组织方式、预期目标、支撑条件等方面的系统考虑。[①] 一个小组组建得如何,不仅明确体现小组社会工作服务策划者的专业水平和实务能力,而且直接影响小组社会工作服务的实施过程和服务效果。从社会工作策划的角度来讲,真正内行的小组社会工作专家最反对随意组建"拉郎配"式的所谓小组的。正因为如此,无论是小组社会工作的实务界还是小组社会工作服务的教育界和学术界,都十分重视小组社会工作服务的小组组建工作,特别重视小组社会工作服务的小组组建策划。

小组社会工作服务的小组组建策划,其内容相当丰富,核心内容包括以下几个方面。(1)小组服务需求策划。具体需要考虑的是如何有效地依托社区、单位等对人们的小组社会工作服务需求进行评估,以确定是否有必要组建一个小组以及组建一个什么样的小组。(2)小组服务目标策划。小组服务目标既是小组成员希望实现的目标,也是小组工作希望达成的目

---

① 参见张乐天主编《社会工作概论》,上海:华东理工大学出版社,1997,第130页。

标，策划的任务是将两者的希望匹配成一个共同的小组目标。（3）小组建组类型策划。小组可以分为同质性小组和异质性小组，策划的任务在于选择合适的建组类型。（4）小组成员招募策划。确立小组服务目标和建组类型之后，策划者便要依据小组服务目标和建组类型的要求，对小组成员的招募对象、招募标准、招募方式、前测方法进行策划，以有效地招募到合适的小组成员，组建合适的团队。

上述四个方面的策划内容是小组组建策划的核心内容。除了这四个方面的策划内容外，小组组建策划还需要对小组组建的一些相关事务进行策划。具体来讲需要进行以下三个方面的策划。一是人力资源的策划。人力资源策划是对开展小组社会工作服务的各类服务者进行策划，如需要什么样的社会工作者来开这样一个小组，是否需要安排小组工作服务的助理，是否需要招募小组工作服务的志愿者，对小组工作服务的助理或志愿者有何要求等。二是经费来源的策划。小组社会工作服务的开展需要一定的经费支持，从何处获得经费支持，是在本服务机构中申请预算还是需要设法取得某些赞助者的经费支持，同样需要策划。三是物质设施的策划。小组社会工作服务需要占用适当的空间（包括室内空间和室外空间），同时还要有一定的物质设施支持，这些也需要策划好。

2. 小组活动策划

在小组社会工作服务中，小组组建策划主要是为小组社会工作服务的小组成员组成以及小组支撑条件设计方案，通过这一方案的落实，正式组建出一个具有小组社会工作的服务者（社工、社工助理或志愿者）、小组社会工作服务的对象（小组成员）、小组社会工作服务的基本支撑条件的要素齐全的小组。然而，要真正做好小组社会工作服务，关键还是在于各种小组活动的有效开展。这里所谓的小组活动，一般是指为实现小组服务目标而组织开展的各类团体活动，包括社会交往活动、文化娱乐活动、手工制作活动、教育培训活动等。小组活动策划则是要对小组社会工作服务中所需要开展的各类活动开展运筹、谋划和设计。小组社会工作服务的小组活动很多，在此整合为三类加以介绍。

一是小组开组活动策划。小组开组活动是小组社会工作服务的第一次活动，对小组社会工作服务影响较大。俗话说，良好的开端是成功的一半。小组社会工作服务的策划者或实施者都应当高度重视小组开组活动的策划。小组开组活动既是一次活动，也是一个仪式。在小组开组活动的策划中，策划者或实施者应着重对以下方面做出精心考虑：（1）能够使小组成员对小组社会工作服务留下良好的"第一印象"；（2）能够帮助小组成员相互交往以尽快认识小组成员和社工；（3）能够增强小组社会工作服务对小组成员的吸引力；（4）能够使小组成员明确小组社会工作的目标、任务和自己应该担任的角色；（5）能够使小组成员知晓小组社会工作服务的过程和时间安排。

二是小组他组活动策划。小组他组活动是由小组成员之外的人员组织的活动。所谓"小组成员之外的人员"主要指开展某一小组社会工作服务的社工、社工助理或具有某种特长的志愿者。小组他组活动是小组活动中的"主干课程"和"必修课程"，是小组社会工作服务必不可少的服务内容和关键环节。小组活动的策划者和实施者必须加以高度重视。在小组他组活动策划中，一是要切实做好小组社会工作服务活动的整体安排，具体涉及小组活动的目标推进、小组活动的节段安排、小组活动的时机选择等；二是要精心设计每一节段的小组活动，设法增强活动目标的明确性、活动内容的精选性、活动方式的灵活性、活动衔接的逻辑性，以利于收到良好的小组活动效果，达到小组活动的目的。

三是小组自组活动策划。小组自组活动即由小组成员自己组织的活动。小组社会工作服务高度重视调动小组成员的积极性，发挥小组成员的聪明才智，使小组成员在小组活动中得到有效锻炼。小组自组活动实际上是为实现某些"小组意图"而开展的一类小组活动。这类小组活动的策划最好能够由小组成员自己策划、自己组织、自己实施。但由小组成员自己策划有一个明显缺陷，即滞后性。为了弥补这一缺陷，通常的做法是，先由小组社会工作服务的策划者或实施者在小组活动的整体策划中进行必要的预设性和原则性策划，等小组组建后再由小组成员来对这类小组活动进行具体化和操作化的设计，并由小组成员自己组织实施。小组自组活动的策划要高度重视发挥小组成员的自主性和能动性。

3. 小组结项策划

社会工作理论和专业化社会工作的经验告诉我们，社会工作是一门既重视科学性也重视艺术性的学科,即使对于一个小组社会工作服务的结项过程,也应根据小组工作服务的目标要求加以艺术地对待,使小组结项工作能成为实现小组社会工作服务目标的重要过程和重要内容。所以,小组社会工作服务的策划,不仅特别重视小组组建策划、小组活动策划,而且高度重视小组结项策划。所谓小组结项策划,就是小组社会工作服务策划者对小组结项过程中所需开展的有关工作的系统思考和具体设计。小组结项策划虽比不上小组组建策划和小组活动策划的内容丰富,但也有着两项必不可少的内容,即小组社会工作服务评估策划和小组社会工作服务结案策划。

首先是小组社会工作服务评估策划。小组社会工作服务评估就是在一项小组社会工作服务完成后,对小组社会工作服务的总结评估。王思斌等认为,总结评估目的主要有三个:一是帮助工作者去反思整个工作过程,总结得与失,吸取经验教训,促进工作质量的提高;二是帮助案主回顾改变的过程,促进案主的成长;三是向公众与服务机构做出交代。[1] 按照如此理解,所谓小组社会工作服务评估策划,就是考虑和设计如何开展小组社会工作服务总结评估才能达到上述三个目的。小组社会工作服务评估策划涉及三大方面:(1)评估内容策划,主要包括服务过程评估策划、服务效果评估策划;(2)评估方式策划,主要包括评估主体策划、评估方法策划;(3)评估结果应用策划。重点是如何反馈和应用到小组成员之中,进而提升小组服务效果。

其次是小组社会工作服务结案策划。小组社会工作服务的结案意味着小组社会工作服务的结束。有学者认为,"结束阶段是小组工作实务中最为重要的一环","结束阶段的工作,在很大程度上决定了一个小组能否取得完全的成功"。[2] 由此可见,小组社会工作服务的结案环节不仅非常重要,而且说明小组社会工作服务的结案不可以随随便便,一定要做好精心的策划才能具体实施。一般来讲,小组社会工作服务结案策划实质上也是

---

[1] 王思斌主编《社会工作导论》,北京:北京大学出版社,1998,第266页。
[2] 李培林、王春光主编《当代中国社会工作总论》,北京:社会科学文献出版社,2014,第171~172页。

一项小组活动的策划。该项小组活动策划关注的重点在于：(1) 如何帮助小组成员回顾整个小组取得的变化和成长；(2) 如何帮助小组成员减少对小组的依赖并增强其自身的独立性；(3) 如何纾解小组成员的离组情绪；(4) 如何帮助小组成员制定面向未来的发展计划；(5) 如何安排小组成员离组之后的跟进服务或某些成员的转介服务等。

第三节 社区社会工作服务策划

社区社会工作在很多著述中被简称为社区工作（Community Work）。严格地讲，两种称法意义有所不同。已故的徐永祥教授认为，广义的社区工作是指在社区内开展的以提高社区福利、促进社区和社会协调发展的社会服务和社会管理。狭义的社区工作则是社区社会工作的简称，特指专业社会工作机构及社会工作者关于社区工作的理论、方法、技能及其应用过程。[1] 可见，社区社会工作乃是社会工作的一种基本方法和实务类型，"它是指以社区为案主的一种宏观社会工作，包括社区服务、社区发展、社区组织三种形式"。[2] 社区社会工作服务则是以社区的全体成员为服务对象，通过社区社会工作的方法，为社区成员提供多种类型社会服务的一种相对宏观的社会工作实务。社区社会工作服务视野比较开阔、影响因素较多、服务内容丰富，从而对策划便有着比个案社会工作服务、小组社会工作服务更为明显的倚重甚至依赖。社区社会工作服务策划牵涉面广，要搞好社区社会工作服务策划，重点在于做好以下几项工作。

一 社区社会工作服务的目标策划

社会工作发展历史告诉我们，社区社会工作服务的发展经历了四个时期。[3] 一是19世纪的慈善组织运动时期。慈善组织运动的目标之一是协调

---

[1] 徐永祥主编、中国社会工作教育协会组编《社区工作》，北京：高等教育出版社，2004，第20页。
[2] 宋林飞主编《社会工作概论》，南京：南京大学出版社，1991，第115页。
[3] 参见王思斌主编《社会工作导论》，北京：北京大学出版社，第223~225页。

各慈善团体与救济机构的工作，以避免服务的重复和低效。具体做法是，采用"爱尔伯福制度"将城市分成若干个小区，由每个小区组成的志愿委员会负责救济的分配。慈善组织运动的影响不断扩大，欧美国家普遍建立慈善组织会社（C.O.S）和睦邻服务中心，针对城市社区的服务对象开展慈善服务。二是20世纪初的社区基金会、社区委员会及联合会时期。这时开始以社区为单位开展社区社会服务工作，目的是促进整个社区的福利。三是20世纪初中期的社区组织与社会福利时期。在这一时期里，政府引进了社会组织的原则和方法，开始积极主动地介入社会福利领域。四是20世纪中期以后的专业发展及社区发展时期，这时社区福利、社区组织以至社区发展全面进入社区社会工作服务的视域，形成了社区社会工作服务的目标体系，社区社会工作服务在专业化的方向上取得了发展。

由上可知，社区社会工作服务事实上是沿着社区社会工作服务需求变化引起的社区社会工作服务目标的提升以及目标体系的不断完善而发展的。根据这一理路，可以将社区社会工作服务的目标大致概括为四种主要类型。（1）社区救助目标。社区救助目标是对社区中的贫困人口、特殊家庭或弱势群体提供扶贫济困的救助，帮助他们走出困境。社区救助目标是慈善组织运动时期就已明确下来的一个社区社会工作服务目标。（2）社区服务目标。社区服务目标也可以称为社区福利目标，是一种借由社区社会服务工作的开展促进社区整体福利的社区社会工作服务目标。（3）社区组织目标。社区组织目标就是通过建立各种社区社会服务组织以开展社区活动、提升社区福利、解决社区问题、促进社区和谐的社区社会工作服务目标。社区组织目标的出现促进了社区社会工作的组织化发展。（4）社区发展目标。社区发展目标是一种通过鼓励居民广泛参与并同政府合作以促进社区社会与经济发展的社区社会工作目标。

上述四种社区社会工作服务目标，是在社区社会工作不断发展的过程中逐渐形成的具有一定层次性和梯度性的社区社会工作服务目标。这四种服务目标属于社区社会工作服务基本目标的范畴，它们都可以根据具体情况细分为一些具体目标。除此之外，社区社会工作服务目标还有其他一些难以用上述四种基本目标加以概括的特殊目标类型。这就说明，社区社会工作服务目标既不是单一的，也不是固定不变的，它需要社区社会工作策划者依据不同的社区需求,通过精心的策划适当加以确立。所谓社区社会工作服务的目标策划,乃是根据社区协调发展与良性运行的要求,在上述四类目标以及其他特殊类型的目标所构成的社区社会工作服务目标体系中,选择和确立具体的社区社会工作服务目标的过程。因此,要做好社区社会工作服务的目标策划,策划者必须熟悉社区社会工作服务的目标类型和目标体系,明了各种社区社会工作服务目标的具体含义,以期结合不同社区的性质、类型、特征、需求等,确立社区社会工作服务的目标。

当然,社区社会工作服务的目标策划,也不仅是一个在社区社会工作服务目标体系中的选择性操作问题,它还需要综合考虑多方面的因素,才能做出正确的选择。因此,在社区社会工作服务的目标策划中,尤其是在当代社区社会工作服务的目标策划中,必须遵循几项重要的原则。第一,以社区居民需要为基本前提。策划者必须懂得,只有开展广泛深入的社区调查,充分了解社区居民的实际需求,才有可能选择和确立社区社会工作服务的适当目标。第二,以社区共同发展为服务依归。策划者必须明白,社区社会工作服务不是谋得社区个别人或少数人受益,而是谋求社区的共同发展。正因为这样,社区社会工作目标策划必须切合社区居民共同发展的基本需求。第三,以社区居民参与为基本方式。策划者必须了解到,社区社会工作服务目标的实现,必须有社区居民的广泛参与,否则,这种目标对社区社会建设和社区社会发展的作用将会很受局限。第四,以政社协同合作为主导原则。策划者必须认识到,只有政社协同合作,才有可能选择和确立更加高远的社区社会工作服务目标并更有效地实现既定的服务目标。

二 社区社会工作服务的模式选择

在长期的发展中,社区社会工作服务通过社区社会工作研究者和社区社会工作服务者的研究和实践,形成了许多不同的服务模式或工作模式。对这些不同服务模式或工作模式的综合概括,又形成了不同的模式划分方法,具体包括班顿的二分模式(直接干预模式和非直接干预模式)、罗思曼的三分模式（地区发展模式、社会计划模式、社会行动模式）、泰勒和罗伯茨的五分模式（项目开发和服务协调模式、策划模式、社区联络模式、社区发展模式、政治行动模式）、威尔和甘布的八分模式（邻里与社区组织模式、组织功能社区模式、社区的社会与经济发展模式、社会计划模式、项目开发和社区联络模式、政治与社会行动模式、联盟模式、社会活动模式）、杰佛瑞的四方模型（具体涉及能力和意识的提升、促进伙伴关系、非暴力直接行动、社会运动四因素）等。① 目前流传较广并多为国际社区社会工作服务界接受的通用模式有以下四种。

1. 社区组织模式

社区组织模式是较早就被推崇的一种社区社会工作服务模式。欧美的慈善组织运动和睦邻服务中心的建立，可说是社区组织模式的滥觞。此后，1939年美国的国家社会工作会议正式承认社区组织为一种社会工作的基本方法。② 社区组织模式的基本假设是：没有社区组织的协调合作，社区各种慈善资源的接收和提供便可能出现无序状态，社区社会服务的重复和低效就不可避免，再多的慈善资源也难以真正解决社区的问题。因此，社区组织模式认为，社区社会服务一定要有组织，社区社会服务需要有组织地进行。要通过社区社会服务组织的建立及其有效的组织行动，深入了解和发现社区居民的共同需要，更好吸引和整合社区社会服务资源，合理引导和规范社区社会服务行动，以有效解决和预防社区社会问题，提升社区居民的社会福利水平，促进社区和谐有序发展。

社区组织模式在现代社区社会工作服务中一直受到学界和政界的高度重视，成为现代社区社会工作服务最为基本的模式。要做好社区社会工作服务的策划，策划者必须重视毛泽东强调的"组织起来"的特别重要性，③并从以下几个方面做好社区组织工作：第一，建立各层次的社区工作机构，负责社区工作的组织、管理和协调；第二，调查社区的社会资源以及

---

① 李培林、王春光主编《当代中国社会工作总论》，北京：社会科学文献出版社，2014，第192～196页。
② 庄勇：《社会工作管理学概论》，贵阳：贵州民族出版社，1998，第109页。
③ 毛泽东1943年在中共中央招待陕甘宁边区劳动英雄大会上的讲话即《组织起来》。参见《毛泽东选集》（第3卷），人民出版社，1991，第928～936页。

社区成员的需要，制定社区发展方案，发动社区的人力、物力、财力，解决社区社会问题，满足社区居民的需求；第三，加强社区之间和社区内各社会组织、社会团体的沟通；第四，对社区服务、社区发展项目的规划进行监督、评估，以适应社区变迁的需要。① 同时，要特别注意的是，社区组织工作不是以个别社区居民的利益而是以社区的整体利益和需求为出发点和归宿的，它对于社会公平有一种特殊关注。

2. 社区发展模式

社区社会工作服务的社区发展模式也称为地区发展模式。社区发展模式的基本假设是，只要社区内的多数人广泛地参与社区决策和活动，积极地推进社区发展，就能实现社区变迁。其基本观点在于，社区是没有生气的，社区居民关系冷淡，对社区事务漠不关心，缺乏解决问题的集体能力，从而需要社会工作者根据社区的实际情况，遵循发展的社会规律，切实促进社区居民的自助互助，倡导社区居民以民主方式解决社区的问题，实现社区的发展。社区发展模式的主要特点是：第一，以社区发展为目标，所服务的对象是整个社区；第二，以过程目标为导向，所谋求的是循序渐进的发展；第三，将提升社区居民能力与增强社区发展能力紧密结合，并优先提升人的能力；第四，充分发挥社区共同体的团结合作精神，鼓励居民广泛参与，以解决社区的发展问题。

社区发展模式是社区社会工作服务的一种重要模式。在社区社会工作服务策划中，策划者应高度重视以下两个层面的策略性问题。一是方向性策略问题。社区发展项目的推进要以内部资源的动员、参与、行动为主；社区内部要以团结合作、广泛讨论、避免冲突、化解矛盾为重；基础工作在于加强"发展是硬道理"这一社会规律的宣传，提高居民对社区发展的认识；加强居民的组织和教育，培养居民参与和推进发展项目的能力；发展项目的决策坚持民主决策而不是精英决策；积极争取外部资源的助力。二是措施性策略问题。主要是立足于扩大社区的公共利益，通过广泛的沟通和协商建立多样化的社区组织；社区组织之间开展广泛的协商与合作；争取驻区单位、社区精英和关键人士的深度参与和大力支持；团结和争取

---

① 宋林飞主编《社会工作概论》，南京：南京大学出版社，1991，第118页。

广大社区居民积极参与到社区发展项目之中。

3. 社会策划模式

社会策划模式也称为社会计划模式。① 社会策划模式的基本假设是，专业人员的参与和主导在促进社区变迁中具有不可替代的重要作用。其基本观点在于：任何社区都存在着多种多样的问题，这些问题必须逐一加以解决，以有效实现社区变迁；社区变迁是一个逐步推进的过程，问题的解决不是一蹴而就的，需要高度理性化的运作，关键是要通过科学的策划和适当的计划引导社区的变迁；只有专门的社会策划者运用专业知识才能编制合理的社会变迁方案、引导复杂的社会变迁过程，才可能为社区提供合适的服务，从而逐一解决社区的各种问题。社会策划模式的特点主要在于：重视社区诸种问题的统筹有序的解决；强调解决社会问题的谋略性和计划性；关心社区正向变迁目标、发展和治理任务的分步推进和有效实现，高度重视专业人员在社区变迁中的重要作用。

社会策划模式是社区社会工作服务的基本模式之一。在社区社会工作服务中，社区社会工作策划者应特别注意以下几个问题的把握。第一，社会策划模式所针对的社区问题不是一般的社会问题，这些问题往往具有特定的专业性甚至专业技术性。这些问题单靠居民本身的努力可能无法解决，而非得靠专家来解决不可。② 第二，在社会策划模式的社区社会工作服务中，社区社会工作服务者所扮演的角色通常应该是"专家"，因而必须高度重视对服务主体或服务者的策划，要选择"专业型"或"专家型"的社会工作者来开展服务，或组建专家团队来开展服务。第三，社会策划模式的社区社会工作服务不是一次性的服务，而是一个有计划、分步骤推进的服务。对服务目标和服务任务的策划必须区分问题解决的轻重缓急，注重服务效果的合理累积和不断强化。

4. 社区照顾模式

社区照顾模式也称为社区照护模式，是相对于院舍照顾或机构照顾的

---

① 李培林、王春光主编《当代中国社会工作总论》，北京：社会科学文献出版社，2014，第197页。
② 李培林、王春光主编《当代中国社会工作总论》，北京：社会科学文献出版社，2014，第198页。

一种社区社会工作模式。社区照顾模式起源于英国,是 20 世纪 50 年代以来英国社区社会服务的一种方式,也是一种社区社会工作模式。[①] 所谓社区照顾,从英国 1989 年的《社区照顾白皮书》所述可知,是指给受年老、心理疾病或障碍、身体及感觉机能障碍问题所困者提供服务和支持,让他们能够尽可能地在自己家中或社区中"类似家庭"的环境下过独立的生活。社区照顾模式的基本假设是,社区照顾可以使照顾对象在自己家中或社区中"类似家庭"的环境下过独立的生活,这比机构照顾具有更多的优势。基于这一假设,社区照顾模式提倡把需要照顾的人士留在原本居住的社区接受照顾,而以各种正式的或非正式的支持系统去为他们提供照顾,并努力在社区环境中改善他们的生活质量。

社区照顾模式是相对院舍照顾模式或称机构照顾模式而言的一种更具社会化意义的照顾模式。社区照顾具体涵盖三方面的内容,即在社区内接受照顾(Care in the Community)、由社区来负责照顾(Care by the Community)和为社区提供照顾帮助(Care for the Community)。社区社会工作服务策划者在进行社区照顾策划时,应着重考虑三方面的服务。第一,积极倡导在社区内接受照顾。要通过评估管理,确定社区照顾对象,并设法做好照顾对象及其家属甚至邻里的工作,动员照顾对象在社区内接受照顾。第二,积极开发社区内的照顾资源。要通过社区照顾资源的开发,推进社区照顾社会化,以减轻家庭照顾的负担。第三,积极为社区提供照顾帮助。要动员各种社区和社会的服务资源,为社区提供各种可能的协助和帮助,重点则是要提供专业化的社会工作帮助。

三 社区社会工作服务的过程策划

社区社会工作服务的过程,既是一种服务提供过程,也是一种服务组织过程,还是一种社会交往过程。要顺利地推进社区社会工作服务过程,有效地开展社区社会工作服务工作,并非按部就班就能达到目的和实现目标。因此,社区社会工作服务的过程也需要精心策划。这里讲的社区社会

---

① 李培林、王春光主编《当代中国社会工作总论》,北京:社会科学文献出版社,2014,第 199~200 页。

工作服务的过程策划，就是指社区社会工作服务的策划者对社区社会工作服务的具体实施过程以及实施过程中的相应事务进行运筹、谋划和设计，以充分发挥社区社会工作服务的功能、全面提高社区社会工作服务的效益的过程。在这一策划过程中，策划者的责任主要是为社区社会工作服务实施过程中的相应事务的开展出谋划策。

1. 建立专业关系的策划

社区社会工作服务是社会工作嵌入社区发展、社区建设、社区管理、社区服务、社区工作等之后而形成的一种专业性的社会服务。社区社会工作服务的介入或引入，无疑可以对社区原有管理与服务产生良好的补益和促进作用，但也可能对社区原有管理与服务产生一定消极影响甚至冲击。从我国社区社会工作服务推进的情况来看，社区方面对社区社会工作服务的开展总体上是欢迎的，但也存在某些有碍社区社会工作服务推进的负面现象。基于这一情况，在社区社会工作服务进入社区之前，与社区建立一种良好的专业关系，可说是真正做好社区社会工作服务的重要一环。所以，策划者在开展社区社会工作服务策划过程中，首要的是对如何与社区建立良好专业关系进行必要策划。

社区作为社区社会工作服务的对象，社区社会工作服务者必然要与其建立良好的专业关系。建立良好专业关系的前提是让社区社会工作服务者充分了解社区，同时让社区充分了解社区社会工作服务者。策划的任务主要包括三项内容。第一，想方设法指导社区社会工作服务者了解社区。要让社区社会工作服务者更好地了解社区及其居民对社区社会工作服务的具体需求，以针对性地提出开展特定社区社会工作服务的初步方案。第二，想方设法吸引社区了解社区社会工作服务。例如，说明社区社会工作服务能帮助社区及其居民做何种服务、社区社会工作服务者将扮演何种角色等，以让社区管理者对社区社会工作服务产生浓厚的兴趣。第三，在双方相互了解的基础上思考建立一种什么性质与类型的专业关系。

2. 进行社区调研的策划

社区社会工作服务者与社区建立了确定的专业关系后，就要根据专业关系或协约的要求，具体开展有针对性的服务工作。而要开展有针对性的服务工作，就必须深入具体地进行社区调研。社区调研是有效开展社区社会工作服务的重要基础，是具体了解社区社会服务需求的关键途径。社区调研的内容通常包括以下三个方面的内容，即社区生活的状态、社区特定的需求和社区拥有的资源。社区生活状态主要涉及社区的社会变迁历程、社会结构特征，居民的生活水平、生活方式、人际关系等。社区特定需求涉及社区及其居民对调整社会结构的需要、对促进社会变迁的需要、对改善社会生活的需要、对加强社会关顾的需要等。社区拥有的资源包括自然资源、经济资源、文化资源和社会服务资源等。

在社区社会工作服务中开展社区调研策划，目的是将社区调研做得更好。那么，怎样把一项社区调研做得更好便成为社区社会工作服务的策划者要解决的问题。具体来讲，策划者应在以下几个方面下功夫。第一，要选定社区调研的课题。社区调研课题与社区社会工作服务的主题通常是一致的，根据其内容大致可以分为社区组织方面的课题、社区发展方面的课题、社区服务方面的课题、社区照顾方面的课题、社区人际关系方面的课题、社区文化教育方面的课题等。第二，要确定社区调研的对象。社区调研对象的确定是社区调研的重要前提，应当将与调研课题密切相关并对有关调研内容有所了解的社区管理者和社区居民确定为社区调研的对象。第三，要选择社区调研的方法。社区调研的方法很多，策划者应选择最有利于收集到社区某一方面真实资料的相应调研方法。

3. 编制服务方案的策划

经过深入细致的调研，社区社会工作服务策划者可以收集到有关社区的社会生活状态、社区特定需求、社区拥有资源的资料。之后，要通过对这些调研资料的分析，发现社区中真正的问题、真正的需求和真正的资源，从而编制出社区社会工作服务方案。编制社区社会工作服务方案的过程，实际上就是对社区社会工作服务的运筹、谋划和设计过程。在这个过程中，策划者重点需要做两方面的工作：一是运筹谋划，二是方案设计。运筹谋划的工作内容主要包括服务目标运筹谋划、服务对象运筹谋划、服务模式运筹谋划、服务方法运筹谋划、服务策略运筹谋划、服务资源运筹谋划、服务活动运筹谋划、服务时空运筹谋划等。服务方案的设计则是按照通常的策划文案要求，编制出合格的社会工作服务计划。

社区社会工作服务方案的策划是一个受多方面因素影响的过程，同时一个服务方案编制得如何,又会直接影响社区社会工作服务推进与落实的情况,所以,在服务方案编制的策划中,需要遵循两条重要的原则。(1)多方参与原则。有效的服务方案显然应该是使社区及其居民的需求得到满足的方案,因此,编制服务方案的策划过程,应广邀社区管理者、驻区单位代表、社区居民代表和社区社会工作服务者、志愿者等参与其中,力图做到集思广益。(2)深入论证原则。深入论证涉及的内容主要包括价值性论证(服务方案的功能、作用、意义、益处、效果等)、可行性论证(服务方案的限制性因素和条件性因素)、应变性论证(服务方案实施过程中受到诸种因素影响的情况下如何加以应变等)。

4. 采取服务行动的策划

社区社会工作服务中的服务行动既是一种社工行动,又是一种社区行动。所谓社工行动,在此是指社区社会工作服务者为实现特定社区社会工作服务目标而面向社区及其居民提供和开展的各种具体服务工作或具体服务活动。所谓社区行动,在此则是指社区或社区居民在社工的指导或引导下,为协助社区社会工作服务者的服务工作或服务活动而采取的各种具体行动。从社会工作的角度来讲,社会工作是一种"助人自助"的工作,社区社会工作服务并非一个单纯的由社工提供、由社区及其居民接受的过程,而是一个社工与社区及其居民共同参与、相互配合、协同共进的过程。正因为这样,采取服务行动的策划显然不能定位在"给予"与"接受"层面上,而应定位于社会工作的"助人自助"层面上。

根据上述要求,社区社会工作服务中的服务行动策划,必须将"社工行动"和"社区行动"两者有机地结合起来,形成社区社会工作服务的"一致行动"。而要实现"一致行动",策划者就应充分发挥策划学的"想象力",将"社工行动"和"社区行动"有效地捏合。按照社区社会工作服务所积累的一些经验,可从以下几个方面着眼加以促成:(1)组织促成,即通过社区组织、社会组织系统运用组织力量加以促成;(2)会议促成,即通过召开相应范围的社区会议统一思想加以促成;(3)培训促成,即通过对有关人员的知识与技能培训加以促成;(4)宣传促成,即通过在社区范围内开展广泛的宣传工作加以促成;(5)沟通促成,即通过不同行动者之间广泛的交流与沟通加以促成。

5. 开展服务评估的策划

社区社会工作服务评估是检验社区社会工作成效的一种重要方法，是社区社会工作服务的重要环节，每一项重要的社区社会工作服务都会开展过程评估和结项评估。过程评估有助于及时监测社区社会工作服务进展，调整社区社会工作服务方案，保证社区社会工作服务朝着预定目标开展。结项评估是项目完成后开展的一种整体评估或全面评估。在两种评估中，前者是后者的基础，后者是前者的总括。一个服务项目只有通过结项评估，方能视为整个服务项目结束。社区社会工作服务的结项评估通常是以服务项目为单位而组织开展的，评估内容主要包括服务过程的推进情况（时间进展、完成情况）评估、服务效果（服务效能、服务效益）评估、服务偏差（存在问题、不良后果）评估等。

开展社区社会工作服务评估同样需要策划。策划内容涉及以下几方面的内容。（1）评估主体策划，即确定由谁来进行评估。从评估主体的角度来讲，通常有自我评估与他人评估之分，他人评估又有专家个人评估、专家小组评估、专业机构评估、主管部门评估、社区管理者评估、服务对象评估、社会公众评估等。（2）评估方式策划，即确定采取何种方式进行评估。通常分为现场评估、会议评估、通讯评估等。（3）评估方法策划，即选择何种方法评估。评估方法大致可以分为定性评估、定量评估、定性与定量结合的评估。（4）评估指标策划。评估指标既可以分为客观指标与主观指标，也可以分为描述性指标与诊断性指标。（5）评估组织策划，即思考怎样得当地组织一场有效的评估。

第四节　大众社会工作服务策划

大众社会工作也称为公众社会工作或公共社会工作。大众社会工作服务就是面向社会大众或社会公众的社会工作服务。大众社会工作服务策划则是根据社会大众或社会公众对社会工作服务的需求，对行将开展的大群体社会工作服务进行的运筹、谋划和设计。从社会工作服务的实践中可以领略到，大凡服务对象群体规模越大的社会工作服务越需要策划，大凡服务对象群体需求多样的社会工作服务更需要策划。小组社会工作服务比个案社会工作服务更需要策划，社区社会工作服务比小组社会工作服务更需要策划，由此推之，大众社会工作服务比社区社会工作服务更需要策划。在本节中，我们先来了解大众社会工作服务的基本含义，然后就这种行将发展起来的服务对象群体规模很大、服务对象群体需求多样的新的社会工作服务类型——大众社会工作服务的策划加以讨论。

一　大众社会工作服务的基本含义

目前国际社会工作界把社会工作价值观归纳为六个方面。一是服务大众。社会工作者应当将服务社会中有需要的困难人群作为自己的首要任务，要超越个人利益，为社会大众提供专业的社会服务。二是践行社会公正。三是强调服务对象个人的尊严和价值。四是注重服务中人与人之间关系的重要性。五是待人真诚和守信。六是注重能力培养和再学习。国际社会工作界所讲的"服务大众"中的大众，可以有两种理解。一是抽象的大众。抽象的大众也可以称为名义上的大众，是对数量庞大的人群的一种概称，与通常所说的民众的含义基本相同，其指涉范围不够具体。二是具体的大众。具体的大众则可以称为实在的大众，是具有明确指涉范围的大众，即社会中需要关心、帮助的所有困难人群，他们对社会工作服务有着某种具体的需求，需要社会工作者的关心和帮助。

按照国际社会工作界的价值观要求，社会工作服务的对象从总体上来讲应当是社会大众或社会公众。然而，由于社会工作服务本身的发展存在一个由弱到强的发展过程，社会工作服务本身的能力存在一个由小到大的渐进过程，在社会工作服务的对象上同时也理所当然地存在一个由个人到小群体，再到社区群体，进而到更大的群体（即社会大众或社会公众）的推进过程。根据这一规律，可以得出一条结论，虽然社会工作从其价值观来讲是服务大众，但在现实的社会工作实践中，服务大众的目标仍然受到社会工作服务资源和传统社会工作服务方法的限制。目前社会工作服务所及的人群仍然只是一种具有概称意涵的抽象大众或名义大众，即所谓数量庞大的人群。具体的大众或实在的大众仍然只是社会工作服务的理想目标，他们在很大的程度上并未真正成为社会工作服务中现实的对象。

一直以来，社会工作从服务对象的角度往往被划分为个案社会工作、小组社会工作、社区社会工作三种方法类型。尽管这三种方法类型也是在谋求服务大众，但三者的服务对象涉及人数非常有限，难以实现社会工作的远大理想。社会工作作为一种为有需要的个人和群体提供社会服务的职业，为社会中更大的群类——社会大众开展服务是一个发展方向，尤其在我国更有必要。我国人口众多，社会对社会工作服务需求丰富。但由于我国社会工作专业人员数量较少，单靠目前所有的社会工作专业人员开展诸如个案工作、小组工作、社区工作这些服务，根本无法满足我们这样一个人口大国的需求。因此，大力开拓大众社会工作领域，积极开展大众社会工作服务，并将大众社会工作建构为一种新的社会工作方法类型，理当成为我国社会工作服务发展的一个努力方向和新的生长点。

大众社会工作或公众社会工作是笔者的一种新提法。之所以提出这一新的概念，主要是因为，已有社会工作方法，包括个案工作、小组工作和社区工作，基本上是围绕个人、家庭、小群体以及较小的社区来开展服务的。这就给人一个印象，社会工作的作为受其服务方法的限制，面对人数众多的社会大众或公众，社会工作或许无能为力。当然，社会工作界也有学者较早想到这一问题，提出了社会工作行政的社会工作方法。然而，从性质、对象和服务方式看，社会工作行政主要倾向于行政管理，而非倾向于社会工作；"社会行政同个案工作、小组工作及社区工作不同，它不是直接地与个人、小组及社区打交道，而是在行政这个层面上帮助人们解决问题并提高其社会功能"，[①] 服务方式具有间接性。可想而知，社会工作行政并非人们所讲的就是第四类社会工作方法。

如果要说存在第四类社会工作方法的话，我们认为它就应该是大众社会工作方法或公众社会工作方法。通常来讲，个案社会工作是相对于个人（兼及家庭）而言的社会工作，小组社会工作是相对于较小群体（团体）而言的社会工作、社区社会工作是相对于地方群体（共同体）而言的社会工作，大众社会工作则是相对于社会大群体（公众）而言的社会工作。现

---

① 王思斌主编《社会工作导论》，北京：北京大学出版社，1998，第231页。

代社会工作的方法分类,个案社会工作、小组社会工作、社区社会工作,以及新提出的大众社会工作,显然是按照社会工作服务对象的人群大小由小到大的逻辑而划分的。实际上,所谓大众社会工作也可称为公众社会工作,它是指面向社会上较大的社会群体所开展的社会工作。大众社会工作服务也即面向社会大众或社会公众的社会工作服务,大众社会工作方法则是适于开展大众社会工作服务的所有方法的集合。

二 大众社会工作服务的目标策划

大众社会工作服务目标策划既是大众社会工作服务策划的重要内容,也是大众社会工作策划的重要环节。漫无目的、没有目标的社会工作服务,无论是个案社会工作服务、小组社会工作服务、社区社会工作服务,还是大众社会工作服务,都不成其为社会工作服务,至少也是没有成效的社会工作服务。所以,大众社会工作服务策划必须重视服务目标的策划。只有目标确定好了,大众社会工作服务才能具体确定服务对象、界定服务内容、选定服务方法,真正做到有的放矢。当然,大众社会工作服务的目标类型很多,尤其是它的功能性目标很多。这里略举大众社会工作服务的一些主要功能性目标,以供策划者参考。

1. 社会大众服务目标策划

虽然社会工作需要集中资源重点服务那些有着特殊困难的个人和群体,以帮助他们解决各种各样的个人麻烦和群体问题,但也不能忽视作为非特殊困难群体的社会大众对社会工作服务的需求。从理论上讲,麻烦也好,困难也罢,往往都具有相对性,有的人麻烦大、困难大,有的人麻烦和困难相对小一些,但所有人都有着对社会工作服务的期待。从现实中来看,2020年的新冠疫情中,社会工作固然是更多地关心和服务于病患、老人院的老人和其他社会弱势群体,但对于社会中的普通人也并非不闻不问,而是透过有效的大众社会工作,为广大人民群众提供了必要的社会工作服务。这表明,在现代社会工作中,在为麻烦大、困难大的特殊个人和群体开展精准社会工作服务的同时,有效确立大众服务的目标、积极推进大众社会工作服务同样很有必要。

大众社会工作服务的大众服务目标是大众社会工作服务的核心目标。大众服务目标的策划与小众服务目标的策划思路尽管都是贯彻"助人自助"的原则，但仍然有所不同。小众服务目标在于帮助有着特殊困难的个人和群体解决程度较严重的具体困难和问题，大众服务目标在于帮助社会大众或社会公众解决困难程度相对较轻的一般问题。具体以2020年新冠疫情时期的抗疫社会工作为例。小众服务目标是既帮助有特殊困难人群解决抗疫防疫的具体问题，又帮助他们解决某些具体的严重问题；大众服务的目标则是帮助社会大众解决抗疫防疫的一般问题，如对抗疫防疫的认识问题和抗疫防疫的方法问题。所以，大众服务目标策划的一个关键点是为大众提供信息、提供方法，以相对广泛的社会工作服务推动社会大众真正地"自助"。

2. 社会政策宣传目标策划

社会大众之所以在工作、学习和生活中遇到麻烦和产生困扰，比较突出的一个原因是不了解或不甚了解现行社会政策和新的社会政策。比如，有的人因不懂独生子女政策而一直未领取独生子女证，到头来本可享受的待遇未能享受；不少人因不懂农村土地政策，建好的房屋变成违章建筑，到头来需要拆除。如此等等，不一而足。互联网上传播的信息显示，由于对政策不了解而做过错事、说过错话、吃过大亏、失去良机等，从而给自己带来了麻烦、困扰和苦闷的人比比皆是。对于这样一些人，按照我们现在的社会工作资源拥有情况和实际供给能力，基本上没法为他们开展小众化的社会工作服务。在这种情况下，较好的办法就是为他们开展大众社会工作服务，切实做好政策宣传工作，让更多的人，尤其是文化程度比较低、政策意识不够强的社会大众了解和执行政策。

政策宣传目标是大众社会工作的重要目标之一。政策宣传目标的基本含义就是让社会大众增强政策意识，做到了解政策、懂得政策，并且按照政策办事。政策宣传目标策划实际上就是要通过策划宣传解决社会大众在工作、学习和生活中存在的政策意识淡薄、政策水平较低、有政策但不了解、了解政策又不知如何执行或不去采取正确的行动，进而导致吃亏、苦闷、麻烦、困扰等问题。政策宣传目标的策划内容可分为三个层次。第一，帮助社会大众了解具体政策的层次。对于一些新出台的政策，政策宣传目标就是社会大众了解相关内容。第二，帮助社会大众根据政策办事的层次。对于一些与大众切身利益相关的政策，政策宣传目标就是引导大众按政策办事、按政策行动。第三，帮助社会大众提升政策意识的层次。这是政策宣传目标的高层次，它体现出社会大众政策水平的提升。

3. 社会风险抵御目标策划

不可否认，人类社会在当代取得了迅猛的发展与快速的进步，但当代社会又确实是一个人们易于感受到风险的社会。风险社会是一个自然风险、技术风险、经济风险、政治风险、军事风险交织并对人类社会影响日益升高的社会。从社会学角度来看，无论是自然风险、技术风险，还是政治风险、经济风险，最终都会以直接的或间接的途径转移到人类社会之中，形成巨大的社会风险，危及社会系统的良性运行与和谐发展，甚至危及社会成员的身心健康与生命安全。所以，德国社会学家乌尔里希·贝克认为，人类正"生活在文明的火山上"。[①] 社会风险的真实存在，使社会成员心神不安，工作、学习、生活受到严重影响。因此，如何有效抵御来自各个不同源头、不同方向的社会风险，减轻社会风险对社会大众的影响，已成为大众社会工作服务必须关注的一项重要内容。

社会风险抵御目标是大众社会工作服务需要确立的一项非常重要的服务目标。在大众社会工作服务中策划这一服务目标，体现了大众社会工作服务重视重大风险抵御的积极态度，也是在风险社会中大众社会工作真正重视"服务大众"的重要体现。然而，社会风险源多种多样，[②] 不同来源的社会风险对社会大众的影响不尽相同，人们所需采取的社会风险抵御策划也不一样。所以，在大众社会工作服务的社会风险抵御目标策划中，策划者应特别重视以下三个原则：第一，充分体现社会风险抵御的总体目标，以让社会大众真正了解社会风险抵御的重要价值和重大意义；第二，有效确立具体社会风险抵御的具体目标，针对不同来源、不同影响的社会风险确立不同的风险抵御目标；第三，高度重视风险抵御目标的合理表

---

① 乌尔里希·贝克：《风险社会》，何博闻译，南京：译林出版社，2004，第13页。
② 谢俊贵：《当代社会风险源：特征辨识与类型分析》，《西南石油大学学报》（社会科学版）2009年第4期。

达，做到既明确清晰而又不至于引起大众负面心理反应。

4. 社会参与引导目标策划

社会参与是指不同社会主体（包括企业组织、社会组织、社会大众或社会公众）通过合法社会途径，参与到国家和地区的社会事务之中，实际关心和介入社会事务，从而协力推进社会良性运行的社会行动。社会参与包括四层含义：第一，社会参与的主体是社会主体，主要包括企业组织、社会组织与社会大众（社会公众）；第二，社会参与的客体是社会事务，即虽然是由政府管理，但明显牵涉到广大社会成员的生存发展与生活质量的各种公共事务；第三，社会参与的途径是社会途径，而不是经由政府调遣、命令、指派的行政途径；第四，社会参与的目的是不同社会主体协力推进社会良性运行。[1] 社会参与有社会有序参与和社会无序参与之分，大众社会工作服务所追求的是社会有序参与，也即社会大众或社会公众按照一定的组织规范，有秩序地加入社会事务之中。

社会参与引导历来是社会工作服务的重要内容，小组社会工作服务、社区社会工作服务一直都对此给予高度重视。然而，大众社会工作服务中的社会参与同小组社会工作服务、社区社会工作服务中的社会参与有所不同，大众社会工作服务中的社会参与是指超越特定社群范围和特定社区空间的社会参与。所以，大众社会工作服务的策划者必须对此加以重视，以合理开展社会参与引导目标策划。具体来讲，需要加以重视的是：第一，大众社会工作服务中的社会参与引导目标大多具有社会动员性质，目标策划应体现较强的号召力和吸引力；第二，大众社会工作服务中的社会参与引导目标特别关注重大社会事务，目标策划应突出参与重大社会事务的引导；第三，大众社会工作服务中的社会参与引导目标比较重视社会慈善服务，目标策划应注重激发社会大众的慈善情感。

三 大众社会工作服务的方式选择

大众社会工作服务的方式与个案社会工作服务、小组社会工作服务甚

---

[1] 谢俊贵：《灾变危机管理中的社会协同——以巨灾为例的战略构想》，北京：中国社会科学出版社，2016，第155页。

至社区社会工作服务不同。个案社会工作服务、小组社会工作服务往往具有小众化性质，即使社区社会工作服务具有公众化性质，这些服务也仍然没有完全脱离小众化的色彩。客观地讲，小众化服务方式是传统社会工作服务的主要方式，如果说有所突破，也就是社区社会工作服务在小众化服务方式的基础上取得了一些突破，部分采纳了大众化和公众化的方式。大众社会工作服务具有明显的大众化性质，其基本的服务方式应当是大众化的服务方式。大众社会工作服务方式的大众化，主要强调的是充分利用有利于大众社会工作服务主体（服务者）实施社会工作服务、大众社会工作服务对象（社会大众）接受社会工作服务的方式开展服务。因此，所谓大众社会工作服务方式选择，实际指策划者在大众化服务的各种方式中加以适当的选择。

1. 大众传播方式的选择

大众传播也称为大众信息传播，是指通过大众传播机构采编有传播价值的信息，并利用大众媒体将这些信息按一定目标要求广泛传递给社会大众，以实现众多社会成员共享有关信息的传播方式。典型的大众传播媒介主要有报纸、杂志、通俗性书籍、广播、电视、电影、户外广告、宣传资料等。大众传播的特点在于：一是大众传播通常由专业化的组织机构实施，信息传播者高度专业化；二是大众传播的服务对象是社会大众，传播对象高度大众化；三是大众传播的信息内容多为大众关心的内容；四是大众传播的信息传递具有高效性，尤其像报纸、广播、电视，其信息传递的效率更高；五是大众传播往往是单向的信息传播，缺乏直接的反馈机制。大众传播具有大众化的显著特点和特殊优势，从而在大众社会工作服务中，顺理成章地成为一种基本服务方式和基本服务手法。

在大众社会工作服务中选择大众传播方式开展服务，应该是通常的做法之一。但由于大众传播早已成为专门的机构，其功能主要是向社会传递与扩散即时性的社会信息，所以，在开展大众社会工作服务过程中，策划者在选择大众传播方式时，必须认真考虑几个重要问题：第一，选择大众传播方式开展大众社会工作服务，应以面向大众的社会信息服务、社会公益广告、社会心理引导和社会行为导向为主；第二，选择大众传播方式开展大众社会工作服务，传播的信息内容必须简洁、鲜明、生动、形象；第三，选择大众传播方式开展大众社会工作服务，通常要向大众传播机构支付费用，因而需要仔细考虑经费筹集和投入效益问题；第四，选择大众传播方式开展大众社会工作服务，必须取得大众传播机构的大力支持，甚至应当与大众传播机构合作开展有关服务。

2. 网络服务方式的选择

网络服务方式也称为互联网服务方式，是指借由固定网络或移动网络中的网络服务平台、网络服务应用软件等为社会大众提供大众社会工作服务的一种方式。网络服务的基础是网络传播，网络传播吸收了人际传播、组织传播和大众传播的许多长处，也使网络服务具有某些重要的特点：一是网络服务具有超时空、高速度的特点；二是网络服务具有扩散性、共享性的特点；三是网络服务具有社会渗透广泛的特点。四是网络服务具有增进社会关系的特点；五是网络服务具有场景虚拟真实的特点；六是网络服务具有信息记录可查的特点。当代社会已经进入网络社会，根据中国互联网络信息中心的统计，截至 2022 年 12 月，我国网民规模已达到 10.67 亿，互联网普及率达到 75.6%。[1] 网络在人们的工作、学习、生活中具有重要地位和作用，网络服务的好处已经为社会大众所广泛认识。

在大众社会工作服务中，选择网络服务方式开展社会工作服务已成为一种广泛流行的方式，不少社会工作机构和社会工作者已将个案社会工作、小组社会工作、社区社会工作部分地实现了网络化，并形成了一种被称为"网络社会工作"[2] 的概念，这是一种很好的创新现象和发展趋势。同时，网络服务方式在大众社会工作服务中当具有很好的应用前景，这是由网络服务众多的优长之处所支撑的，也是由大众社会工作服务社会需要的变化所决定的。在大众社会工作服务的网络服务方式的策划中，策划者应当高度重视相应策略的运用。第一，选择适合网络服务方式的大众社会服务主题和内容；第二，选择或设计适合大众社会工作服务的网络服务平台和服务软件；第三，通告和引导有需要的公众顺利进入网络服务平台；

---

[1] 《第51次〈中国互联网络发展状况统计报告〉》，2023-03-02，中国互联网络信息中心，http://www.cnnic.net.cn/n4/2023/0303/c88-10757.html。

[2] 谢俊贵：《虚拟网络社会建设需要"网络社工"助力》，《广州日报》2012年8月6日，第B4版。

第四，根据网络特性科学安排大众社会工作服务。

3. 社会咨询方式的选择

所谓咨询，就是通过提问和回答的方式，为服务对象提供有针对性的某种服务的一种重要方法。从咨询学的角度来看，社会中有多种多样的不同咨询活动，也有或大或小的专门咨询领域。其中，社会咨询既是咨询活动的一种特定类型，也是咨询服务的一个重要领域。社会咨询是指为社会大众提供与社会事务、社会生活密切相关的咨询内容的咨询活动。社会咨询的内容主要包括社会信息咨询、社会关系咨询、社会问题咨询、社会适应咨询、社会政策咨询、社会事务咨询、心理健康咨询等。社会咨询方式即为帮助社会大众在复杂多变的社会中有效地生活而提供咨询服务的一种大众社会工作方式。社会咨询方式具有几个重要特点：一是咨询对象的泛在性；二是咨询过程的直接性；三是咨询问题的具体性；四是咨询解答的及时性；五是咨询服务的延伸性；六是咨询效果的显著性。

采用社会咨询方式开展大众社会工作服务，除了要对服务目标和服务内容进行精心的策划外，还要设计好服务实施过程。大致有以下几个步骤：第一，开设大众社会工作服务的社会咨询项目；第二，选好提供社会咨询服务的专业人员；第三，备好开展社会咨询服务的空间和其他条件；第四，通告社会公众所设社会咨询服务的服务内容；第五，接待前来进行社会咨询服务的公众对象；第六，接受社会公众的咨询并认真地释疑解难；第七，将需要更具体服务的对象推介或转入个案服务或小组服务；第八，做好社会咨询服务的记录并存入咨询档案。此外，在大众社会工作服务的策划过程中，为了实现社会咨询的广泛性，还可以选择电话咨询、函件咨询、网络咨询等服务方式，以扩大社会咨询服务对象，构建超越时空限制的咨询服务，使更多的社会公众获得社会咨询机会。

4. 公益活动方式的选择

公益活动也称为社会公益活动，是以承担社会责任、促进公益事业为出发点，通过向社会募捐或争取有关机构赞助的方式，支持社会公益事业发展和帮助社会成员解决具体问题的活动。公益活动的突出特点在于：一是强调社会责任，关心公益事业；二是适应社会需要，注重社会效益；三是提供实在服务，塑造良好形象。公益活动既可以作为社会工作机构提供社会工作服务的一种方式，也可以作为各类赞助单位开展公共关系工作的一种方式。在大众社会工作服务中，公益活动方式是指社会工作机构通过组织开展社会公益活动来动员有关单位或机构（如企业、基金会等）捐款捐物、出人出力等，进而为社会大众提供公益服务的方式。公益活动方式在大众社会工作服务中应用领域比较宽广，服务大众效果明显，成功案例非常丰富，是大众社会工作服务的一种重要方式。

在大众社会工作服务策划中，选择以公益活动方式来开展大众社会工作的服务者较多，主要的原因在于，公益活动方式确实能帮助社会大众解决某些同类的具体问题，甚至能帮助特定社会区域解决某些难以解决的公共问题。当然，选择公益活动方式开展大众社会工作服务，也有一些值得重视的注意事项，主要有以下几点。第一，选择公益活动方式必须有确定的社会公益服务内容，如重大灾害救助、特定疾病防治、困难学生赞助、走失亲人寻找、孤寡老人照料、军属烈属慰问等，从某种角度也可说采用公益活动方式必须"师出有名"。第二，选择公益活动方式必须有可靠的服务资源，如能够获得基金会的支持、企业的赞助，或能够向社会公开募捐等。第三，选择公益活动方式必须有比较讲究的公益活动仪式，这主要是为捐赠者或赞助者塑造良好社会形象考虑，以提高其积极性。

第八章

社会工作策划特色管理

社会工作策划既是社会工作管理的一个重要环节,也是社会工作管理的一种重要对象。社会工作策划事关社会工作服务目标的确立是否明确得当,社会工作服务伦理能否得到遵守,社会工作服务过程能否顺利推进,社会工作服务成效能否充分体现,以至于会对社会工作服务机构、社会工作服务人员、社会工作对象,甚至一定地区社会工作事业的发展产生影响。因此,社会工作策划也需要加强管理。这里所讲的社会工作策划管理属于本书开篇特指的针对社会工作策划活动进行的管理,当是一种狭义的社会工作策划管理。社会工作策划管理的内容相当丰富,涉及社会工作策划的人员管理、伦理管理、过程管理、绩效管理、案例管理等。由于社会工作策划的过程管理甚至绩效管理都在前几章中有所论及,在此重点讨论社会工作策划管理的三种特别需要开展的、具有一定特色的管理,具体包括人员管理、伦理管理、案例管理。

第一节 社会工作策划的人员管理

任何策划都要依靠人来开展,即使智能机器在策划中也只能起到辅助作用。社会工作策划同样如此,其所依靠的只能是人,或者说只能是社会工作策划人员。所谓社会工作策划人员,也称为社会工作策划者,是从事社会工作策划活动的个人或团队的总称。社会工作策划人员是社会工作策划的主体,是社会工作策划活动的主导因素。社会工作策划人员的社会工作专业知识水平、社会工作实践经历、社会工作创意能力、社会工作策划经验，其使命感、事业心、责任心、积极性，都直接影响他们担负的社会工作策划任务能否顺利地完成，他们所策划的社会工作有关事项能否取得好的收效。所以，在社会工作策划管理中，切实加强社会工作策划人员管理，无疑显得十分重要且富有特色。

一　社会工作策划人员管理的含义

人员管理在公共组织、企业组织和社会组织中都是一项非常重要的管理内容。在公共组织中，"人员管理是公共组织编制管理的核心内容，人员管理的精要是将合适的人员配备到合适的职位上，并让其从事合适的工作，从而实现'人适其位，位得其人'。人员管理，是指依据公共组织编制法规，按照公共管理职能调整和机构设置的需要，通过法定程序，确定公共管理人员数额、结构比例、领导职数"。[①] 在企业组织中，人员管理也称为企业员工管理或企业人力资源管理，一般是指根据企业目标、企业任务，依据现实要求和发展需要所进行的人力资源规划、员工招聘任用、员工培训考核、员工薪酬管理、员工档案管理等管理内容的综合。社会组织人员管理类似于企业人员管理，是根据社会组织的目标、任务，依据现实要求和发展需要所进行的所有员工管理工作。

尽管在当代社会的公共组织、企业组织、社会组织中都可能存在和需要社会工作策划人员。但从现实的情况来讲，目前社会工作策划人员主要存在于属于社会组织的社会工作机构之中。正因为如此，社会工作策划人员管理，实际上是指社会工作机构对其内部所配备的或聘用的社会工作策划人员所进行的一种人员管理。由此说来，社会工作策划人员管理显然属于社会工作机构人员管理的范畴，是社会工作机构人员管理的重要组成部分。也就是说，社会工作策划人员管理，就是在社会工作机构的人员管理中，根据社会工作策划人员的特定工作内容、特殊专长要求等所进行的具有一定特殊性的人员管理。这里的特殊工作内容，主要指社会策划人员的

---

① 李鹏主编《公共管理学》，北京：中共中央党校出版社，2010，第64页。

工作内容属于创意性工作内容；这里的特殊专长要求，主要指社会工作策划人员需要具有很强的社会工作策划创意能力。

这里值得一说的是，目前我国大量社会工作机构并未专设社会工作策划的岗位，社会工作策划人员分散在社会工作机构的各个业务部门和各个服务项目之中，多数社会工作机构采取的办法是各个业务部门和各个服务项目在社会工作业务管理上实行策划、实施、评估"一条龙"管理，因而在一个机构中，大多数一线社会工作服务人员都需要承担社会工作策划的任务，他们都兼有社会工作策划人员的职责。这明显属于一种分散的社会工作策划管理体制。这个时候的社会工作策划人员管理基本上是对策划者的一种责任管理。当然，随着我国社会工作行业的不断发展，社会工作服务机构的业务量越做越大，专门的社会工作策划岗位必将受到社会工作机构重视，专职社会工作策划人员可能不断增多，这时的社会工作策划人员管理，则要逐步转向岗位管理、职位管理和全面管理。

二　社会工作策划人员管理的作用

在社会工作界，通常有这样一种说法，即能够从事社会工作策划或能够开展个案工作服务的员工乃是一个社会工作机构的中坚力量。由此可见，社会工作策划人员，抑或在社会工作机构中能承担社会工作策划任务的人员，便是社会工作机构的骨干力量，他们的策划能力、水平和质量如何，直接影响到社会工作机构社会工作服务能否有效开展。将社会工作策划人员管理作为社会工作机构人员管理的重要组成部分，切实加强对社会工作策划人员的管理，对于社会工作机构社会工作服务能力和服务效率的提升、社会工作服务水平和服务效益的提高、社会工作机构社会信誉的建立和优良形象的塑造都具有十分重要的作用。

1. 有利于提升社会工作策划能力

在社会工作服务中，从最初社会工作服务计划的制定，到后来社会工作服务的设计，再到今天社会工作服务的策划，反映出社会工作服务取得不断进步的渐变过程。社会工作策划人员的配备更是社会工作服务从一般性社会服务向高智力社会服务转变的一个标志。借由社会工作策划人员管理，可以将社会工作策划人员作为社会工作机构人员管理的单列领域，更多地考虑社会工作策划人员的配置、取用、培训、考核、待遇等方面，不仅可以让社会工作策划人员感受到自己的工作深受机构的高度重视，进而大大提高工作的积极性，而且可以不断地促进社会工作策划人员认真参加相关业务培训，深入研究社会工作策划中的各种理论问题和现实问题，从而不断提高社会工作机构的社会工作策划能力。

2. 有利于强化社会工作职业伦理

社会工作职业伦理也称为社会工作行业伦理，是任何社会工作者在社会工作服务中必须遵循的职业道德、职业准则、职业规范等的总称。一般来讲，社会工作服务是高度重视职业伦理的一个职业。在通常情况下，社会工作服务者都能自觉遵循社会工作职业伦理。但是，在某些特殊的情况下，也可能出于疏忽大意或者其他方面的原因，有的社会工作服务者在服务工作中做出了有悖于社会工作职业伦理的行为。通过对社会工作策划人员的管理，可以将社会工作职业伦理的遵循问题前移到社会工作服务的策划环节加以控制，即社会工作策划人员应在社会工作策划中充分考虑社会工作的职业伦理问题，做出遵循社会工作职业伦理的策划，从而强化社会工作机构和社会工作服务者的职业伦理意识。

3. 有利于提高社会工作服务水平

社会工作服务水平受到多方面主客观因素的影响，但社会工作机构和社会工作服务者的主观因素可谓决定性的影响因素。服务意识淡薄、服务能力不强、服务不到位，社会工作服务水平当然高不起来。要使社会工作服务水平不断提高，可以采取多种办法加以推进，但通过抓住社会工作策划或社会工作策划人员这个"牛鼻子"，切实开展社会工作服务策划，应是提高社会工作服务水平的一种有效办法。社会工作策划的基本目标是通过策划不断提高社会工作服务的水平，努力提升社会工作服务的效益。社会工作策划是社会工作服务水平的前置控制关口。在这种前置控制关口中，社会工作策划人员起着重要的把关作用。所以，加强社会工作人员管理，对提高社会工作服务水平大有裨益。

4. 有利于塑造社工机构良好形象

塑造社会工作机构的优良形象是社会工作机构在社会服务领域获得政

府的服务项目和社会的资源支持的重要法宝。从公共关系学角度讲，塑造社会工作服务的优良形象，根本的基础是社会工作机构的优良行为，但也需要靠有效的信息传播。[①] 这两者都与社会工作策划人员有关。从工作机构的优良行为来讲，社会工作策划的目的其实就是优化社会工作机构和社会工作服务者的服务行为，真正让有需要的人获得良好的服务。从有效的信息传播来讲，社会工作策划的内容包括社会工作机构社会形象策划或信息传播策划，社会工作策划者可以通过有关社会工作服务机构的信息传播策划，将社会工作机构的优良服务行为、优良服务效果有效地向社会传播，从而在社会中形成良好的影响和印象。

三　社会工作策划人员管理的内容

社会工作策划人员管理作为社会工作机构人员管理的重要组成部分，其相对社会工作机构人员管理来说，既有一般性，也有特殊性。所谓一般性，是指社会工作策划人员管理中大量的管理内容都属于社会工作机构人员管理的一般内容，如社会工作机构人员管理都有人员规划、人员招聘、人员任用、人员培训、人员考核、人员薪酬管理、人员考核管理等，社会工作策划人员管理与其在总体上没有什么区别。所谓特殊性，是指社会工作策划人员管理与社会工作机构中其他人员管理多少还是存在一定的不同，需要纳入特殊考虑之列。在此，从社会工作人员管理的特殊性出发，具体讨论社会工作策划人员管理的有关内容。

1. 招聘与任用管理的特殊考虑

社会工作策划人员的招聘与任用管理是社会工作策划人员管理的第一组内容。要讨论其特殊性，先得从社会工作策划人员的来源说起。社会工作策划人员的来源通常有两种渠道：一是机构外部招聘，也就是向社会公开招聘适合从事本机构社会工作策划的人员；二是机构内部任用，也就是从机构现有社会工作服务人员中选择适合从事社会工作策划的人员加以任用。在当前情况下，具体到社会工作策划人员来源的两种渠道的采用情

[①] 谢俊贵主编《公共关系学》，北京：工商出版社，2002，第242页。

况，虽然机构外部公开招聘的渠道也会受到某些机构重视，但真正受到普遍重视的是机构内部选择任用。这就是社会工作策划人员管理与社会工作机构其他人员管理略有不同的地方。

具体来讲，产生这种不同的原因有两个方面。首先是社会工作策划目前还不是一种独立职业，甚至很多社会工作机构还没有设置专门岗位，社会工作策划人才的培养也还不是专业化培养。人们相信，社会工作策划人员更多地产生于社会工作服务的丰富社会实践过程之中，从而对机构外部招聘兴趣不大。其次是机构内部的社会工作服务人员熟悉本机构的社会工作服务，并在社会工作服务中积累有一定的社会工作策划经验，人们相信，在机构内部选择任用社会工作策划人员是一条可靠性最强的渠道。所以，一般机构只有在本机构难以选择社会工作策划人员任用的情况下，才会公开向社会招聘社会工作策划人员。

2. 出勤与考勤管理的特殊考虑

社会工作策划人员的出勤与考勤管理是社会工作策划人员管理的第二组内容。要讨论其特殊性，有必要从社会工作策划人员工作的特殊性说起。社会工作策划人员的工作与一线社会工作服务人员的工作有所不同。作为社会工作策划人员，必须研读大量的社会工作案例，阅读大量的社会工作文献；必须向同行学习和取经，经常到别的社会工作服务机构参观访问；必须参加各种社会工作学术活动，以了解社会工作发展的趋势；必须在社会实践和社会生活中汲取经验，到各种不同的服务对象中开展社会调查；甚至还必须像有的广告策划专家一样，经常漫无目的地到街区或乡镇等去走走看看。还有一个特殊的地方是，社会工作策划人员可能遇到问题还要开夜车。因此对他们的出勤与考勤管理是一个难题。

要解决社会工作策划人员或类似社会工作服务人员的出勤与考勤管理难题，在社会工作机构的出勤与考勤管理中，一般可以将出勤和考核管理分为两种制式：一种是硬性制，另一种是弹性制。硬性制出勤与考勤的重点在出勤的时间天数；弹性制出勤与考勤的重点在任务的完成情况。对于以在固定场所完成工作任务为主的岗位人员，一般应当采取硬性制出勤与考勤管理，对于难以在固定场所完成工作任务的岗位人员，则应当采取弹性制出勤与考勤管理。社会工作策划人员工作的特殊性表明，社会工作策划人员的出勤与考勤管理比较适用弹性制出勤与考勤管理，或者硬性制与弹性制相结合的出勤与考勤管理。这样更有利于充分发挥社会工作策划人员的创造性智慧。

3. 薪酬与绩效管理的特殊考虑

社会工作策划人员的薪酬与绩效管理是社会工作策划人员管理的第三组内容。薪酬是员工因向所在的社会工作机构提供劳务而获得的各种形式的酬劳。绩效则指员工向所在的社会工作机构提供劳务而取得的业绩和效益。薪酬一般包括岗位工资和绩效工资两部分。其中岗位工资也称为基本工资，是指员工出勤考勤合格，完成了岗位工作任务就可以按岗位职级获得的工资部分；绩效工资是对员工进行绩效考核后根据其业绩和效益大小而获得的有区别的工资部分。薪酬管理与绩效管理是既有联系又有区别的两种相关管理。目前，在大量的社会工作机构中，薪酬管理和绩效管理往往是由社会工作机构的行政管理部门（或较大机构中专门设立的人力资源部门）具体实施的一种一体化的管理活动。

在薪酬与绩效管理方面，就社会工作策划人员而言，通常需要考虑的特殊情况是，社会工作策划是一种高智力服务工作，社会工作机构对社会工作策划人员的学历经历、知识水平、工作能力等方面要求都比较高，绩效考核中也应考虑到社会工作策划对社会工作机构的高智力服务特性和主导性服务作用，体现在社会工作机构支付给社会工作策划人员的薪酬中。当然，在当前的社会工作服务中，大多数社会工作机构往往未设置社会工作策划的专门岗位，社会工作策划任务是由社会工作一线服务人员担负的。对于这种情况的社会工作机构，一般也应给承担社会工作策划的一线社会工作服务人员提高薪酬。

4. 培训与晋升管理的特殊考虑

社会工作策划人员管理的培训与晋升管理是社会工作策划人员管理的第四组内容。社会工作策划人员的培训与晋升管理，实际上是对社会工作策划人员的成长与发展的管理。从社会工作服务面对的环境变化和业务变化上来讲，社会工作策划人员面对的社会工作服务需求已经不是单纯依靠既往的"三大手法"和参阅一些著名的案例就可以解决的社会工作问题。正如王思斌等所言："时至今日，在更加宏观的层面上开展综合性社会工作成为人们的共识。这不仅是由于社会工作的价值取向的转变，也与社会工作者面对任务的转变有关。"① 正因为如此，社会工作策划人员尤其需要加强创新培训，以不断成长，这样才能更好地适应我国新时代社会工作快速发展，满足人民群众对美好生活的要求。

职位晋升管理也是社会工作策划人员管理的一个重要方面。对于社会工作策划人员来说，职位晋升直接关系到他们的切身利益，如薪金、声望、地位等。对于社会工作机构来说，职位晋升也关系到社会工作机构自身的发展问题。一个不能给员工上升空间和发展机会的社会工作机构，显然不会是一个很好的社会工作机构。若是这样的社会工作机构，就无法留住优秀人才，进而无法在社会工作服务的竞争中赢得主动、取得成功。所以，一个发展得好、有活力、有竞争力的社会工作机构，必定会给员工以上升的空间和发展的机会。尤其对于社会工作策划人员这种社会工作机构的骨干来说，社会工作机构更应想方设法为他们创造更大的上升空间，提供更多的发展机会。

四 社会工作策划人员管理的原则

社会工作策划人员在社会工作机构的人员系统和业务系统中都具有较高的地位，尤其是一些经验丰富的社会工作策划人员，不仅担负起了社会工作服务的策划，使社会工作机构的社会工作服务水平不断提高，而且担负了社会工作项目的策划，使社会工作机构顺利申报和承接了大量的社会工作服务项目，甚至还能参与政府部门社会工作事业发展的策划工作，为社会工作机构展示了实力，塑造了形象，为社会工作机构的发展和当地社会工作事业的发展做出了贡献。因此，社会工作机构应从社会工作策划人员的实际出发开展管理服务工作。

1. 将社会工作策划人员视为高参

富有经验的组织管理者往往能在人员管理过程中准确、适当地做好本组织中各类人员的定位工作。比如，在大学里，一个有经验的学院院长会

---

① 王思斌主编《社会工作导论》，北京：北京大学出版社，1998，第292页。

根据学院的发展目标和专业教师的学术能力、专业水平和贡献大小，确定哪些专业教师是专业建设与学科发展的带头人和高参，哪些专业教师是学术骨干，哪些专业教师是教学骨干等，这样才有利于构建合适的学院专业教师队伍管理体系。一个社会工作机构也应该构建合适的社会工作专业人才（人员）队伍管理体系。在社会工作机构的社会工作专业人才（人员）总体中，虽说每一位员工都是机构中不可或缺的成员，但从社会工作机构社工业务发展和服务水平提升的角度来看，应当将社会工作策划人员定位为社会工作机构的"高参"，如果有社会工作机构要成立策划部，那么这个策划部就应当定位为"参谋部"。这不仅是对社会工作策划人员的一种管理艺术，也是对社会工作策划人员的一种尊重。

2. 为社会工作策划人员提供服务

人员管理领域的经验表明，"只要马儿跑得好，却要马儿不吃草"的做法在任何组织的人员管理中都是行不通的，企业组织管理中如此，社会组织管理中亦如此。适当的管理办法应当是，"希望马儿跑得好，当给马儿喂饱草"。这里的"喂饱草"也适用于社会工作机构的人员管理，包括社会工作策划人员管理。就社会工作策划人员管理来说，社会工作机构除了要给予社会工作策划人员与他们的创造性智力劳动相称的薪金待遇之外，更重要的是要为社会工作策划人员提供良好的服务。具体来讲，社会工作机构要从以下几方面为社会工作策划人员提供良好的服务。第一，为社会工作策划人员配备工作助手。社会工作策划要做大量的社会调查工作和多种多样的文书工作，给他们配备相应的助手很有必要。第二，为社会工作策划人员提供经费支持。第三，为社会工作策划人员提供物质和技术支持。第四，为社会工作策划人员做好机构内外有关协调工作。

3. 给社会工作策划人员发展机会

客观地说，社会工作机构的每一个员工都需要发展，社会工作机构应为本机构的每一位员工提供发展机会。这应当是社会工作机构对待员工成长的基本态度和基本准则。应该看到，随着社会的不断发展和社会工作机构之间竞争性的增强，每个社会工作机构中的每个员工，其发展需求都在不断提升，社会工作策划人员显然不会例外。通常来讲，社会工作策划人员作为社会工作机构中地位、声望较高的人员，其发展需求主要体现在两个方面：一是专业技术发展的需求；二是行政职位发展的需求。专业技术发展的需求主要是专业技术能力提升的需求和专业技术职务晋升的需求，对此，社会工作机构应当给社会工作策划人员提供更多的教育培训机会、科学研究机会、论文发表机会等。行政职位发展的需求主要是希望担任一定的行政职务，这种机会的开放性不是太强，但社会工作机构也要想方设法通过社会服务业务拓展及整体发展而谋得这种机会。

4. 对社会工作策划人员提出要求

对社会工作策划人员进行管理，服务是主要的，但也不能只有"服"而没有"管"。只有"服"而没有"管"的管理是不全面的。那么，怎样管理社会工作策划人员为好呢？俗话说，"响鼓不用重锤"。通常的做法是对社会工作策划人员提出具体要求，主要包括以下几个方面。第一，要求社会工作策划人员遵守社会工作机构的政治纪律，做到遵纪守法、爱国爱民。第二，要求社会工作策划人员遵循社会工作的伦理道德，服从社会工作伦理管理。第三，要求社会工作策划人员做好社会工作策划的基础调研工作，确保策划建立在扎实的社会调查基础之上。第四，要求社会工作策划人员进行深入细致的策划论证，以提升社会工作服务的价值性和可行性。第五，要求社会工作策划人员做好社会工作服务方案实施的风险预估，力避社会工作服务方案实施过程中的各种风险。第六，要求社会工作策划人员做好策划后续阶段的工作，开展人员培训和现场指导。

第二节 社会工作策划的伦理管理

大凡直接涉及人的工作都涉及伦理问题。医药卫生领域涉及伦理问题，企业管理领域涉及伦理问题，社会工作领域也涉及伦理问题。目前，在医药卫生领域，医学伦理受到了国际国内的高度重视，大凡医药卫生领域的研究项目申报、研究论文发表、药物临床试验、医疗新技术开发与应用等都需要通过医学伦理委员会的审查。只有通过医学伦理的审查，这些医药卫生领域的研究、开发、试验等项目才能够正式启动，论文才能够公开发表。这就是医药卫生领域的伦理管理。社会工作一直很重视社会工作伦理，但其虽经百年发展，目前仍处于一种伦理价值引导阶段，并未像医药卫生领域那样，真正走到伦理管理的发展阶段。在此吸取医药卫生领域的经验，对社会工作策划的伦理管理加以一定讨论。

一 社会工作策划伦理管理的含义

伦理管理对于部分人来说是一个新词。"伦理"相对于管理来说，是一个相当软化的概念，伦理只有人们接受、认同以至内化后才能真正规范人的行为。正是由于伦理的这一特点，人们开始探索伦理是否能加以硬化的问题，从而在学术界逐步出现了"伦理法制化"、"道德法治化"和"伦理管理"等有关伦理的一些新概念。"伦理管理"（Ethics Management）实质上是学术界在对"伦理"进行"硬化"的过程中产生的一个新概念。这一概念使用最早、推行最广的当数医学领域。1964年6月，在芬兰召开的第18届世界医学协会联合大会通过了《赫尔辛基宣言》，确立了涉及人类受试者的医学研究，包括利用可鉴定身份的人体材料和数据所进行的医学研究的伦理原则。

医学界早已经实行了伦理管理，成立了医学伦理委员会，并下设办公室具体负责医学伦理管理工作，但伦理管理这一概念却用得不多。美国学者肯尼思·布兰查德和诺曼·文森特·皮尔1988年出版《伦理管理的力量》（《道德管理的力量》），采用了"伦理管理"的概念。[1] 我国学者徐维群的《伦理管理的价值论证》一文指出，"伦理管理作为人类管理的一种具体的表现形式，本质上是体现伦理理念和手段的管理，从伦理价值层面去思考，更具人文性、价值性、理想性，它带有鲜明的价值倾向性"。[2] 林根祥、潘连柏对企业的伦理管理的解释是："企业的伦理管理，就是要求企业管理者在经营全过程中，考虑社会公认的伦理道德规范，使其经营理念、管理制度、发展战略、职能权限设置等符合伦理道德要求，处理好企业与员工、股东、顾客、供应商、竞争者、政府等社会利益相关者的关

---

[1] Kenneth Blanchard and Norman Vincent Peale, *The Power of Ethical Management*, New York: William Morrow and Company, 1988.
[2] 徐维群：《伦理管理的价值论证》，《理论探索》2005年第4期。

系，建立并维系合理、和谐的市场经济秩序。"[①]

在社会工作领域，有关社会工作伦理的研究不少，在各种学术会议上或业界交流中也特别强调遵循社会工作伦理的问题，但基本上没有关于"伦理管理"这一概念的文献甚至谈话。那么，什么是社会工作伦理管理呢？笔者的看法是，所谓社会工作伦理管理，是指从硬化和强化社会工作伦理规范的指标出发，对社会工作服务机构和社会工作服务人员社会工作行为的正当性、合理性进行科学、实用、可操作化的审查、评议、核实等的管理活动。根据医药卫生领域开展伦理管理的实践经验，伦理管理最关键的是事前管理，也即在医学研究项目申报、研究论文发表、药物临床试验、医疗新技术开发与应用等实施之前就要开展扎实的伦理审查。所以，在社会工作伦理管理中，社会工作策划的伦理管理是最为重要的社会工作伦理管理环节，它是社会工作伦理管理的首道关隘。

二 社会工作策划伦理管理的作用

社会工作策划伦理管理，其实质就是社会工作伦理管理，主要原因在于，社会工作策划是社会工作服务过程的开端，对社会工作策划开展伦理管理，实际上意味着对整个社会工作服务开展伦理管理。这样做的目的在于抓住社会工作服务的"牛鼻子"，从而把握住社会工作伦理管理的大方向，进而能够引导整个社会工作服务朝着讲伦理、重规范、守规矩的方向进行。社会工作策划伦理管理具有多方面的作用，它对社会工作伦理在社会工作实践中的有效遵循、社会工作服务人员职业伦理意识的强化、社会工作服务更好地满足人民对美好生活的向往和需求，都具有重要的作用。概括地说，其基本的作用主要在于以下几方面。

1. 社会工作策划伦理管理的硬化作用

社会工作策划伦理管理的硬化作用有其特定的含义，其基本的意思是，社会工作策划伦理管理能将社会工作伦理由软性规范转化为硬性规范。不少人通常认为，伦理不是法律，也不是制度，只是一种软性规范，

[①] 林根祥、潘连柏主编《管理学原理》，武汉：武汉理工大学出版社，2009，第53页。

约束力不够。伦理管理正是针对这样一种情况并设法解决这一问题而设计的一种管理活动。社会工作伦理管理最基础的工作就是将社会工作伦理规范硬化为一系列的伦理指标，以便于对社会工作策划、社会工作服务中的伦理问题进行审查，保证社会工作伦理在社会工作策划方案中和社会工作服务过程中得以明确体现。当然，社会工作伦理管理的硬化作用还不仅仅是伦理指标的制定问题，更进一步说，社会工作伦理管理的进一步升级，是社会工作伦理转化为社会工作法规中的法条或社会工作服务的相关制度，以使社会工作伦理不再被无视或漠视。

2. 社会工作策划伦理管理的强化作用

现代社会是信息社会、网络社会，传播媒介尤其是网络媒介的迅速发展，使社会舆论的监督力量大为增强，尤其是人们不得体的一举一动都容易为媒体所盯住，并造成广泛的社会扩散。经验告诉我们，社会工作机构和社会工作服务人员的服务行为也是深受媒体关注的，任何违反社会工作伦理的现象或对服务对象产生负面影响的行为都可能被人在网上公开，再为有关传播媒介四处扩散，从而影响社会工作服务人员的声誉，影响社会工作机构的形象，甚至影响整个社会工作服务行业的形象，给党和国家的社会工作事业造成损失。开展社会工作伦理管理，尤其是开展社会工作策划伦理管理，实际上就是通过对社会工作策划的伦理审查，强化社会工作机构和社会工作服务人员，尤其是社会工作策划人员的伦理意识，确保社会工作服务的伦理规范得以落实到位。

3. 社会工作策划伦理管理的优化作用

社会工作伦理管理具有优化作用，这种优化作用具体是指对社会工作策划方案的优化作用和对社会工作服务行为的优化作用。具体说来，社会工作伦理管理的优化作用主要体现在三个方面：第一，借由社会工作伦理管理，可以使社会工作策划人员高度重视社会工作策划的价值性、规范性、合理性问题，从而不断优化社会工作策划方案；第二，通过来自各方面的专家学者和社会人士组成的社会工作伦理委员会的伦理审查，不仅可以发现社会工作策划方案中存在的有关社会工作伦理问题，而且可以发现与社会工作伦理相关的社会工作科学问题，从而在伦理委员会的集体指导下不断优化社会工作策划方案；第三，通过社会工作机构全员伦理管理意识的提高，可以使社会工作机构的员工切实注意社会工作服务的伦理问题，在社会工作方案的实施过程中不断优化服务行为。

4. 社会工作策划伦理管理的教化作用

社会工作策划伦理管理具有教化作用显而易见。众所周知，伦理本来就是以教化作用见长，中国几千年以来都是如此。但这里所讲的教化并非只是"说教"的意思，而是教人如何去真正遵循社会工作伦理的具体教化。现实中的具体教化通常以两种形式来体现。一种是社会工作伦理管理指标体系培训，告诉人们社会工作策划中如何满足这些指标才能顺利通过伦理审查；另一种是选择社会工作策划案例或服务案例进行解析，分析其是否合乎伦理规范及其原因。这种教化不仅是对社会工作策划人员的教化，而且是对所有社会工作服务人员，包括行政管理人员的教化，目的是使社会工作机构的行政管理人员、专业服务人员甚至志愿者真正懂得，社会工作策划伦理是对机构中所有人参与开展的社会工作服务的全面规范，而非只是对策划人员或服务人员的一种约束。

三　社会工作策划伦理管理的内容

从学术理论的角度来讲，社会工作伦理管理是社会工作管理中提出的一个新的管理范畴，是对社会工作伦理的一种至关重要的学术回应。从社会实践的角度来讲，社会工作伦理管理是未来社会工作管理发展的一个重要方向和重要领域。社会工作伦理管理的内容相当丰富，它贯穿于社会工作服务从策划到实施再到评估的整个过程之中。其中，社会工作策划的伦理管理位居社会工作伦理管理过程的前列，是社会工作伦理管理的前沿关隘，在社会工作伦理管理中，紧紧守住这一前沿关隘，对于确保社会工作伦理在整个社会工作中得到有效遵循具有重要的把关与导向作用。现从社会工作伦理管理的一般内容出发，对社会工作策划伦理管理的相关基础工作和管理内容进行简要的讨论。

1. 建立科学合理的伦理管理基础结构

社会工作专业中有社会工作伦理的相关课程，但社会工作领域目前还没有真正推行伦理管理，因而建立科学合理的社会工作伦理管理基础结构是推进社会工作伦理管理的基础环节。如果不落实这项管理内容，社会工作伦理管理就没有依据，即使人们有所重视也只是处在目前的凭自觉性而为之的自律水平状态。这种自律给社会工作的开展留下了一个大的隐患。例如，有的招标策划的应标条件设置瞄准的是自己的关系户，有的服务策划体现的是机构利益。因此，必须在国家层面建立科学合理的社会工作伦理管理基础结构，有组织地推行社会工作伦理管理。

社会工作伦理管理基础结构是推行社会工作伦理管理的基石，做好这一基础工作非常重要。这一基础结构一般有以下几个关键构成要素。第一，研制社会工作伦理管理的指标体系。将社会工作伦理的主要内容转化为科学、合理、实用、可操作的社会工作伦理管理指标体系。第二，建立各个层面的社会工作伦理委员会。可由民政部门牵头，组建国家层面的社会工作伦理委员会和区域层面的社会工作伦理委员会，如省、市、区级的社会工作伦理委员会。伦理委员会下设社会工作伦理办公室，负责社会工作伦理管理相应的日常工作，以及社会工作机构设置伦理管理办的组织认证工作。第三，编制社会工作伦理审查申请表格，如社会工作伦理审查申请表、项目策划论证书和其他伦理审查必要表格。

2. 推进社会工作机构的伦理管理认证

社会工作机构层面的伦理管理认证工作是社会工作伦理管理的中间环节。相关领域推进伦理管理的有关经验表明，伦理管理的具体办法就是对相应的组织机构进行伦理管理认证，如医学伦理管理领域对医院进行认证，企业伦理管理领域对企业进行认证。依此做法，社会工作伦理管理领域就应当对社会工作机构进行认证。社会工作伦理管理的认证主体是政府所设立的伦理委员会，具体工作的组织则是政府所设立的社会工作伦理委员会下的社会工作伦理管理办公室。认证的对象是单个的社会工作机构，而不是社会工作行业组织下属的会员单位进行集体认证，即使社会工作行业组织也只能根据自身的情况申请单个组织的认证。认证的前提是社会工作机构有条件保证严格遵循有关社会工作伦理规范。

所谓有条件保证严格遵守社会工作伦理规范，其条件可以规定为：第一，社会工作机构至少已经通过社会组织3A级认证；第二，社会工作机构在近10年时间内没有违反社会工作伦理和国家法律法规的现象发生；第三，社会工作机构内（包括理事会和在职在岗社工）至少有 5 名以上具有与社会工作相关的高级职称的专家，并以此为基础组建了不少于 9 名专家组成的社会工作伦理委员会，其中至少聘有伦理学专家、社会学专家、法学专家、社区管理人员各 1 名；第四，社会工作机构伦理委员会下设至少有 1 名专职工作人员的社会工作伦理管理办公室；第五，其他各种必要的条件。社会工作机构通过伦理认证后，便可以对本机构的社会工作策划方案进行伦理审查和对社会工作服务进行伦理跟踪，同时可以承担本地区尚未取得社会工作伦理管理认证的社会工作机构委托的伦理审查工作。

3. 开展社会工作策划人员的伦理培训

开展社会工作策划人员的伦理培训是使社会工作策划伦理管理真正落地的一个重要环节。通常来讲，一方面社会工作伦理的涉及面广、内容丰富，一般人并不通晓社会工作伦理包括哪些内容；另一方面社会工作伦理管理是一项新的社会工作管理，到底社会工作伦理管理应管什么、由谁管理、如何管理，一般人也并不知道。基于这样一种情况，社会工作伦理管理的培训工作就成为社会工作伦理管理推行必不可少的任务。到底哪些人应当参加社会工作伦理管理培训呢？一般来说，所有的社会工作服务人员都应该参加社会工作伦理培训。但是，我国社会工作人员队伍相对庞大，而培训力量和培训条件则相对受限，在这种情况下，根据社会工作服务领域的现实需要，最重要的是优先保证社会工作策划人员的培训，在条件具备以后，再逐步扩展到所有社会工作服务人员。

我国医学领域创造了医学伦理管理培训的成功经验，很值得社会工作领域开展社会工作伦理管理培训时参考。在医学领域，医学伦理管理培训通常是由医学会、药学会等有关本行业的学术团体牵头主办，由各医疗机构（主要是医院）的医学伦理委员及其下设的医学伦理管理办公室具体组织，就有关医学伦理问题和医学伦理管理问题聘请专家，对有需要进行医学项目申报、医学论文发表、药物临床试验、医疗新技术开发与应用等的医药卫生工作者以及医院伦理委员会委员优先进行培训，同时还会利用网络培训的方式，接纳更多的其他医务工作者参加培训。参加培训者还能获得由培训主办单位发给的医学伦理培训证书，其证书可以作为医务工作者进行医学项目申报、医学论文发表、药物临床试验、医疗新技术开发与应用等的培训证明与支撑文件。这种做法很值得社会工作伦理管理培训工作参考。

4. 进行社会工作策划方案的伦理审查

进行社会工作策划方案的伦理审查是使社会工作策划伦理管理真正落地的关键一步。进行社会工作策划方案的伦理审查,第一步是要求社会工作策划人员向机构伦理管理办公室提交社会工作策划方案、伦理审查申请表和其他材料等一整套文件。第二步是机构伦理管理办公室对提交的伦理审查申请表等文件进行形式审查,主要看各种文件是否齐全、证明材料是否有效。第三步是伦理委员会对社会工作方案进行社会工作伦理审查。审查方式分普审和快审两种。对于社会工作机构常规性的社会工作服务策划,一般纳入快审。快审由社会工作机构内的伦理委员2~3人开展审查即可。对于非常规的社会工作服务策划、新的服务项目策划、项目招投标策划、大型社区活动策划,则应采取普审方式。普审需要通过召开有规定人数参加的伦理委员会进行会审,并要求投票表决。

社会工作策划方案通过伦理审查后,是不是社会工作伦理管理的事项就结束了呢?不是。进行社会工作策划方案的伦理审查只是社会工作伦理管理的开端而不是结束。具体来讲,一项社会工作策划方案通过了社会工作伦理审查,意味着这项社会工作策划方案在伦理上已经不成问题,可以付诸实施。在这项社会工作策划方案付诸实施的过程中,社会工作机构的伦理委员会还将委托其下设的伦理管理办公室进行跟踪,并要求社会工作服务人员及时报告在服务中遇到的社会工作策划方案中未涉及或与之有变化的伦理问题。一旦发现有关伦理问题,社会工作伦理委员会有权对其提出整改要求。如果遇到比较严重的伦理问题,社会工作伦理委员会可以要求社会工作机构及时终止该项社会工作服务,待伦理问题得到妥善处理后修改策划方案,其后再恢复某项社会工作服务的实施。

四 社会工作策划伦理管理的原则

社会工作策划伦理是一个经久不衰的话题,但社会工作伦理管理以及社会工作策划伦理管理则是一个崭新的事物。作为一个崭新的事物,意味着未来要开展社会工作伦理管理以及社会工作策划伦理审查,没有现成的模式,目前可以参考的主要是医学伦理审查管理和企业伦理认证管理。在社会工作伦理管理的制度和具体方式方法构建起来之前,我们在操作层面可以表述的话语就不会太多,只能就一些原理性和原则性的问题提出一些见解。有关原理性的问题已经在前面进行了简要的探讨,在此,提出几条社会工作策划伦理管理的原则。

1. 策划中的伦理导向原则

策划中的伦理导向原则的意思是,不管是否实行了社会工作伦理管理和社会工作策划伦理审查,社会工作策划者都应明确坚持社会工作策划的伦理导向。这一原则是社会工作策划伦理管理最基本的原则。当然,在实行社会工作伦理管理和社会工作策划伦理审查后,则要根据社会工作伦理管理与社会工作策划伦理审查的具体要求,更加细致、具体地考虑社会工作策划中的伦理问题,使社会工作服务的目标、内容、方式、方法、策略等都能够达到社会工作伦理的要求。社会工作策划特别重视创意和力求创新,这是一件很好的事情,但是,不能因为创意、创新而逾越了社会工作伦理的红线。社会工作非常强调助人自助,这是一个很好的理念,但是,不能因为鼓励服务对象自助,而策划出一些服务对象确实难以办到的事情。社会工作注意改善服务对象所处的环境,这是一种非常普遍的做法,但是,不能为了改善环境而引发某些风险和危机。

2. 管理中的伦理硬化原则

社会工作伦理管理在社会工作伦理的基础上加上"管理"二字后,其含义发生了一些变化,已经不只是过去一般讲的社会工作策划"重视讲究伦理""合乎伦理要求"的意思,而是要判断特定的社会工作策划到底是如何重视伦理的,具体有哪些内容合乎伦理要求,哪些内容不合乎伦理要求,怎样改进才算合乎伦理要求,这些都要由伦理委员会进行具体审查才能得出结论。要达到这样一种要求,就必须对社会工作伦理进行两个"硬化":一是对社会工作伦理的相关规范进行可操作的"硬化";二是对社会工作策划中的伦理审查内容进行可操作的"硬化"。不做到这些,在具体的伦理管理活动中就没有办法具体操作。尽管社会工作伦理的硬化工作属于社会工作伦理管理的基础工作,应当由国家层面的社会工作管理部门或社会工作行业组织来做，但社会工作机构及其社会工作策划人员一方面要积极参与这项工作，另一方面还要根据本机构的实际做好伦理硬化工作。

3. 部署中的全程管理原则

在社会工作机构实行社会工作伦理管理的情况下，社会工作策划伦理管理并非社会工作机构中孤立的一项伦理管理事务。社会工作策划伦理管理是社会工作机构整体的社会工作伦理管理中的一个组成部分和重要环节。之所以设置社会工作策划伦理管理这一环节，是因为它是整个社会工作机构社会工作伦理管理的关隘，是整个社会工作机构社会工作伦理管理的"牛鼻子"。守住社会工作伦理管理的这个关隘，目的是强化社会工作伦理管理的前馈控制，以使后续的社会工作服务实施之中不出现社会工作伦理问题。抓住社会工作伦理管理的这个"牛鼻子"，目的是更好地对社会工作这头"牛"加以支配。所以，强化社会工作策划的伦理管理，并不是说做完社会工作策划的伦理审查之后就没有别的伦理管理事务要做了。社会工作策划的影响渗透于社会工作服务的全过程中，社会工作策划伦理管理绝不能局限于单环节的管理，而是要按照跟踪式的全程管理来部署。

4. 推行中的全员参与原则

社会工作伦理管理需要从社会工作策划伦理管理入手，但并非只对社会工作策划人员及其策划方案实行伦理管理。社会工作伦理管理需要全员参与，社会工作策划伦理管理也需要全员参与。这里的全员参与有两层含义：一是全员都是社会工作伦理管理的主体，事实上也应该是社会工作策划伦理管理的主体；二是全员都是社会工作伦理管理的对象，事实上也应该是社会工作策划伦理管理的对象。社会工作策划在社会工作服务中处于运筹谋划设计的龙头地位，社会工作策划人员策划出来的社会工作服务方案不是只与他们本身相关，而且与方案的实施者甚至各类行政人员和辅助人员等都密切相关。社会工作方案策划对伦理问题把关严格，实施过程中就不容易出现伦理问题；反之，实施过程中也就可能出现伦理问题。因此，社会工作策划伦理管理应当实行社会工作机构的全员参与和全员管理，以实现社会工作伦理管理在机构中的全面推行。

第三节 社会工作策划的案例管理

虽说社会工作有主案例派和主策划派两大实务流派，但社会工作案例对于社会工作策划并不是没有价值的，社会工作策划对于社会工作案例的形成也不是没有贡献的。社会工作案例与社会工作策划有着非常密切的关系，社会工作策划并不排斥社会工作案例经验，相反，社会工作策划同样高度重视对社会工作案例的参考，尤其是其中的社会工作策划案例或与社会工作策划关系相对密切的社会工作案例。一个经验丰富的社会工作策划人通常不仅重视对社会工作策划案例的参考，而且注意社会工作策划案例的管理。这就引出了一个话题：如何做好社会工作策划案例的管理，以便在社会工作策划中能有更好的策划案例作为参考呢？现在我们就沿着这一提问，对社会工作策划案例的管理问题进行必要的讨论。

一 社会工作策划案例管理的含义

社会工作策划案例管理是社会工作策划活动管理的一项重要内容。通常来讲，很多的社会工作机构都把社会工作策划案例视为一种珍贵文献加以管理，并时常会对这种案例进行讨论分析，用作社会工作经验交流和社会工作学术研讨的支撑依据。那么，何谓社会工作策划案例管理？这是在社会工作策划案例管理讨论中需要回答的一个基本理论问题。在此，可以根据概念分解的方法将社会工作策划案例管理这一复合性概念依次进行分解，具体划分为具有梯次性结构的四个概念，即案例、社会工作案例、社会工作策划案例、社会工作策划案例管理。通过对前三个概念进行逐一的阐释，最后就能对社会工作策划案例管理做出一个比较得体的解释。

1. 案例与社会工作案例一般解释

案例（Case）一词，有个案、个例、实例等说法。案例源于医学领域，早期的意思是指个别病案或医案。医疗部门出于对病人负责，并为医学科学研究积累资料的目的，往往对病情和处理方法进行记录，以备他日或他人有案可查、有据可考。其中具有一定典型意义的病历资料即是案例。后来，人们对案例和病历资料进行区分，将一般的病历资料作为案例资料，而将病历资料通过典型化、文本化的处理撰述而成的病案文本或医案文本称为案例。通过后来的进一步发展，人们对案例的构成要素进行了分析，认为案例系由六个要素组成，即主体要素、客体要素、目的要素、方法要素、环境要素和效果要素。[①]

"案例"一词虽源于医学，并在医学科学研究与临床医疗服务中得到了广泛的应用，但非医学的专用品，案例的科学价值与作用早已为其他学科所重视。20世纪20年代，美国哈佛大学商学院首次倡导案例教学，并着手建立案例库，成为最早系统引进案例方法、进行教学与科研的科学教育部门。最近几十年间，该院每年用于案例征集工作等的经费多达几百万美元，而且在人力上，除规定参与编写案例是研究生的必修课程外，还不断向校外学者、教师与专业工作者征求案例。如今，该院已建立了内容极为系统、丰富的案例库，收藏各种案例数以万计，为学院的教学、科研和向社会提供咨询服务打下了良好基础。

尔后，由于案例教学法、案例研究法等案例方法的建立，许多应用性学科都对案例方法进行了不同程度的引进和应用实践。至今，案例方法已在诸如政治学、经济学、社会学、心理学、教育学、法学、管理学等学科的教学与研究工作中得到了广泛应用。最近十多年来，我国大力发展社会工作事业，在社会工作的教学与研究中，人们也时常运用案例分析法来探讨社会工作发展的规律，进行社会工作专业的教学，指导社会工作服务的实践。尤其在社会工作硕士（MSW）培养过程中，案例教学被列为重要的教学方法之一。这些都反映出，在社会工作领域的各类实践中，人们对社会工作案例的作用都给予了特别的重视。

那么，究竟什么是社会工作案例呢？社会工作案例（英文为 Social Work Case 或 Case of Social Work）亦可称为社会工作个案、社会工作个例、社会工作实例、社会工作事例，简称为社工案例。如果要对社会工作案例下一个定义的话，我们可以这样说，所谓社会工作案例是人们对现实生活中某一特定的社会工作服务的内容、情景、过程与方式方法的客观记录或

---

① 谢俊贵：《情报案例初探》，《图书情报工作》1992年第4期。

描述。诸如社会工作服务的主体与客体、社会工作服务的过程与方法、社会工作服务的目的与效果以及社会工作服务的背景与条件等，都是社会工作案例记录和描述的内容。而这种记录与描述特定社会工作服务的成文，即所谓社会工作案例文本。

社会工作案例来源于社会工作领域，来源于社会工作服务，来源于社会工作实践，是社会工作人员对社会工作实践活动的一种客观记录与总结。笔者对哈佛大学商学院用于案例教学的案例进行分析，认为一个成型的社会工作案例大致具有如下特征。

一是现实性特征。社会工作案例来源于现实的社会工作实践，又是为现实的社会工作实践服务的。总结以往现实中社会工作实践活动的经验，描述、介绍以往现实中社会工作服务的过程与方法，是为了指导现在或将来现实中的社会工作服务。如果脱离了现实性，即使是一个完整的社会工作例子，也绝不会对现实的社会工作实践产生实际的指导意义。因此，只有充分重视社会工作案例的现实性，才能真正有益于现实中的社会工作理论研究、社会工作专业教育和社会工作实践活动，才能真正地为丰富和发展现实中的社会工作实践服务。

二是实践性特征。社会工作案例具有从实践中来又到实践中去的实践性特征。一方面，社会工作案例从实践中来。社会工作案例本身是对特定的社会工作实践的一种案例化记述，是对特定的社会工作实践的内容、情境和过程的仿真模拟，它应能够让其利用者在研究此社会工作案例时有身临其境的感觉，以培养他们解决社会工作实际问题的能力。另一方面，社会工作案例又要到实践中去。也就是说，人们借由社会工作案例的启发、引导，将案例的精髓加以吸收后，又用到新的社会工作之中。这更凸显了社会工作案例的实践性。

三是客观性特征。社会工作案例是对社会工作服务这一客观事物的真实反映。"既然是一个事物的问题，就无须以哲理推理它的性质，争辩与它相类似的初级现象，而只要把它呈现在社会学者面前的唯一可据的现象弄清楚就行。"[1] 社会工作案例是对社会工作实践活动的客观描述，是写实

---

[1] 埃米尔·迪尔凯姆：《社会学方法的规则》，胡伟译，北京：华夏出版社，1999，第23页。

的，具有很强的客观性。因此，社会工作案例的撰述总是本着实事求是的原则，既不饰美，也不讳过，客观地介绍事情原委和事实真相，有关的评判工作一般要让案例使用者去做，而不是从事这一社会工作服务的人去做，也不是由案例转述者去做。

四是典型性特征。案例（Cases）不是一般的信手拈来的例子（Example），它比一般的例子更具典型性。所谓典型性，并非人们一般认为的独特性，典型性讲的是一般中的代表，是一般中的"特殊"，而不是脱离一般的"特殊"。由于社会工作案例具有典型性，所以，它比一般的例子更能体现社会工作实践活动的内容、情景、过程和方法，表明社会工作实践活动的目的和效果，反映社会工作实践活动的本质和规律。所以，在案例编写中，人们往往会对原始材料进行典型化处理，有选择地将具有普遍示范意义的社会工作实践活动编成案例。

五是可读性特征。社会工作案例不同于社会工作服务档案，它虽是一种社会工作实践活动的客观记录，但并非像档案那样有什么资料就存什么资料。作为一个社会工作案例，它应是按照社会工作的实践逻辑和写作风格而撰述的一种社会工作实践活动的叙事性记录，它的文体带有明显的叙事风格，并有一定的情节展示，使之成为构思具有连贯性、内容具有描述性、表述具有逻辑性、结构具有完整性，达到条理化和文章化的正式文案，以增强对读者的吸引力，方便读者阅读、分析和理解。这就是社会工作案例所具有的可读性特征。

2. 社会工作策划案例的大致理解

不少人对社会工作策划案例缺乏了解，认为社会工作策划案例就是社会工作案例。持这种观点的人说对了部分事实，有一定的依据。这种依据就是社会工作案例中确实包含社会工作策划的成分，而且这种成分所占的比例是较大的。试想，哪一个社会工作案例不会呈现甚至突出体现社会工作策划的运筹、谋划、设计的亮点呢？但这些人对社会工作策划案例理解得不够准确。社会工作案例固然具有社会工作策划的重要内容，但社会工作策划的内容只是社会工作案例内容的一部分，即开展该项社会工作服务是怎么思、怎么想、怎么规划和设计的，社会工作案例中还包括对社会工作实施过程的描述和对社会工作评估的总结，甚至还有对该项社会工作服务的某些反思与未来怎么改进的内容。所以说，社会工作案例不等于或者不完全是社会工作策划案例。

真正的社会工作策划案例是就社会工作策划活动的开展情况及其所形成的策划成果而撰写成的案例。编写社会工作策划案例，其着眼点在于社会工作策划活动本身；关注的是如何使社会工作的功能得以充分发挥、效益得以全面提高，在充分掌握和利用相关信息的基础上，运用理性的思维方法和科学的创造艺术，对未来社会工作的方案进行先发的、有科学程序的、有新的创意的运筹、谋划和设计；突出的是如何了解到现实社会的公共问题或个人麻烦，如何分析出人们对社会工作服务的需求，如何运用理性的思维方法和科学的创造技法来开展这一策划。尽管这种案例也可能提到社会工作策划方案在具体现实社会工作服务中如何实施、实施是否顺利、取得何种效果等问题，但主要的目标是记述和传播一种社会工作策划的事例，或是介绍一种社会工作策划的经验与教训，而不是要传播某一社会工作服务的整个事例。

整合不同人群对社会工作策划案例的不同理解，社会工作策划案例可以分为三类。一是纯粹型社会工作策划案例。纯粹型社会工作策划案例是指纯粹为了记录和展示社会工作策划的事例、经验和教训而撰写的社会工作策划案例。纯粹的社会工作策划案例强调的是策划活动本身，关注的是运筹、谋划、设计等一系列的创意活动。二是内涵型社会工作策划案例。内涵型社会工作策划案例是指在某种社会工作案例中，含有较多的社会工作策划内容，但并非主要记述和展示策划活动本身。对于这种社会工作案例，人们认可其为社会工作策划案例，但其并非纯粹的社会工作策划案例，仅仅是内涵型社会工作案例。三是集纳型社会工作策划案例。集纳型社会工作策划案例是从多个社会工作事例中抽取社会工作策划的相关内容编辑而成的社会工作策划案例。这种社会工作策划案例是很多个案的集合，通常是特定地区或系统综合撰写而成的社会工作策划案例。

社会工作策划案例是在社会工作策划活动中形成的社会工作策划典型事例，同时又是在社会工作策划活动中需要参考的社会工作策划典型事例。在当今的社会工作策划中，无论是社会工作策划的高手还是社会工作策划的新手，都对社会工作策划案例情有独钟。对于社会工作策划的新手，社会工作策划案例成为他们模仿、学习的范本。尤其是社会工作专业的本科生、研究生，社会工作策划案例往往对他们具有很大的吸引力。社会工作专业的本科生通常都会阅读大量的社会工作策划案例，以为自己的毕业论文或设计打下厚实的基础；社会工作硕士（MSW）专业研究生的学位论文主要以实践为特色，所以社会工作策划案例成为他们参仿的主要对象。对于社会工作策划的高手，尽管他们不像社会工作策划新手那样，对社会工作策划案例入迷，但出于了解社会工作策划发展动态的目的，也会经常查阅社会工作策划案例。

3. 社会工作策划案例管理的含义

所谓社会工作策划案例管理，简单地说，就是对社会工作策划案例实施的管理。社会工作策划案例管理这一概念的提出有其管理经验的渊源，它是社会工作机构或社会工作策划人员吸收档案管理、文书管理、文献管理、信息管理等长期积累的管理经验而提出的一个具有特定实践意义和特定应用价值的概念。我们知道，档案管理、文书管理、文献管理、信息管理等都有一个共同的理念，就是人过留名、雁过留声、抓铁留痕、踏石留印。所以，档案管理、文书管理等会将政府组织、企业组织、社会组织在组织活动中形成的各种记录都完好地保存下来。在档案管理、文书管理基础上发展出的文献管理、信息管理则会对有关文献、信息进行搜集、整理、存储、传递、分析、研究，以便人们有效利用这些文献和信息。正是由于这些经验对社会工作机构和社会工作策划人员的深刻影响，社会工作策划案例管理便成为社会工作策划管理中的一个重要概念。

社会工作策划案例管理通常有两层含义：第一层是狭义，即指对由某一社会工作机构及其社会工作策划人员开展的社会工作策划所形成的社会工作策划案例的管理；第二层是广义，即指对社会工作机构及其社会工作人员搜集、保存的所有社会工作策划案例的管理。社会工作策划案例管理的两层含义是从社会工作策划案例的不同来源和出处的角度区分的。任何社会工作机构的社会工作案例都有着两种来源、两种出处。前者讲的是社会工作机构内部形成并保存的社会工作策划案例，对其进行科学的管理，可以真正做到人过留名、雁过留声、抓铁留痕、踏石留印，并为日后的查证、参考、交流打好扎实的档案文献基础。后者讲的是社会工作机构不仅要管理好本机构的社会工作策划案例,还要搜集、管理好机构外部产生的典型社会工作策划案例,以备本机构学习、借鉴,以利于不断提高本机构从事社会工作策划的能力与水平。

在以上两种不同含义的社会工作策划案例管理中,需要重点做好管理的是社会工作机构内部形成的社会工作策划案例。社会工作服务之所以要策划,是因为社会工作服务并不是千人一面、千篇一律的工作。面对不同的社区、不同的群体甚至不同的个人,社会工作机构都不可能用千篇一律的方法来开展社会工作服务,而必须针对不同服务对象的特定需求有区别地提供社会工作服务。在这种情况下,社会工作策划便不可能成为一种没有多少创意的工作,而是一种时常要做的非重复的智力劳动。个案社会工作如此,小组社会工作如此,社区社会工作如此,大众社会工作亦如此。这些不同的社会工作策划都可能形成不同的社会工作策划案例。对于这些不同的社会工作策划案例,关键是要整理出来、保存下来、做好管理,以备他日查证、回顾、参考、交流、培训和开展社会工作学术研究之用。

当然,对于社会工作机构外部形成的社会工作策划案例的管理也并非可以马虎行事的。社会工作机构外部产生的社会工作策划案例,对于特定社会工作机构可谓一种"宝贝",原因在于,许多社会工作机构对于内部形成的社会工作策划案例,本身就视为一种"宝贝",在一般的情况下往往是不会外流的。只有在几种特殊的情况下,这些案例才会公开发布出来,如参加社会工作策划案例大赛,参与社会工作策划案例评优,出版社会工作策划案例选集,举办社会工作策划交流沙龙,发表社会工作案例研究论文,出席社会工作策划案例研讨会议,以及友好合作机构之间的社会工作策划案例交流等。除此之外,也有一些网红性质的社会工作策划人员可能不时地在网上发布这类案例。可以这样认为,社会工作机构外部产生的社会工作策划案例,不管是成功的案例还是失败的案例,都是一种非常珍贵的资料,搜集、整理并利用好这些案例也是值得做的事情。

二 社会工作策划案例管理的作用

社会工作策划案例是社会工作策划活动的典型事例,它是社会工作策划人员在社会工作策划实践中总结出来的，一些具有一定的典型意义和参考价值的社会工作策划实践活动的记述。社会工作是一门实践性很强的学科，因此无论在实务领域、教学领域还是在研究领域，都特别重视案例的运用，社会工作策划案例尤受重视。正因为如此，在社会工作机构中，切实加强社会工作策划案例管理，无论对社会工作服务机构、社会工作教学单位，还是社会工作科研单位和社会工作策划人员，都具有重要作用。

1. 有利于提升社会工作策划水平

加强社会工作策划案例管理，最直接的作用是有利于提升社会工作机构的社会工作策划水平。社会工作策划案例的管理，最基本的事务是社会工作策划案例的完整保存。这种社会工作策划案例完整保存的过程，实质上是社会工作策划的实践知识不断积累的过程。当代社会是一个知识社会，知识积累对于人们工作能力增强和工作水平提升具有特殊的意义与作用。因为这种知识的积累，社会工作策划人员个体的社会工作策划能力可以得到不断地提高；也因为这种知识的积累，社会工作机构整体的社会工作策划水平可以得到不断的提升。同时，这种社会工作策划案例完整保存的过程，还是社会工作策划创意成果不断积累的过程。社会工作策划创意成果的不断积累，不仅可以使社会工作策划人员有先前的创意成果作为参考，以便在策划中少走弯路，同时更有利于激发社会工作策划人员产生更多更新的创意，从而提升社会工作策划水平。

2. 有利于培养社会工作策划人才

加强社会工作策划案例管理，很明显的一个作用是有利于社会工作策划人才的培养。当前，一个重要的社会事实是，社会工作策划人才虽然可以通过大学的课堂教育进行培养，但这种方式被实践证明是存在不小的局限或缺陷的。社会工作策划人才的培养必须借助于社会工作服务机构，让对社会工作策划感兴趣的人到社会工作机构去学习和实践，才能更好地培养和锻炼出优秀的社会工作策划人才。过去，社会工作专业的学生实习，往往只重视或强调将课堂上学到的知识应用于实践，其实这种提法或做法是存在偏颇的。让学生到社会工作机构中实习，不仅仅是一个实践的问题，而且更有着一个向实践学习的问题。社会工作机构通过开展社会工作策划案例管理，积累有丰富的社会工作策划案例，这些社会工作策划案例本身即社会工作策划实践的成果，成为社会工作策划人才培养中向实践学习的优越条件。

3. 有利于开展社会工作学术研究

加强社会工作策划案例管理，很重要的一个作用是有利于开展社会工作学术研究。社会工作学术研究是建立在丰富的社会工作实践活动基础上的一种科学抽象过程，它必须充分地占有材料。一般来说，社会工作案例是社会工作实践活动的客观描述和介绍，是一种典型的社会工作实践活动经验记录，本身就构成一种粗加工的感知认识材料，具有十分重要的信息价值和文献价值。在社会工作学术研究过程中，社会工作研究者可以充分地运用社会工作案例资料来论证某一观点的正误良莠，也可以从具体案例的分析中推导出一般的原理，揭示案例中蕴藏的丰富思想，探寻某一理论与方法的普遍意义。尤其值得重视的是，社会工作策划案例作为社会工作案例中一类专门案例，本身就是研究型的社会工作活动产生的一种重要案例成果，它与社会工作研究可说是直接结缘，具有更好的参考价值和研究价值，对开展社会工作学术研究有着更大作用。

4. 有利于增强机构社会服务能力

加强社会工作策划案例管理，很容易被忽视的一个作用是有利于增强社会工作服务的能力。社会工作机构通过社会工作策划案例管理，可以不断提高社会工作策划的水平，其初始的延伸效应就是能够提升一线社会工作服务人员的服务能力，从而为需要社会工作服务的人提供更加优质、更加到位的社会工作服务。这可以说是相对原生的、直接的延伸效应。除了这个效应外，可能相对次生的、间接的延伸效应还有很多，其内容主要可以概括为三个方面：第一，表明机构具有接受外部委托的社会工作策划能力，可以帮助有关政府组织、企业组织、社会组织开展社会工作策划和咨询服务；第二，表明机构具有承担社会工作策划人才培养的能力，可以接受社会工作专业的研究生或初入社会工作职业的策划人员实习，为社会工作人才队伍建设服务；第三，表明机构具有承担或合作开展社会工作学术研究的能力，为推进社会工作学科建设与发展服务。

三 社会工作策划案例管理的内容

社会工作策划案例管理既是一种文书管理和档案管理,也是一种文献管理和信息管理。社会工作策划案例管理的内容非常丰富,要做的事情很多。综合参考文书管理、档案管理、文献管理和信息管理的相关知识和实践经验,可以这样认为,所谓社会工作策划案例管理,从管理实践和具体操作的层面而言,就是社会工作机构、社会工作策划人员以及相关行政管理人员,依据一定的管理目标和要求,对社会工作策划案例进行的集中与搜罗、整理与加工、存储与检索、服务与利用等一系列活动,是社会工作知识管理的重要内容。

1. 案例的集中与搜罗

在社会工作策划案例管理中,案例的集中与搜罗是最基础最关键的工作。社会工作策划案例涉及两个方面的来源,一个是机构内部形成的案例,另一个是机构外部产生的案例。所谓案例的集中,是将对社会工作机构内部形成的社会工作策划案例进行集中。就当前的情况而论,社会工作机构的策划一般都没有设置专门的部门,也没有设置专门的社会工作策划人员,社会工作策划事务是由各专门业务部门自己负责、分散管理,这就有一个集中社会工作机构中所有业务部门的社会工作策划案例的任务。这项任务的承担机构可以这样安排,设有社会工作策划部门的机构由策划部承担,未设立策划部门的机构由行政部承担。所谓案例的搜罗是针对社会工作机构外部产生的社会工作策划案例而言的。案例搜罗的基本工作内容是开展社会工作策划案例来源分布调查,并设法实现社会工作机构与社会工作策划案例来源之间信息交流渠道的联通。这种案例来源一般有原始来源和二次来源两种。原始来源是指各种友好同行机构,可以从这些机构中直接获取和相互交换社会工作策划案例。二次来源包括文献来源、会议来源等。文献来源案例主要通过购买获得,会议来源案例则可以通过参加会议获得。

2. 案例的整理与加工

通过集中社会工作机构内部形成的社会工作策划案例资料和搜罗社会

工作机构外部产生的社会工作策划案例资料,可以获得一系列的社会工作策划案例资料。这些案例资料,有的是成型的社会工作策划案例,有的是社会工作策划的策划书、计划书或其他文案,有的是没有多少价值的与社会工作策划关系不大的资料,甚至有的还是虚假伪劣的资料。因此,对于这些所谓社会工作策划案例资料,必须严格选择、整理和加工。具体工作分以下五个步骤:(1)在所集中和搜罗到的资料中,通过鉴别,剔除那些虚假伪劣的资料;(2)在留下来的资料中,剔除那些与社会工作策划关系不大和没有价值的资料,留下与社会工作策划相关的有价值的资料;(3)在与社会工作策划相关的资料中,留下社会工作策划案例资料,剔除那些非社会工作策划案例资料;(4)在社会工作策划案例资料中,将成型的社会工作策划案例文本与未成型的社会工作案例资料区分开来;(5)动员社会工作机构内部的专业人员和大学社会工作专业的研究生、本科生,将有价值但未成型的社会工作策划案例资料进行加工,按要求撰述成社会工作策划案例正式文本。

3. 案例的存储与检索

对社会工作策划案例资料进行了整理和加工,形成了社会工作策划案例的正式文本后,需要进行的工作就是社会工作策划案例的存储与检索工作。社会工作策划案例的存储是指将社会工作策划案例集中存于某种装置的过程。存储的目的是使之得到有效利用,因此,在存储过程中必须按照某种标准对社会工作策划案例进行整序,并提供查找这些社会工作策划案例的线索、途径和手段,最终形成完善的检索工具或检索系统。与存储相对,社会工作策划案例的检索则是指利用检索工具或检索系统查找社会工作策划案例的过程。社会工作策划案例的存储与检索工作作为一项常规性工作,具体内容有社会工作策划案例的登录、社会工作策划案例的分类、社会工作策划案例的编码、社会工作策划案例的保存、社会工作策划案例的揭示、社会工作策划案例的组织、社会工作策划案例检索工具的编制、社会工作策划案例检索系统的开发以及各种检索业务的实施等。社会工作策划案例的存储与检索虽然是社会工作策划案例管理中不同的两项工作内容,但其目的是一致的,也即都是为了使社会工作策划案例得到有效利用。

4. 案例的服务与利用

对社会工作策划案例进行了集中、搜罗、整理、加工、存储、检索等处理，完成了社会工作策划案例管理的基础工作后，社会工作策划案例管理便转入案例的服务与利用环节。策划者应当知道，社会工作策划案例管理的所有基础工作，其最终目的都是使社会工作策划案例得到有效利用。利用是实现社会工作策划案例的价值和使用价值的必要过程。社会工作策划案例的应用范围很广，它既可以应用于社会工作策划活动中，作为社会工作策划的参考资料，又可以应用于社会工作专业人才的培养中，尤其是应用于社会工作策划人才的培养中，作为社会工作策划人才学习训练的实践范例，还可以应用于社会工作的学术研究中，作为社会工作研究人员案例研究的原始资料。为了使社会工作策划案例的利用更为充分、合理，有效的案例服务工作不可缺少。社会工作策划案例服务的内容很多，如搜集服务、加工服务、存储服务、检索服务、报道服务、编译服务、外借服务、咨询服务等。社会工作策划案例服务是社会工作策划案例得以充分利用的有效保证。如果是大型社工机构，可考虑设置专人开展这项服务。

四　社会工作策划案例管理的原则

社会工作策划案例管理是社会工作策划管理中一种颇有特色的管理内容。在过去，这项管理内容常常被忽视，从而使社会工作策划案例管理出现两种并不令人满意的情况。一种情况是，有的社会工作机构确实将社会工作策划的文书作为社会工作服务档案的一部分保存了起来，但这些社会工作策划文书顶多只能算是社会工作策划案例资料，而且分散于各个不同的社会工作服务档案卷宗之中；另一种情况是，有的社会工作策划人员自发编写了一些社会工作策划案例，但这些社会工作策划案例却成了他们个人的私有财产。看来，要做好社会工作策划案例管理必须讲究一定的原则，需要建立相应的管理制度。

1. 重视策划案例编写管理

过去在医学领域，一个医案、病案甚至病历记录就是案例，但到了今天，尤其是在社会科学领域，通常只有编写成案例文本的案例资料才能算作正式案例，没有编写成文本的原始记录只能算是案例资料，而不能称为案例。当然，这种说法也不免过于严苛，但编写成案例文本的案例功用更大，尤其是对案例教学和人才培养的功用更大。正是由于案例教学和人才培养的需要，哈佛大学商学院的案例就是经过编写的案例。社会工作策划案例需不需要编写成案例文本，这要视情况而定。但从有效发挥案例作用的目标来看，重视将案例资料编写成案例文本是有必要的。通常来讲，需要撰述编写成案例文本的案例资料往往具有以下所述的其中一个特点：一是典型性，具有推广价值；二是启发性，具有用于案例教学和人才培养的功能。因此，在遇到以上两种社会工作策划案例资料的时候，就应将案例资料编写成案例文本，这是一个基本原则。

2. 实行案例集中统一管理

集中统一管理就是将所有的社会工作策划案例集中起来，实行社会工作机构层面上的集中化和统一化管理。在社会工作机构中，无论是否设有专门的社会工作策划部门，也无论是集中进行社会工作策划还是分散进行社会工作策划，都应该将所有的社会工作策划案例实行集中统一的案例管理。只有通过集中管理，社会工作策划案例才能形成一套完整的档案文书，才有可能得以充分利用。如果不实行集中统一的管理，不仅谈不上充分利用，而且连基本的档案功能都无法真正形成。就当前社会工作机构的实际情况而言，不少社会工作机构服务档案工作做得非常好，坚持了社会工作服务档案集中统一管理，这为做好社会工作策划案例的集中统一管理提供了一种重要参考，打下了一个扎实基础。但值得注意的是，尽管社会工作机构的社会工作服务档案中包括了社会工作策划的方案等文书，但离社会工作策划案例的集中统一管理仍然是有一定距离的。

3. 加强案例分层分类管理

社会工作策划案例实现集中统一管理后，就应加强案例的分层分类管理。所谓分层分类管理即将社会工作策划案例资料进行层类区分，依据不同的层类对社会工作案例进行有区别的管理。社会工作策划案例可以区分为三个层类。第一层类是原始记录层类。该层类指的是所有在社会工作策划中产生的原始策划文书，包括调查问卷、访谈记录、策划方案、论证会议记录、实施计划等。这一层类的管理重点是档案管理或文献管理。第二层类是策划方案层类,该层类指的是社会工作策划所取得的标志性策划成果,也即经由社会工作策划编制的社会工作典型服务方案。这一层类的管理重点是文件管理或文书管理。第三层类是案例文本层类。该层类指的是经过对原始资料的整理加工而编写成的社会工作策划案例正式文本。这一层类的管理重点是利用管理和传播管理。只有通过分层分类管理,才能保证社会工作策划案例管理更加规范。

4. 做好案例藏用结合管理

加强案例分层分类管理的目的是将收藏和利用适度地区分开来,而做好案例藏用结合管理则是有效地将收藏和利用有机地结合起来。这两者并不矛盾,而是体现了社会工作策划案例管理一体两面的关系。藏用结合是当代档案管理、文献管理、信息管理的一个重要原则,这一原则完全可以移植到社会工作策划案例管理之中,并成为社会工作策划案例管理的一条重要原则。将案例或案例资料束之高阁,其除了档案作用外便没有别的功能,这是不妥的。国内外图书馆学、档案学一般认为,收藏是为了利用。尽管原始记录层类的社会工作策划案例资料主要是作为文书档案收藏,但也不排除提供给社会工作研究人员利用;尽管策划方案层类的社会工作策划文案主要是作为文件和文书来管理,但也不排除提供给社会工作专业的研究生和本科生研习之用。而对于案例文本层类来讲,其本身就是为了充分利用和广泛传播而编写的,强调的就是一个"用"字。

参考文献

阿伦·鲁宾、艾尔·R. 芭比：《社会工作研究方法》（第6版），北京：北京大学出版社，2008。

阿瑟·梅尔霍夫：《社区设计》，谭新娇译，北京：中国社会出版社，2002。

埃米尔·迪尔凯姆：《社会学方法的规则》，胡伟译，北京：华夏出版社，1999。

艾尔·巴比：《社会研究方法》（第8版），邱泽奇译，北京：华夏出版社，2000。

布莱恩·科尔比：《社会工作研究的实践应用》，刘东等译，上海：格致出版社、上海人民出版社，2010。

Bonnie L. Yegidis、Robert W. Weinbach：《社会工作研究方法》，黄晨熹、唐咏译，上海：华东理工大学出版社，2004。

陈放：《策划学》，北京：中国商业出版社，1998。

陈火金：《策划方法学》，北京：中国经济出版社，1999。

陈锦棠等：《社会服务成效评估：程序逻辑模式之应用》，香港：香港基督教女青年会，2006。

C. 赖特·米尔斯：《社会学的想象力》，陈强、张永强译，北京：生活·读书·新知三联书店，2005。

邓国胜：《公益项目评估——以"幸福工程"为案例》，北京：社会科学文献出版社，2003。

邓明国：《社会工作发展应正确处理促进发展与规范管理的关系》，《中国社会工作》，2018年第13期。

· 269 ·

邓玮：《社区为本：农村留守青少年犯罪风险的社工干预策略——以抗逆力提升为介入焦点》，《西北农林科技大学学报》（社会科学版）2015年第5期。

Dennis Saleebey 编著《优势视角：社会工作实践的新模式》，李亚文、杜立婕译，上海：华东理工大学出版社，2004。

方英：《政府培育下的社工机构发展》，北京：社会科学文献出版社，2016。

冯元、彭华民：《治理与服务：社会工作行业组织功能定位》，《社会工作与管理》2015年第1期。

顾江霞：《充权评估模式的应用与挑战——以 H 市家庭综合服务中心评估项目为例》，《社会福利》（理论版）2013年第1期。

郭景萍主编《社会工作机构的运作与管理》，北京：北京大学出版社，2015。

G. 罗斯：《当代社会学研究解析——社会学调查报告的系统分析》，林彬、时宪民译，袁方校，银川：宁夏人民出版社，1988。

何静、周良才主编《社会福利机构活动策划与组织》，北京：电子工业出版社，2015。

黄源协：《社会工作管理》，台北：扬智文化事业股份有限公司，1999。

雷杰等：《广州市政府购买家庭综合服务分析研究》，北京：社会科学文献出版社，2015。

李培林、王春光主编《当代中国社会工作总论》，北京：社会科学文献出版社，2014。

李鹏主编《公共管理学》，北京：中共中央党校出版社，2010。

林根祥、潘连柏主编《管理学原理》，武汉：武汉理工大学出版社，2009。

刘保孚等主编《策划实务全书》，北京：经济日报出版社，1995。

陆士桢：《浅说美国社会工作及其教育》，《中国社会工作》1998年第6期。

庞树奇、范明林主编《普通社会学理论新编》，上海：上海大学出版社，1998。

彭华民主编《能力为本的社会工作：从理论到实务的整合》，北京：社会科学文献出版社，2018。

彭秀良：《我国社会工作行业组织的发展现状与未来走向》，《重庆工商大学学报》（社会科学版）2017年第4期。

渠敬东：《项目制：一种新的国家治理体制》，《中国社会科学》，2012年第5期。

全国社会工作者职业水平考试教材编写组编写《社会工作法规与政策（中级）》，北京：中国社会出版社，2007。

全国社会工作者职业水平考试教材编写组编写《社会工作实务（中级）》，北京：中国社会出版社，2010。

全国社会工作者职业水平考试教材编写组编写《社会工作综合能力（中级）》，北京：中国社会出版社，2007。

沙依仁、江亮演：《社会工作管理》，台北：五南图书出版股份有限公司，2004。

苏珊：《现代策划学》，北京：中共中央党校出版社，2002。

沈鸿新等：《社区策划学》，上海：上海远东出版社，2006。

宋林飞主编《社会工作概论》，南京：南京大学出版社，1991。

孙元：《转制社区社会工作实践探索》，广州：世界图书出版广东有限公司，2016。

覃明兴等主编《社会工作项目设计实例》，长春：东北师范大学出版社，2018。

童敏：《社会工作专业服务的规划与设计》，北京：社会科学文献出版社，2011。

童星：《世纪末的挑战——当代中国社会问题研究》，南京：南京大学出版社，1995。

汪大海等主编《社区管理》，北京：中国人民大学出版社，2005。

王健：《制度环境与中国产业的动态比较优势》，上海：上海人民出版社，2016。

王敏、吴嫣：《安徽铜陵：社会工作人才队伍建设有新点子》，《中国社会工作》2019年第25期。

王世强：《社区服务项目设计》，北京：中国社会出版社，2017。

王思斌：《积极托底的社会政策及其建构》，《中国社会科学》2017年第6期。

王思斌：《积极拓展社会工作发展新空间》，《中国社会工作》2017年第19期。

王思斌：《社会工作参与社会治理创新的层面与可能贡献》，《广州社会工作评论》2016年第1期。

王思斌：《社会工作的拓展及"跨界"》，《中国社会工作》2017年第10期。

王思斌主编《社会工作导论》，北京：北京大学出版社，1998。

王思斌主编《社会工作概论》（第2版），北京：高等教育出版社，2006。

乌尔里希·贝克：《风险社会》，何博闻译，南京：译林出版社，2004。

W. I. B. 贝弗里奇：《科学研究的艺术》，北京：科学出版社，1984。

香港·社会服务发展研究中心：《社区社会工作实务手册》，广州：中山大学出版社，2013。

谢俊贵：《宏大社工队伍建设与高校社工专业任务》，《北京工业大学学报》（社会科学版）2011年第1期。

谢俊贵主编《商务公关策划》，长沙：中南工业大学出版社，1996。

谢俊贵：《论精准扶贫中的社会工作精准化》，《贵州师范大学学报》（社会科学版）2017年第1期。

谢俊贵：《民生本位视域中的社会建设——以广州为例的战略思考》，广州：世界图书出版公司，2015。

谢俊贵：《社会工作拓展视域的"社工+"论析》，《广东社会科学》2018年第1期。

谢俊贵：《生人社会的来临与社会建设的策略——基于城市社会关顾状态的思考》，《思想战线》2012年第2期。

谢俊贵：《失地农民职业转换及其扶助机制——基于调研数据与风险预估》，北京：社会科学文献出版社，2012。

徐明心：《社会工作督导的渊源：历史检示》，邹学银译，《中国社会工作》1998年第5期。

徐永祥主编，中国社会工作教育协会组编《社区工作》，北京：高等教育出版社，2004。

杨克：《美国社会工作》，北京：中国社会出版社，2014。

张红年：《探析现代工程项目管理的方法》，《城市建设理论研究》2013年第 23 期。

张乐天主编《社会工作概论》，上海：华东理工大学出版社，1997。

张龙祥主编《中国公共关系大辞典》，北京：中国广播电视出版社，1993。

张晓玉：《行业协会的自治与转型》，《瞭望》2005 年第 41 期。

张雄编著《个案社会工作》，上海：华东理工大学出版社，1999。

赵海林主编《社会服务项目运作实务》，北京：中国人民大学出版社，2018。

郑轶主编《社区活动策划与组织实务》，成都：西南交通大学出版社，2018。

周利敏：《灾害社会工作——介入机制及组织策略》，北京：社会科学文献出版社，2014。

朱东武：《回应社会 联系实际——香港理工学院社会工作教学印象》，《中国妇女管理干部学院学报》1994 年第 2 期。

朱力：《大转型——中国社会问题透视》，银川：宁夏人民出版社，1997。

庄勇：《社会工作管理学概论》，贵阳：贵州民族出版社，1998。

G. Wilson and G. Ryland, *Social Group Work Practice*, Boston: Haughton Mifflin, 1949.

H. England, *Social Work as Art*, London: Allen & Unwin, 1986.

Kenneth Blanchard and Norman Vincent Peale, *The Power of Ethical Management*, New York: William Morrow and Company, 1988.

R. L. Barker, *The Social Work Dictionary*, Washington DC: National Association of Social Workers, 1995.

Richard M. Grinnell Jr., *Social Work Research and Evaluation* (Forth Edition), Itasca: E. E. Peacock Publishers, INC., 1993.

后 记

  2006年10月党的十六届六中全会审议通过的《中共中央关于构建社会主义和谐社会若干重大问题的决定》明确提出，建设宏大的社会工作人才队伍，造就一支结构合理、素质优良的社会工作人才队伍，是构建社会主义和谐社会的迫切需要。2011年11月8日，中央组织部、中央政法委、民政部等18个部门和组织联合发布了《关于加强社会工作专业人才队伍建设的意见》，明确了加强社会工作专业人才队伍建设的指导思想、工作原则和目标任务，同时在专业教育培训中特别提出"实施社会工作管理人才综合素质提升工程，重点加大社会福利、社会救助、社区服务、残障康复、婚姻家庭、职工帮扶等社会服务机构管理人才培养力度，提高社会工作服务管理的科学化水平"的要求。社会工作管理人才在当时可谓一种崭新的提法，受到了我国高校社会工作专业的特别关注和高度重视。

  为了满足社会工作管理人才培养的要求，广州大学社会工作专业硕士学位点开办之初便设置了"社会工作组织管理"的培养方向。要培养社会工作管理人才，做好做实社会工作组织管理方向人才培养的基础工作是重要一环。其中社会工作组织管理方向的课程和教材建设又成为这一基础工作中的重中之重。作为当时我校公共管理学院社会学系社会工作专业硕士点的负责人，我为此在系里提出研编一套"社会工作管理丛书"的倡议，得到全系老师的响应。于是，我系组成了由我任主编的丛书写作班子，并由我筹措到部分出版经费，且与社会科学文献出版社达成了出版协议。然而，由于社会工作组织管理方向的课程与教材建设先例缺乏，研编一套"社会工作管理丛书"的进度非常缓慢，至今也就写出了两本书稿，一本是谢建社教授的《社会工作应急管理》（已出版），另一本就是我的《社

后 记

会工作策划管理》。

《社会工作策划管理》一书所讲的社会工作策划，简单地说，是对将要开展的社会工作的运筹、谋划和设计。具体说来，社会工作策划是社会工作者为使社会工作的功能得以充分发挥、效益得以全面提高，在充分掌握和利用相关社会工作信息的基础上，运用理性的思维方法和科学的创造艺术，对未来社会工作的方案进行的先发的、有科学程序的、有新的创意的运筹、谋划和设计，是一种特殊智力活动。本书的核心议题和中心内容当是社会工作策划。之所以将书名确定为《社会工作策划管理》，主要是因为，社会工作策划既是社会工作管理的一种职能，又是社会工作管理的一个环节，还是社会工作管理的策划事务，同时社会工作策划本身也必然存在着一个管理问题，需要对社会工作策划进行管理。根据这一理解，加上丛书取名要求的统一风格，便将本书定名为《社会工作策划管理》。

本书分为八章。第一章"绪论"，介绍社会工作策划管理的意涵、必要、可能和内容框架。第二章"社会工作策划基本认知"，讨论策划与社会工作策划的含义、类型划分和指导原则。第三章"社会工作策划科学程序"，构建社会工作策划的"三·六程序"。第四章"社会工作策划创意方法"，介绍社会工作策划的创意理路、个体创意、集体创意以及创意训练。第五章"社会工作事业发展策划"，讨论社会工作事业开拓策划、队伍建设策划、机构培育策划、行业管理策划。第六章"社会工作服务项目策划"，包括项目与项目制管理的意义、社会工作服务项目的兴起、社会工作服务项目的策划。第七章"社会工作服务实施策划"，包括个案社会工作、小组社会工作、社区社会工作、大众社会工作的服务策划。第八章"社会工作策划特色管理"，选择性介绍了社会工作策划的人员管理、伦理管理和案例管理。

本书是在为社会工作专业的硕士研究生、本科生开设的社会工作策划管理课程的讲义基础上改写的，历经将近十年的不断修改和不断补充，试图作为国内社会工作专业学生尤其是研究生的课程教材使用，同时也供社会工作一线服务人员阅读参考。撰写社会工作策划的独立著作，在我国尚属初次。本书虽然尽可能多地吸收国内外诸位社会工作专家学者关于社会工作策划的论述，以及呈现笔者近十年来对社会工作策划管理长时间研究的心得，但总的看来仍然是草结一个，定有一些不足之处。一是限于篇幅，书中未能详细地附上社会工作策划案例，因此希望社会工作专业的各位专家教授在采用本书作为教材时，自行补充有关的典型案例；二是囿于见识，书中所举实例更多地限于广东甚至广州的社会工作实践或考察，也希望本书的读者结合不同地区实际情况，不断扩大考察的范围。

在本书即将出版之时，我要感谢广州市社会工作管理部门、社会工作行业协会、社会工作服务机构以及广大社工朋友，他们为我提供调查研究、会议研讨的诸多便利。感谢广州大学公共管理学院以及社会学系的领导和老师，他们对"社会工作管理丛书"及本书撰写提供了大力支持。感谢曾听过我的"社会工作策划管理"课程的学生，他们在课程讨论中的发言给我很多启发，他们对该书的热盼促推了我的撰述工作。要感谢本书引用和参考文献的作者，他们为本书撰写奠定了扎实的学术基础。要感谢社会科学文献出版社群学出版分社的谢蕊芬社长和胡庆英编辑等，他们为本书的出版付出了辛勤的劳动。最后要特别一提的是，该书是广州大学公共管理学院社会学系组织撰写的"社会工作管理丛书"之一，得到广东省社会工作专业人才培育基地（广州大学）、广州市人文社会科学重点研究基地广州社会工作研究中心、广州市广大社会工作服务中心的资助。谨书之以鸣谢！

谢俊贵

2023 年 7 月 28 日

图书在版编目(CIP)数据

社会工作策划管理/谢俊贵编著. -- 北京：社会科学文献出版社，2023.11
(社会工作管理丛书)
ISBN 978 - 7 - 5228 - 2552 - 6

Ⅰ.①社… Ⅱ.①谢… Ⅲ.①社会工作-研究 Ⅳ.
①C916

中国国家版本馆 CIP 数据核字 (2023) 第 184259 号

社会工作管理丛书
社会工作策划管理

编　著/谢俊贵

出 版 人/冀祥德
责任编辑/胡庆英
文稿编辑/卢　玥
责任印制/王京美

出　　版/社会科学文献出版社·群学出版分社 (010) 59367002
　　　　　地址：北京市北三环中路甲 29 号院华龙大厦　邮编：100029
　　　　　网址：www.ssap.com.cn
发　　行/社会科学文献出版社 (010) 59367028
印　　装/三河市尚艺印装有限公司

规　　格/开　本：787mm×1092mm　1/16
　　　　　印　张：17.5　字　数：278 千字
版　　次/2023 年 11 月第 1 版　2023 年 11 月第 1 次印刷
书　　号/ISBN 978 - 7 - 5228 - 2552 - 6
定　　价/98.00 元

读者服务电话：4008918866

版权所有 翻印必究